U0898292

適合為本 文化賦能

渾河一校適合教育的理論與實踐探索

金书革 主编

辽宁人民出版社

图书在版编目（CIP）数据

适合为本 文化赋能：沈河区适合教育的理论与实践探索 / 金书革主编. —沈阳：辽宁人民出版社，2020.8
ISBN 978-7-205-09930-5

Ⅰ. ①适… Ⅱ. ①金… Ⅲ. ①小学教育—教学研究 Ⅳ. ①G622.0

中国版本图书馆CIP数据核字（2020）第146702号

出版发行：辽宁人民出版社
地址：沈阳市和平区十一纬路25号　邮编：110003
电话：024-23284321（邮　购）　024-23284324（发行部）
传真：024-23284191（发行部）　024-23284304（办公室）
http://www.lnpph.com.cn
印　　刷：辽宁鼎籍数码科技有限公司
幅面尺寸：170mm×240mm
印　　张：22.25
字　　数：270千字
出版时间：2020年8月第1版
印刷时间：2020年8月第1次印刷
责任编辑：高　丹
封面设计：琥珀视觉
版式设计：姿　兰
责任校对：吴艳杰
书　　号：ISBN 978-7-205-09930-5

定　　价：58.00元

编审委员会

序

教育关乎国计民生。加快推进教育现代化，建设教育强国，办好人民满意教育是党的十九大提出的宏伟蓝图，也是各地教育发展的目标追求。近年来，沈阳市沈河区认真贯彻落实党的教育方针，坚持社会主义办学方向，始终坚守教育要“为党育人为国育才”的责任担当和“为学生终身发展奠基的”初心使命，紧紧围绕“促进公平、提高质量”的主题主线，不断加大教育投入，加快推进教育现代化强区建设，教育质量稳步提升，教育事业得到蓬勃发展。特别是，2015年6月沈河区与中国教育科学研究院共建沈河教育综合改革实验区以来，全区上下更新教育理念，打造办学特色，铸就教育品牌，不断创造教育改革发展的新亮点新成就，谱写了沈河教育的时代新篇章。

过去的几年，沈河教育人以求真务实的工作态度和扎实肯干的奋斗精神，将现代教育理论与教育实践融为一体，在辽沈大地的热土上用教育人的执着和汗水辛勤耕耘了“五育并举、全面发展、关注个性”的沈河区适合的教育理论与实践。在实践中，他们统筹谋划、创新发展，不断深化教育教学改革，收获了一大批理论和实践成果，积累了丰富的成功经验，走在了区域教育综合改革前列。今获悉，这些成果终究汇集成《适合为本 文化赋能：沈河区适合教育的理论与实践探索》，并即将付梓问世，我作为这场教育变革的推动者和见证者倍感欣喜、颇受鼓舞，谨表祝贺！希望沈河教育的未来更加辉煌。

张布和

中国教育科学研究院教师发展研究所所长、研究员

2020年4月北京

目 录

第一章
科研引领：办好适合的教育

第一节　打造东北领先的一流教育强区

一、教育发展的概况

沈阳，古称盛京、奉天，是中国东北地区重要的中心城市。沈河区作为沈阳市历史最为悠久的老城区，是沈阳2300年建城史的源起，素有“一朝发祥地，两代帝王都”的美誉。辖区地域面积58平方公里，户籍人口73万，服务人口超百万，区内居住着汉、满、回、朝鲜等23个民族，下辖11个街道办事处，是沈阳市的商贸中心、金融中心、文化中心、旅游胜地和开放门户，是全国城区中第一个国家级可持续发展实验区。

作为沈阳的中心城区，沈河区拥有得天独厚的区位优势和战略地位。作为省城文化中心，区内名胜古迹荟萃，前清、民国、宗教、现代商务等文化交相辉映，具有深厚的文化积淀，盛京皇城已经成为沈阳文化地标和东北亮丽的文化名片。作为旅游中心，拥有全市三分之二的市内旅游资源，区内旅游景区27处，具有丰富的旅游资源。作为经济中心，2019年完成地区生产总值1079亿元，服务业增加值941.6亿元，固定资产投资222.5亿元，社会消费品零售总额1153亿元，城镇居民人均可支配收入52510元，增长6%，管理着国家优化金融生态综合改革试验区——沈阳金融商贸开发区，具有雄厚的经济实力。作为商业中心，沈河区有中国第一条商业步行街沈阳中街，距今已有近400年历史，有闻名东北亚的小商品批发市场五爱市场，也有恒隆等国际知名百货企业，是我国北方重要商埠和物流集散地。作为领先的民生事业，近年来，沈河区以全面建设幸福沈河和高水平小康城区为目标，全面实施智慧城市建设和为民办实事工程，先后荣获全国和谐社区建设示范区、国家公共文化服务体系示范区、国家义务教育发展均衡区、全国平安建设先进区等各类国家级荣誉68项。国家智慧城区、国家健康促进区等国家级试点试验示范区创建工作正全力稳步推进，沈河人民生活获得感和幸福感持续提升，民生福祉工程和各项社会事业走在省市前列。

沈河，以其独有的魅力，让厚重的历史文化与浓郁的现代气息兼容并蓄，让发展区域经济和改善社会民生和谐共享。得天时之惠，占地利之优，享人和之盛，沈河教育就如辽沈大地上一颗璀璨的明珠，熠熠生辉于龙兴之地，沈水之阳。目前，区内现有公办学校53所，其中小学31所、初中13所、高中6所、九年一贯制学校1所、特殊教育学校2所，幼儿园113所，在职教职工5411人，各阶段在校学生57359人，在园幼儿15295人。沈河区教育局以“为每一名学生提供适合的教育”为核心理念，坚持“育人为本”，加大教育改革创新力度，努力兴办“适合的教育”，力争让全区每一名学生的个性特长都能获得发展的机会；每一名教师的能力价值都能获得展示的舞台；每一位校长的教育理念都能获得施展的载体；每一所学校的办学内涵都能获得释放的空间；每一位家长的教育理想都能获得实践的平台。经过多年的实践探索，到“十二五”末期，沈河区已基本建成了“以学生发展为本的教育宗旨，以尊重个性为核心理念、以多样实践为形态特征、以主动选择为行为方式、以奠基终生为育人目标”的区域教育平台，这个平台以多维一贯的适合目标为底座，以多重课改探索、多种集团管理、多层资源应用、多元师训提升为四根支柱，呈现出多彩精致的教育发展特色。

二、教育发展的基础

2015年是实施教育事业“十二五”规划的收官之年，也是“十三五”规划的谋划之年。未来五年教育工作，沈河区要争当东北地区教育的领跑者，要建设东北现代教育之窗，紧扣沈河区加快建设“东北领先、全国一流”的东北区域金融中心核心区、国家现代商贸集聚区和国家文化旅游先导区和新兴产业示范区目标战略，建成立足东北，面向全国的教育辐射中心、教育人才培养和集聚中心，任重而道远。从现实看，沈河教育有较好的比较优势，拥有良好的发展基础，中心城区得天独厚的资源禀赋将使沈河区在新一轮东北振兴实践中成为先行者和受益者。区域拥有雄厚的教育发展基础，教育事业的健康发展将使沈河教育有能力应对风险挑战。

“十二五”期间，沈河区累积投人建设资金23255.4万元、设施设备资金21636万元、争取省市建设支持资金39362.6万元发展教育，沈河区教育改革发展成就显著，教育事业发展主要目标全面实现，义务发展达到了基本均衡，教育综合实力大幅度提升，区域教育在省、市乃至全国影响力显著扩大，实现了由教育大区迈向教育强区的历史突破，有力支撑了沈河区国民经济和社会发展目标的实现，为“十三五”时期教育改革发展奠定了坚实基础。

学前教育发展全市领先。学前三年毛入园率达到99.2%，比2010年增加6.2%。新增学前教育学位4075个，落实市、区奖补资金3680.58万元，惠及儿童37535人次。沈河区幼儿园设施设备全部达到省幼儿园评估定级标准。19所幼儿园达到辽宁省五星级标准，占全市五星级幼儿园24.4%；13所幼儿园达到省四星级标准，占全市四星级幼儿园21.3%；星级幼儿园占比为全市之首。获得沈阳市“学前教育工作突出贡献奖”。

义务教育均衡发展全省领先。义务教育阶段入学率和巩固率均达到100%，中小学整体办学条件达到全市领先水平。实施了全员纳入、覆盖全区的集团化办学，12个社区、5.8万户、13.6万居民子女新纳入优质学校服务半径，3个教育集团在东部地区建立分校，推进了优质教育资源向弱校、小校和东部地区全面辐射。2014年全区均衡差异系数为小学0.25，初中0.34，通过省、市教育强区及“全国义务教育发展基本均衡区”评估验收。

高中教育质量显著提升。高中毛入学率达到99.5%，所有高中完成了市级标准化普通高中建设。高考成绩文史类和理工类平均分位居市内五区前列。50%的高中建成省级特色普通高中示范、市级特色普通高中实验校，多样、特色、优质的高中办学格局初步形成。

素质教育成效明显。构建了区域“四同”德育特色体系，在全国首推区域“小微成长工程”，落实社会主义核心价值观教育，沈河区被评为沈阳市“未成年人思想道德建设工作先进单位”。全区深入推进新一轮课堂教学改革，构建了小学“自主型”、初中“思维型”课堂教学模式，实施高中小班化教学和走班制教学改革。以区素质教育培训学校和实践中心为平台，建成具有区域特色的技术教育和实践课程体系，学生实践能力和创新能力明显提升，获得省、市青少年科技创新大赛奖项的人数逐年增加，区实践中心被评为全国综合实践活动特色学校。落实“阳光体育”，体育、艺术“2+1”项目普及率达到100%，以全省第一名的成绩通过辽宁省中小学体育艺术示范区评估验收，沈河区被评为“辽宁省学校艺术教育先进单位”。

各级各类教育协调发展。区内3所民族学校办学条件和水平取得长足进步。适龄残疾儿童、少年入学率达到100%，48名残疾儿童、少年随班就读，沈河区被评为辽宁省“特殊教育先进单位”。民办非学历教育机构达到241所，形成多门类、多层次、多形式的民办教育体系。初步建立全民终身教育体系，以独立的社区学院为统领，全面完成“一十百千万”工程建设，成立15个社区学院街道分院，建成以沈河终身教育网为载体的居民网络课程教学资源平台，沈河区被教育部认定为“全国社区教育示范区”。

教师队伍素质整体提升。义务教育阶段新进教师100%达到大学本科及以上学历。“三名工程”实施成效显著，全区建成85个名校长、名优班主任及名师工作室，组织近千名干部、教师参加北京师大、华东师大等各类培训。现有市级教育专家、优秀专家24人，市级优秀校长35人，市级骨干校长62人。有省特级教师12人，市首席、市名师57人，市骨干教师592人。区首席教师、优秀及骨干教师4000余人次。区域教育领军团队质量和规模均位列全市前茅。

教育信息化发展成绩突出。完成全部学校的二星级数字校园建设，15所学校建成三星级数字校园。全面完成“三通”“两中心一平台”建设，所有学校实现无线覆盖。学科教学信息技术应用率达到100%，建成完善的数字教育支撑服务体系，信息化水平在全省领先。

三、面临的挑战与存在的问题

区域教育资源丰富，发展态势良好，教育保障有力，为沈河未来教育发展提供了坚实基础。在看到成绩的同时，我们也清醒认识到，“十三五”是国家全面建成小康社会、基本建成学习型社会、基本实现教育现代化战略目标的关键五年，是沈阳市实现国家中心城市、国家创新实验区建设战略目标、振兴东北老工业基地的攻坚时期，也是沈河区全面建设“幸福沈河”，加快打造富庶、精神、美丽、服务、平安“五大家园”，实现区域经济社会全面协调可持续发展的重要阶段。知识竞争和创新发展成为引领经济社会发展的重要力量，沈河教育要满足新形势、新要求和新态势背景下的区域经济社会发展需要，教育发展创新刻不容缓，实现区域教育现代化、品质化、国际化的任务十分艰巨，机遇和挑战并存。

（一）发展空间非常广阔

一是区域教育优化布局的空间更加广阔。随着国家新一轮老工业基地振兴和“一带一路”等重大战略部署，沈阳市建设国家创新改革实验区和东北区域金融中心等战略目标的深入实施，沈河区加快建设“东北领先、全国一流”的东北区域金融中心核心区、国家现代商贸集聚区和国家文化旅游先导区和新兴产业示范区目标的持续推进，区域经济结构调整、产业转型升级、新经济增长点培育、自主创新能力提升和民生保障改善，必将变成优化沈河教育布局的巨大潜力和强大动力。

二是区域教育改革创新的空间更加广阔。中央“四个全面”战略布局的强力实施，国家经济制度和现代市场体系完善、地方政府职能转变、法治政府建设、文化体制机制创新等全面深化改革的若干任务的深入推进，必将有利于推进教育领域综合改革取得更大突破，有利于全方位释放社会活力，加速集聚区域教育内生动力，打造沈河“适合的教育”品牌。

三是区域教育对外开放的空间更加广阔。经济的全球化、文化的多元化为教育对外开放提供了更加广阔的舞台，社会信息化、“互联网+”等为区域教育现代化建设创造了新的时空和技术支撑，教育发展有了更多资源、更好办法和更多途径，区域教育必将形成多点支撑的发展新格局。

（二）发展挑战前所未有

当前沈河区教育处于发展快速提升期、综合改革艰难攻坚期、深层矛盾集中凸显期、百姓诉求日益多元期的“四期叠加”状态。教育主要面临四个方面的挑战：一是以创新驱动为核心的区域经济发展方式加快转变，要求教育加快更新人才培养观念，创新人才培养模式；二是以功能、形态和布局调整为重点的沈河中心城市核心功能区建设，要求教育加快提升集聚与辐射作用，增强服务与交流合作能力；三是以规模结构加速变化为特征的人口发展态势，要求教育优化资源配置和布局结构，满足学前和义务教育阶段学龄人口规模持续增长和老年教育普及化、多样化需求；四是以扩大公平、优质、均衡教育为焦点的多样化教育需求，要求教育加快提高教育质量，缩小地区和校际间办学差距。

（三）存在问题十分突出

同时必须清醒看到，发展中仍存在不少瓶颈制约和突出问题。东部地区学校布局还不够合理，教育投入保障压力加大；推进区域教育优质均衡，促进更高层次的教育公平任务艰巨，各级各类教育发展协调性有待增强；教育体制机制瓶颈更加凸显，学校和教师队伍创新发展活力不足；信息技术与教育教学的融合有待强化；教育国际化程度需要进一步加强。

（四）发展创新刻不容缓

一是大力创办“适合的教育”，向个性化教育转型发展刻不容缓；二是加快提高智能化水平，向智慧教育转型刻不容缓；三是解决不均衡发展难题，促进区域教育优质均衡发展刻不容缓；四是推动教育综合改革取得更大突破，确保全面深化改革的任务落实刻不容缓；五是大力提升依法治教能力和水平，服务支撑推进依法治国战略刻不容缓；六是深化教育国际交流和合作，服务地方政府对外开放战略大局刻不容缓。

即将到来的“十三五”，是沈河区域教育向保基本、增内涵、促创新、强治理的内涵发展阶段转型升级的关键时期。面对区域教育改革发展的新任务、新问题、新挑战，沈河教育要建高原、攀高峰，实现区域教育的品质化、现代化、国际化的任务十分艰巨，靠区域自身力量无法有效破解发展中的薄弱环节和关键难题，必须增强机遇意识、忧患意识、使命意识和创新意识，积极寻找“区域+”的发展助力，通过教育智库引领，着力破解发展中的核心问题，促进区域教育从基本均衡向以“公平和质量”为核心的优质均衡发展转型。

第二节　科研引领区域教育综合改革

一、科研兴区与合作共建

中国教科院是高层次的教育科研机构，是国家的教育智库，通过科研引领，为全国教育科学发展发挥着服务决策、创新理论、指导实践、引领战线的功能。为适应我国教育改革发展形势的需要，整体推进区域性教育改革发展，探索具有中国特色区域发展模式，中国教科院本着“院区共建，整体推进，科研引领，创新发展”的方针，自2008年5月开始，先后在东中西部有代表性区域成立了教育综合改革实验区，开启了中国教科院与地方政府协同推进区域教育综合改革的探索和实践，成果显著，各实验区在全国的教育影响力显著提升。

中国教科院与地方政府精诚合作、锐意进取，以先进的理念、科学的方法、高效的机制、合理的制度推进教育综合改革实验区的科学发展。并且建立了有效的机制。一是专家驻区和对口指导机制，向各实验区派驻高素质的专家工作组，作为科研力量的前沿部队，参与实验区建设的全过程，提供实时、全方位的业务员咨询和指导。二是决策参与机制，专家工作组通过与实验区教育行政部门领导直接沟通、参与领导小组、参与重要决策咨询论证等多种形式，为实验区具有决策建言献策。三是课题、菜单项目引领，以实验区核心发展任务为重点，以双方科研资源为依托，院区共同申报研究课题以及引领性的、综合性的、专项的、交流性的活动平台项目，为实验区建设提供理论支撑、智力支撑和实践指导。四是区际联动，促进各实验区之间共享优质教育资源、相互学习借鉴，共同探索解决区域教育改革发展的热点、难点问题。五是特色发展，充分尊重实验区的实际情况和个性化需求，在全面推进教育综合改革的基础上，创新实施路径和工作方法，打造不拘一格、各有特色的实验区发展模式。

为适应教育发展新形势的要求，进一步探索新常态下沈河区教育改革发展之路，加快推进区域教育现代化建设，确保沈河教育在全市乃至全省领先地位，增强沈河教育在全国的影响力，沈河区委、区政府以高瞻远瞩的战略眼光，与中国教育科学研究院认真协商，决定共建教育综合改革实验区。2015年6月17日，沈河区与中国教科院签约共建沈河教育综合改革实验区，成为中国教科院在全国设立的20家教育综合改革实验区之一。通过院区共建、高端智库引领，共同探索沈河区区域性推进教育改革发展的成功模式，开启了一轮为期五年的因材施导、专家特供的教育引领和服务。

中国教科院沈河教育综合改革实验区项目以沈河区政府为合作对象，以教育局为合作的主要依托，以项目合作为基本形式，采取与教师发展研究所建立“对口指导”的合作机制，院区双方共同策划与承担合作计划和具体合作内容，深入探索区域教育发展的沈河模式，为创建“东北领先、全国一流”的沈河教育品牌提供强有力的专业保障和智力支撑。

实验区建设总体目标：为贯彻《国家中长期教育改革和发展规划纲要》（2010—2020年）关于深化教育领域综合改革的宗旨，沈河实验区坚持以中国教科院的科研引领为龙头，以沈河教育实践中的开拓创新精神为依托，协同创新，全面提升沈河实验区的教育内涵，打造沈河区域教育发展特色，全面提升沈河区教育质量与发展水平。

实验区建设总体任务：总结提炼沈河区教育发展特色，为创造品牌特色打好基础；协力创新，打造沈河教育品牌，提升区域教育发展质量；加强教育特色宣传推广，全面提升沈河区域教育影响力。

实验区建设重点项目：以“适合教育”理念为价值引领，深入研究沈河区“适合教育”的理念的教育土壤与文化背景，构建“适合教育”的理论体系和实践体系，总结提炼“适合教育”的区域教育发展特色、研究成果和实践经验，推进区域教育综合改革和转型发展，增强区域教育影响力。确定以“七大建设项目”作为区域教育综合改革的突破口，聚力主攻沈河区教育事业“十三五”发展规划、适合教育研究、集团化办学建设研究、课程与教学改革、品牌学校（园）建设、教师队伍建设、义务教育优质均衡发展，以项目突破实现教育改革新发展。

实验区建设工作进程：

为了促进中国教科院沈河实验区的科学发展，实验区五年工作具体进程如下：

（一）全面调研与顶层设计阶段（2015年6月—2015年12月）

主要任务是通过召开工作小组会议、项目组开展调研、各项目方案研讨与论证、教育局配合实验项目方案发布文件，组织项目人员开通中国教科院沈河实验区网页，发布沈河实验区工作动态，传播沈河教育发展信息等主要举措，全面了解沈河实验区的教育发展状况，结合沈河区教育发展“十三五”规划顶层设计好实验区建设五年发展规划设计重点项目，做好重点项目论证确定项目研究达成的预期目标以及目标达成的举措和策略。达成工作方案、项目研究方案、调研报告、“十三五”规划建议、提炼

"沈河模式"、策划拟打造品牌等预期成果。

（二）研究推进阶段（2016年2月—2019年2月）

主要任务是建立各个项目负责人对项目推进研究的汇报制度、专家研讨与指导制度、定期的合作交流会议制度、专家定点对接制度、科学合理的项目评价制度等合理科学推进各个项目方案，确保按照项目研究方案达成研究目标和成效，让学校和教师有可获得感，沈河区的各项教育水平指标要有可操作可测量的发展提升，通过召开阶段性成果总结展示会议、媒体宣传报道、学术论坛等方式展示预期成果。

（三）研究总结与提炼阶段（2019年3月—2020年6月）

主要任务是通过总结提炼、分项目分步骤进行成果汇报、研究成果出版、项目研究的实践体系进行报道等方式对第一第二阶段的研究成果进行总结和提炼，对于没有达成的项目目标，进一步进行研究、修订方案并进行反思，对于总结的成果进行发表并出版，并通过中国教科院沈河教育综合改革成果总报告、各项目研究报告、各项目在媒体上的报道、各项目出版成果等方式展示实验区建设成果。

二、区域教育综合改革的顶层设计

开展实验区建设以来，沈河区教育局和中国教科院联合专家组、对口指导单位教师发展研究所张布和专家团队，先后多次到沈河区开展基础性调研和个性化诊断，访谈涵盖教育所有层面，问卷覆盖所有科室和单位，深入基层学校考察指导，对沈河教育发展现状、问题和需求进行了系统分析总结，采用系统思维和系统方法，全面把握教育领域各种关系，统筹处理各种矛盾，科学谋划整体改革，对实验区五年的教育综合改革进行了顶层设计，有效推进重点建设项目，多措并举，多点突破，努力创办更加公平、更高质量、更加适合的现代化教育，推动沈河教育加快进入以“公平、质量和活力”为主题的内涵发展时代，回应人民群众对更好教育的期盼。

中国教科院教师发展研究所专家组在沈河工作

（一）目标导向，谋篇布局，引领沈河教育价值追求

1. 完成顶层设计，形成目标体系

思想兴则事业兴，理论强则实践强。教育发展理念和价值追求是区域教育发展的最基本问题，直接影响着教育决策和改革发展的布局实施。沈河区经过多年的实践探索，2013年明确提出了区域要“为每个学生的发展提供适合的教育”，以“适合的教育”为核心理念统领全区的教育改革和发展，并取得了阶段性成效。中国教科院教师发展研究所张布和团队指导实验区在科学研究论证的基础上，充分发挥科研智慧，进一步传承、优化

和创新，厘清了“适合的教育”的基本内涵、理论基础和实施原则，总结和提升了沈河“适合教育”的实践路径和基本经验，面向教育现代化、面向未来，对标全国一流，提出了“全力推进教育现代化，全力推进义务教育优质均衡，深入实施素质教育，办好人民满意的教育，建成东北领先、全国一流的教育强区”的发展目标，聚焦“做高位均衡”和“办优质教育”两大重点领域，确立了“一创六优”的发展路径和以问题、需求为导向的“七项改革”举措，基本确立了具有“四梁八柱”性质的实验区教育综合改革的主体框架，整体架构了“适合的教育”区域教育生态系统，将沈河区“适合的教育”进一步导向面向未来、面向全体学生，以儿童为中心，尊重差异、关注个体成长、途径多样、方式灵活的教育。

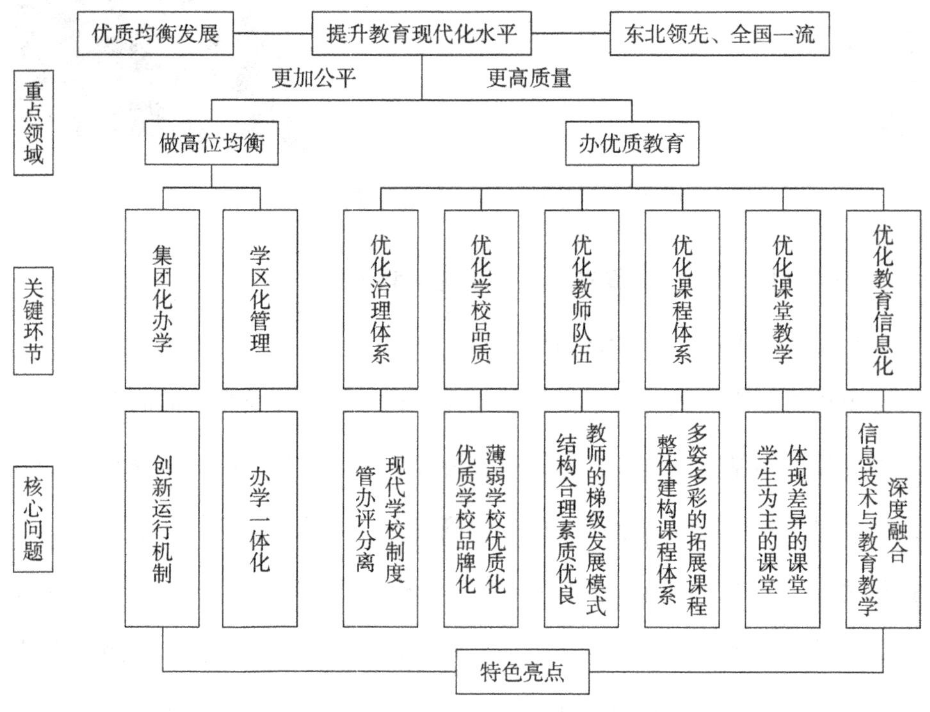

沈河实验区教育综合改革顶层设计示意图

顶层目标中，推进优质均衡，全面实现教育现代化是治理目标，打造“东北领先、全国一流”的教育强区是水平目标，为每个学生的发展提供适合的教育是内涵目标。这些目标具体通过《中国教科院沈河实验区五年建设方案》《沈河区教育事业发展“十三五”规划》《沈河区六大重点项目实施方案》以及《沈河区教育现代化2035》等中长期规划加以落实，并推动探索实践。

2. 明确实践路径，研制行动纲领

如何促进区域教育综合改革顶层设计和目标体系有效落地？沈河实验区深刻认识到，教育综合改革的根本在于优化治理体系，优化治理体系的主要目的是提高办学品质，提高办学品质的重点在于创新人才培养方式，创新人才培养方式的中心在于转变课堂观念，转变课堂的突破在于突出学生的主体地位，突出学生主体地位取决于四有好老师。沈河实验区通过反复调研论证，找到了牵动改革的牛鼻子，明确提出了“一创六优”的实践路径，并针对性研制了行动纲领。

“一创六优”的实践路径：聚焦“公平”和“质量”两个重点领域，通过“集团化办学”的途径，创新区域集团化办学运行机制，大力促进区域教育高位均衡发展。通过“优化治理体系、优化学校品质、优化教师队伍、优化课程体系、优化课堂教学以及优化教育信息化”六个途径，实施管办评分离改革，完善现代学校制度建设；实施优质学校品牌化、一般学校优质化建设，提升学校办学品质；实施教师队伍的梯级发展体系和模式建设，打造高素质专业化创新型教师队伍；实施多彩多姿的学校课程体系的整体构建，优化学校课程体系，改革育人模式；实施课题教学改革，建设以学生为主的体现差异的课堂教学；实施信息技术与教学的深度融合，加快信息化时代教育变革，引领区域教育现代化。

研制行动纲领：在专家团队领衔指导下，沈河区积极开展实践探索中，双方协同攻坚，研制了适合教育的两大供给支柱、集团化办学的“双优”机制创新、品牌学校建设的“五个要素六大路径”、突出育人功能的学校课程整体建构、以学为主的学本课堂模式、尊重学生个体的差异教学方法、教科研训一体的教师梯级培育体系等一系列理论和实践相结合的行动纲领，并以项目为单位，开展理念引领、操作培训和种子学校培育。

（二）问题导向，项目驱动，激活沈河教育发展动力

实验区建设总体布局的实施，在于统筹各个关键环节协同配合，激发学校、教师、学生的发展内驱力，才能形成全面发动、上下互动、内外联动的协调发展局面。沈河实验区依据问题导向、重点突破、注重实效的原则，在深入调研基础上，精准对接区域发展所需、学校教师所盼、家长学生所向，确定以“六大建设项目”作为区域教育综合改革的突破口，聚力主攻集团化办学、课程与教学改革、品牌学校（园）建设、教师队伍建设、义务教育优质均衡发展和适合的教育研究问题，以项目突破实现教育改革新发展。实验区双方工作团队解放思想，拓展路径，创新办法，积极破解发展难题和瓶颈制约。一方面研制完成了《沈河区六大重点教育项目群实施方案》，并逐年制订详细的工作计划全力推进；另一方面引进中国教科院面向实验区提供的“学本课堂”“学校课程体系构建”“差异教学”三个平台项目，中期又引进了“未来学校”“名师成长”“选课走班制”等平台项目，通过学校试点和样本引路，撬动教育教学改革杠杆，发挥改革效应。

（三）创新导向，多点突破，凝练沈河教育实践智慧

沈河实验区面对教育的发展与挑战，聚焦重点，突破难点，凸显亮点，积极创新工作载体，推动教育教学改革多点突破，“院区合作、对口指导、协同创新”的合作机制取得了明显成效，引领、驱动沈河教育综合改革发展步入新常态，区域教育各领域开始呈现一系列新变化：教育改革从单项改革走向综合改革，教育质量从局部提升走向全面提升，教育融合从浅层融合走向深度融合，教育治理从直接管理走向多元共治，教育公平从基本均衡走向优质均衡，教育开放从学习借鉴走向责任担当。沈河教育服务经济社会发展能力显著提高，对外影响力大幅度增强。教育综合改革实验区建设成为推进教育现代化发展的强大动力，推动沈河教育加快进入以“公平、质量和活力”为主题的内涵发展时代。

1. 推进“适合的教育”理论与实践研究。2016年，适合的教育项目组确定了项目总体目标、基本任务、具体措施、实施步骤及成果形式。开展了“适合的教育”意义、理论基础、基本理念的系统理论研究；对现有政策进行梳理，寻找“适合的教育”的政策依据。以“适合的教育的理论与实践探索”为主题，对全区进行了总体的培训。并以165中学、文化二校为实验校，组织各中小学、幼儿园围绕“适合的教育”进行学校层面研究。2017年完成了《区域推进“适合的教育”的理论与实践研究》一文。2018年召开了主题为“办适合的教育，做真实的研究”的沈河区智慧科研年度峰会。在前期深入研究的基础上，沈河区以“区域推进适合的教育的理论与实践的研究”申报高层次的科研课题，总结提炼沈河区“适合的教育”实施路径，形成“适合的教育”沈河模式，全面反映沈河区已经取得的重要成就。

2. 大力促进义务教育优质均衡发展。沈河区形成《沈河区义务教育优质均衡发展项目实施方案》，明确了区域义务教育的总体目标、具体任务，并将之写入区教育“十三五”规划。研制了《沈河区义务教育优质学校标准》。2018年沈河区教育局召开了“中国教育科学研究院沈河实验区义务教育优质均衡项目研讨推进会”，对区域义务教育优质均衡发展情况进行了整体梳理，中国教科院项目专家有针对性提出了沈河区义务教育优质均衡发展项目的推进计划目标及措施；做到“底数清晰、责任明确、措施有力、把控节点、强调督查、效果显著”，并持续深入调研，形成监测报告。2018年对全区所有小学、初中的义务教育优质均衡发展情况进行了调研，覆盖率100%。形成了《沈河区义务教育优质均衡发展情况监测报告》《沈河区义务教育优质均衡发展整改报告表》《沈河区义务教育优质均衡一校一策整改方案统计表》，为进一步推进义务教育优质均衡打下了良好的基础。五年来，项目推进成果显著，沈河区2015年在全市率先通过沈阳市教育现代化建设督导评估资格审定，2016年全市率先通过沈阳市教育信息化建设督导评估，进一步巩固了国家义务教育发展基本均衡区的成果。几年来沈河区小学、初中差异系数均处于全省前列。

3. 深入推进集团化办学改革。2015年以来，在区域推进名校优质资源扩张取得明显成效的基础上，项目专家团队从“优质覆盖”的需求出发，积极推动集团化办学向中心聚焦、向深处发力，将集团化办学的重点转移到如何推进集团内“每所学校都优质”的内涵发展上来。2017年，研究制定了集团共同体建设方案，构建起“分类提升、精准扶持、提质创牌”的“创优”机制，依托品牌学校项目建设，推动集团长学校从优秀走向卓越；依托品质学校项目建设，通过五条路径、六个领域，推动有潜力的学校实施整体构建品质提升；依托集团共建项目、区域支持项目、教科院平台项目、专家引领项目等菜单式项目服务，精准扶持相对薄弱的学校建梁立柱，对每所学校的理念、课程、教学、管理、师资、文化等进行全方位的改革设计和支持建设，全方位提升学校办学品质，集中力量补短板、创优质。2019年以来深入研究“名校分校”模式，持续推进名校优质教育资源对成员学校的覆盖和融合。通过集团化办学，沈河区现有53个社区、24.2万户居民子女新纳入集团名校服务半径，直接惠及9000余名学生；集团化学校覆盖率100%，全区名校学区覆盖率小学占比34.8%，中学占比50%。七中等教育集团新建6所分校。同时我们积极推进区域外委托管理，与于洪区、苏家屯区、沈北新区、沈抚新区等5所学校开展合作办学，推进跨区域的优质资源辐射，为省、市教育均衡发展贡献沈河力量。沈河区集团化办学已经成为沈阳市对外的一张名片，2018年11月，沈河区集团化办学的做法和经验在深圳南山区举办的“全国集团化办学研讨会”上做经验分享；2018年10月29日，沈河区教育局在辽宁省义务教育改革发展现场会上做集团化办学经验交流，文艺二校教育集团和七中教育集团在分论坛上做集团化办学经验分享；2018年5月和11月，受哈尔滨市道里区、南宁市青秀区教育局邀请去做集团化办学经验介绍；2019年3月，沈河区集团化办学经验成果入选《中小学管理》杂志集团化专刊向全国推广。2019年7月，在“开放合作看辽宁——义务教育优质均衡沈阳行”网络媒体采访中，沈河区作为沈阳市集团化办学典型，接受了来自人民网、新华网、中新网、凤凰网等20家网络媒体采访。累计接待全国各地的集团化办学专项考察500余人次。

4. 精心打造品牌学校（幼儿园）。中国教科院专家燕学敏教授、王文宝教授多次到沈河，深入到二十七中学、同泽高中、第七中学、实验学校、育源中学、一四三中学、九十中学、文艺二校、朝阳一校、二经二校、文化路小学、文萃小学、教育局第三幼儿园、实验学校幼儿园等单位进行深度调研和指导。指导学校和幼儿园在校园文化、办学理念、教师队伍建设、课程改革、课堂教学、学校管理以及学校的优势等方面进行整体升级，对学校下一步的发展路径和具体实施办法提供了详细意见和建议。在“品牌+特色”项目创建的这五年间，全区32所小学14所中学6所高中全部参加了此项工作的创建。各校通过“仔细盘点家底；提炼办学理念；确立发展主题；构建整体发展框架；创新实践载体；创建学校特色”六大创建途径，围绕“文化、管理、课程、课堂、教师、学生”这六项“品牌+特色”学校创建的要素，在教育教学实践中寻找、梳理并形成自己的品牌或特色。

“小微德育”品牌项目创新开展，实施小微德育项目全覆盖。2015年，小微德育成长工程被教育部评为全国中小学社会主义核心价值观教育优秀案例；2016年，被教育部课程教材中心列为全国教育规划重点课题《中小学价值教育研究》子课题，我们的理念和做法在课题组专家的引领下，推向全国，沈河区获得全国中小学价值教育研究先进实验区；2017年获辽宁省委宣传部思想政治工作研究成果二等奖；2018年获辽宁省基础教育教学成果一等奖，并在第四届中国教育创新成果公益博览会上展出。2019年中国教育学会班主任专委会第四次学术年会在我区召开，专门展示推广我区经验《沈阳日报》《沈阳晚报》《辽宁教育工作》《基础教育参考》《中国德育》等主流媒体全面报道10余次。

5. 大力实施课程与教学改革。2015年，项目组以教科院学本课堂、差异教学、课程体系建设三个平台项目为突破口，以试点校为引领，积极推进区域课程与教学改革由点到面开展。2015年以来，项目组推进专家培训引领课程改革实施，教研活动提升项目实施质量，调研指导推动学校课程体系建设，外出学习助力课程改革实施，主题活动彰显课程体系特色；全面开创了区域课程与教学改革的新局面。2016年以来，沈河区共承办了五次国家级会议（全国第四届“学校文化内生和课程再造”现场会暨“学校课程新样态”研讨会；全国“学本课堂”高三复习研讨会；全国“差异教学”项目实验学校教育教学现场会；全国“学本课堂”项目创建经验研讨会；沈河实验区中期展示交流暨工作推进会的论坛二）。2017年全国教育科研工作会议上，沈河区和文艺二校等14所中小学被批准为中国“新样态学校”联盟首批实验区、实验学校。2018年沈河区再有14所中小学（含幼儿园）入选中国“新样态学校”联盟第二批实验学校。沈河区区域和学校课改经验多次在全国性会议上做经验分享。“学本课堂”项目两次全国大赛获佳绩，8名教师参加全国“学本课堂”同课异构比赛，获得2个特等奖，6个一等奖。承办了第四届辽宁省“差异教学”联盟教学研讨会、“差异教学”连续两届研讨会上沈河区的经验交流和论文撰写等都获得好评。2018年，沈河区教育局“小微德育成长工程”等四项教育教学成果获得“2018年辽宁省基础教育教学成果奖”，并报送至教育部参评国家级教育教学成果奖评审，获奖数量在辽宁省区县居首。在全国新样态学校2019学术年会展示会上，沈河实验区14人参加并进行了大会交流展示。在2019年5月，辽宁省差异教育第二届教学研讨会展示会上，沈阳市第九十中学、沈河区文萃小学、沈阳市岸英小学、沈河区莲花小学、沈河区南塔小学五所学校34人次获得优秀课、论文、课例等奖项，是本次大会获奖最多的差异教学实验区域。2019年10月，沈河区有10所学校参与第二届全国新样态学校论坛暨盐湖教育创新峰会并进行了大会展示。

6. 整体构建教师专业发展支撑体系。2015年在实验区专家团队指导下，推动沈河区教师队伍建设和教师进修学校建设升级转型，建设“智慧型”教师队伍。围绕“培养具有区域特色的智慧型教师”目标，研制了“一体两翼三中心四平台”区域工作机制，通过“课程引领”“工程助推”两个路径，以实施示范工程、青蓝工程和普惠工程为抓手，构架了我区“引航式教师专业发展培训课程体系”，营造了区域“对话式培训”文化新生态，锻造了“高位化专业推进”顶层团队推升新链条，凝练了“品牌化工作经营”教科研训工作新经验，为实现沈河“教师智慧地教”“学生智慧地学”提供专业支持和保障。截至目前，共有教师学校40余名研训教师，基层学校近30名教师参与课程开发工作，提供约130余节教师培训课程，其中有80门课程向区内中小学教师推送。创建了“名师工作室”和“名师工作坊”两级纵向工作运行模式，建立以名师工作室为辐射核心的校本研修模式，引领名优教师走向专业成长。2016—2018年合计建立基层学校名师工作坊132个，累计活动330次，累计参与活动人数1200人；2017—2018年建立师校研训人员工作室35个，活动次数121次，参与活动人数500余人。2019年，合计建立64个名师工作室，开展培训活动217次，参与活动人数3328人次。

7. 成功举办实验区中期成果展示及推进会。为了总结实验区中期建设成果和经验，部署下一阶段工作，更好地推进实验区健康、科学和高效发展，在2017年年初的实验区合作双方领导小组会议上，教师发展研究所和沈河区教育局研究决定召开实验区中期展示交流暨工作推进会，系统梳理、全面总结两年半来的做法、成果和经验。这个想法得到了教科院领导和合作发展处的肯定和支持。2017年11月9日至10日，沈河区以“聚焦优质均衡、深化综合改革”为主题，从宏观策略设计、中观引领推进、微观研究实践等多个层面全面梳理和展示了沈河探索的改革与成就、沈河实践的路径与选择、沈河创新的分享与思考。中国教科院时任副院长曾天山出席并做了重要讲话，张布和所长做了题为《科研引领 创新发展 深入推进沈河实验区教育综合改革》的专家报告。刘芳主任作了《聚焦优质教育均衡发展 打造沈河教育升级版》的指导性报告，武侯实验区周文良院长、大连金普实验区专家组组长李铁安博士做了经验分享，沈河区教育系统以及来自全国兄弟实验区的领导和代表共500余人参加了本次会议。

沈河教育综合改革实验区中期成果展示会

这次会议既是一次梳理、总结、展示，也是一次反思、分享和培训，挖掘和提炼了一批制度性成果和案例性成果，对下一步深入推进实验区教育智慧发展具有重要意义。沈阳市教育局张国荣副局长肯定了沈河区政府与中国教科院合作共建教育综合改革实验区，在教育重点领域开展改革实验研究，为全市有效解决制约教育发展的瓶颈问题，创造了条件、提供了机遇。

8. 圆满完成其他平台项目推进工作。在大力推进实验区整体建设和重点建设项目工作的同时，沈河区教育局还积极参加中国教科院面向实验区的各个项目平台工作。组织25名校长和83名骨干教师参加中国教科院全国骨干校长和骨干教师名校挂职研修工作。有沈阳市第七中学等5所学校入选中国教科院全国骨干校长和骨干教师挂职研修基地校。组织学校参加全国教育综合改革实验区社会实践成果展示活动，育源中学代表队参加第一届活动，《我是你的眼》荣获一等奖；第七中学东部校区代表队参加第二届成果展示活动荣获了二等奖；2018年第三届全国教育综合改革实验区社会实践成果展示活动中，文化路小学王英老师组织学生实施的《跨越浑河——工程设计与建造的探究》主题活动获得一等奖，沈阳市实验学校（中学部）秦智楠老师指导的《这就是机械臂》主题创客实践活动获得二等奖。从2015年至今三届中国教科院高质量课堂展示评优课比赛中，沈河区取得骄人战绩：沈阳市第七中学李鹏等3位教师获得特等奖，女中于用玺老师等5人获得一等奖。2018年“高中选课走班制”项目启动，项目专家陈金芳博士到沈河高中进行了调研，并做了题为《高考新政下中学选课走班的应对策略》的专题培训，沈河区全体新高一教师、主管校长、主任等200余人参加了会议。2019年，专家多次深入学校进行针对性指导，组织高中分科目分批次去北京的高中进行新高考的实地跟班培训，各高中学校开始实施适合校情的走班制实验。2018年组织相关人员参加了未来学校项目菜单培训，项目专家曹培杰博士为沈河区中小学校长150余人进行了主题培训。名师成长项目由卿素兰博士领衔，2018年9月统一启动，以七中、实验中学等9所实验校为基地，不断持续推进。

教育理念的纵深研究，坚定了区域教育发展方向和价值追求。办适合的教育，成为实验区综合改革的逻辑起点和强劲引擎。沈河实验区建设的总体布局和价值理念，彰显了区域全面深化改革的战略定位和科学思维，开辟了沈河教育事业发展的新境界，成为区域教育稳健前行的重要引领。

三、区域教育综合改革的推进机制

为了打好项目改革攻坚战，实验区构建了适合的机制保障。一方面落实院区合作协议方案中的“规定动作”，成立实验区领导小组、工作小组等，建立相应工作制度，构建院区合作机制；另一方面积极探索“自选动作”，在实验区内部构建适合的协同发展机制。建立了项目和学校发展双轨负责制度，纵向建立了项目专家、主管领导、项目负责人、项目学校校长、学校项目联系人的项目团队，确保项目工作落地生根；横向组建了项目学校联盟，定期开展交流研讨，共创共享改革成果。实验区形成了政府决策驱动、专家学术引领、种子学校样本引路、其他学校联动发展的运行机制。实践证明，项目引领和创新驱动，成为区域教育改革发展的新动力，推动了实验区教育综合改革顶层设计的层层落实和中国教科院科研创新成果转化。

1. 成立领导小组和研究工作组。中国教科院与沈河区人民政府双方共同成立中国教科院沈河教育综合改革实验区领导小组。领导小组主要负责沈河实验区的发展战略与宏观指导，听取工作组的工作汇报。中国教科院与沈河区教育局联合成立沈河教育综合改革实验区研究工作组。主要职能是负责组织与指导各个项目的实施推进，确保高质量完成各项任务，达成预期目标。根据中国教科院关于研究部门，全面、全程对口指导教育综合改革实验区的相关规定，中国教科院指定教师发展中心张布和专家团队负责执行沈河教育综合改革实验区的综合协调与指导任务，指导和帮助沈河区开展教育综合改革工作。沈河区教育局指定相关科室具体对接。为了便于实验区工作的顺利进行，沈河区实验区工作小组办公室下设在教育局发展研究室，主要负责联络和协调实验区日常工作。

2. 成立项目专家组。根据教育综合改革工作需要，对应七个重点建设项目，设立七个项目组，由中国教科院专家、沈河区教育部门、学校相关人员组成。项目组的主要职能是具体实施各项目相关任务，高质量完成项目任务。

3. 主要工作方式：五年合作任务以双方签约的合作协议内容为框架，灵活有序地安排工作内容和工作进程。研究工作组主要采取“四结合”的工作方式，即系统指导与项目工作组实地研究相结合、全面指导与案例研究相结合、集中培训与个别指导相结合、专项研究与实验区联动相结合的方式。

4. 主要工作机制。研究工作小组每年根据协议内容拟出工作计划和研究任务，并上报沈河教育综合改革实验区领导小组。工作组以专家指导、行政推动为主要方式，以助推沈河教育改革和发展为目标。主要工作机制有：

（1）领导小组会议制度。定期召开领导小组会议，研究确定实验区重要工作与事项。

（2）工作组会议制度。定期与不定期召开工作组会议，交流沟通实验区工作。

（3）项目组会议制度。根据项目推进需要，工作组定期或不定期召开项目组工作会议和项目研讨会、专家论证会等。

（4）工作汇报制度。工作组定期向领导小组汇报实验区工作。项目组定期或不定期向工作组汇报和报告项目进展情况。

（5）工作简报制度。项目组每个学期编辑2次工作简报，发布在中国教科院网站上，并报送中国教科院和沈河区人民政府相关领导。

（6）信息报送制度。项目组或工作组定期或不定期向上级领导报送项目重大活动、论坛、研讨会或者相关研究成果。

（7）专家指导制度。沈河区教育局与学校需采取措施，积极配合中国教科院各项目专家进行项目研究与实施。同时中国教科院对项目专家制定了相关管理与激励措施。

5. 工作保障。为了实验区的和谐健康发展，必须建立院区合作的各种保障机制，包括制度保障机制、经费保障机制、沟通机制、对接机制，等等。具体如下：

（1）制度保障。为确保合作的顺利，需要制定相关的制度保障机制，包括为了推进某些项目，教育局必须下发相关文件与实施方案。

（2）经费保障。确保研究经费的定期到位。

（3）沟通与对接机制。双方必须确定专人负责对接与联络，双方联络人员必须要具有较好的执行能力、沟通能力与协调工作的能力。

第三节　沈河区对适合的教育的探索

一、适合的教育的理论依据与基本内涵

政策视角

1. 推进素质教育的需要

1999年，《中共中央国务院关于深化教育改革，全面推进素质教育的决定》提出：全面推进素质教育，要坚持面向全体学生，为学生的全面发展创造相应的条件，依法保障适龄儿童和青少年学习的基本权利，尊重学生身心发展特点和教育规律，使学生生动活泼、积极主动地得到发展。

《国家中长期教育改革和发展规划纲要（2010—2020年）》提出：要以学生为主体，以教师为主导，充分发挥学生的主动性，把促进学生健康成长作为学校一切工作的出发点和落脚点。关心每个学生，促进每个学生主动地、生动活泼地发展，尊重教育规律和学生身心发展规律，为每个学生提供适合的教育。

2. 深入推进课程改革的需要

2001年《基础教育课程改革纲要（试行）》提出：教师在教学过程中应与学生积极互动、共同发展，要处理好传授知识与培养能力的关系，注重培养学生的独立性和自主性，引导学生质疑、调查、探究，在实践中学习，促进学生在教师指导下主动地、富有个性地学习。教师应尊重学生的人格，关注个体差异，满足不同学生的学习需要，创设能引导学生主动参

与的教育环境，激发学生的学习积极性，培养学生掌握和运用知识的态度和能力，使每个学生都能得到充分的发展。

3. 发展学生核心素养的需要

2016年，《中国学生发展核心素养》提出：核心素养是学生在接受相应学段的教育过程中，逐步形成的适应个人终身发展和社会发展需要的必备品格和关键能力。是关于学生知识、技能、情感、态度、价值观等多方面要求的综合表现。

学术视角

1. 因材施教理论

因材施教的核心理念在于教师要从学生的实际情况、个别差异出发，有的放矢地进行有差别的教学，使每个学生都能扬长避短，获得最佳发展。每一个学生的人生志趣、学习能力、特性特征和发展需求不同，教育也就应该根据这些差异而进行对应的教育。今天，因材施教已经成为一项重要的教学方法和教学原则。而“适合的教育”同样要求教师在教学中根据不同学生的认知水平、学习能力以及自身素质，选择适合每个学生特点的学习方法进行有针对性的教学，发挥学生的长处，弥补学生的不足，激发学生学习的兴趣，树立学生学习的信心，从而促进学生全面发展。因此，因材施教的思想为“适合的教育”提供了理论依据。

2. 多元智能理论

从多元智能的角度来看，每个人都是聪明的，但聪明的范畴和性质呈现出差异，因此就需要改变以往用一把尺子衡量所有学生的做法，重新认识到每位学生，为他们提供适合自己智能倾向的教育。多元智能并不主张将所有人都培养成全才，而是认为应该根据学生的不同情况来确定每个学生最适合的发展道路，这也为“适合的教育”提供了借鉴和启示。

3. 建构主义的学习理论

建构主义学习理论的很多观点都对“适合的教育”带来启发，尤其是建构主义的学生观和学习观。在学生观方面，建构主义强调，学习者并不是空着脑袋进入学习情境中的。在日常生活和以往各种形式的学习中，他们已经形成了有关的知识经验，他们对任何事情都有自己的看法。即使是有些问题他们从来没有接触过，没有现成的经验可以借鉴，但是当问题呈现在他们面前时，他们还是会基于以往的经验，依靠他们的认知能力，形成对问题的解释，提出他们的假设。在学习观方面，建构主义认为，教学不能无视学习者的已有知识经验，简单强硬地从外部对学习者实施知识的“灌输”，而是应当把学习者原有的知识经验作为新知识的生长点，引导学习者从原有的知识经验中，生长出新的知识经验。

4. 顾明远在《中国教育学刊》2011年第10期《个性化教育与人才培养模式创新》一文中认为：“适合的教育是最公平的教育，是尊重教育规律和学生身心发展规律的教育。”他进一步解释“教育最终的公平应该是使每个学生的潜在能力都能得到充分发展，获得教育的成功，这种教育就是最适合学生的教育”。

学生发展视角

1. 是以学生发展为本的教育

学生的发展是学校的一切教育活动的出发点和落脚点，学生是学习的主人。完整地理解“学生”，应该包括三个方面：首先是学生作为人，其次是学生作为儿童，第三是学生作为独特的生命体。适合学生的教育，首先要适合人性，其次适合儿童和学生的发展，最后是适合生命的独特性。

2. 是促进学生全面发展的教育

全面发展就是要让学生在德、智、体、美、劳等各方面都获得发展，而不是片面地发展。

3. 是关注学生个体成长的教育

每个学生都是一个独特的个体。教育既要适合不同群体的学生，又要适合不同个体的学生。让每个学生的个性都能得到发展，成为最好的自己。

4. 是多样化的教育

人才观念多样化，培养模式多样化（倡导启发式、探究式、讨论式、参与式教学，体验式学习，进行分层教学、走班制、学分制、导师制等教学管理制度改革）。

二、沈河区的实践路径和特色

（一）凝聚共识，确立鲜明的教育发展理念和价值追求

教育发展理念和价值追求是学校教育改革与发展的最基本问题，直接影响着教育决策和教育改革的推进。我区经过多年的实践探索，确立了“以学生发展为本”这一教育宗旨，找到了“适合的教育”这一发展方向，明确提出要以尊重个性为核心理念，以学校实践的多样化为追求，倡导主动选择，从而为学生的人生发展奠基。“适合的教育”应针对学生的兴趣爱好、天赋禀性，搭建多姿多彩的平台，使每个学生都获得充分发展。

（二）找准方向，紧抓课程设置和教学改革

找准方向也就是要找到学校改革的“突破口”和“切入点”，在此基

础上开展系统的改革探索。要找到这个“突破口”，关键是要根据已经确立的发展理念和价值追求，梳理学校发展过程中面临的关键问题，从问题解决的视角考察学校应该如何突破目前的困境，这个关键问题就是一个“突破口”。沈河区在确立了“适合的教育”这一发展理念之后，对教育教学中出现的问题进行了系统的思考，提出“适合的教育”应该针对学生的兴趣爱好、天赋禀性，搭建多姿多彩的平台，使每个学生获得充分的发展。“促进学生充分发展”就是我区找到的“突破口”，那么，如何促进学生充分发展呢？我区找到了一系列开展改革的“抓手”：设置丰富多彩的学校课程、以合作与探究为核心开展课堂教学模式改革，这样，学校和学生都拥有了更多的自主权和选择权。课程和教学是学校教育的核心问题，只有在学校课程建设和课堂教学改革这两个领域开展改革探索，才能真正落实“适合的教育”这一发展理念。

1. 开辟空间，课改才能创造

创造“适合”，需要适合创造的空间。我区开辟的空间有以下四个维度：一是态度与智慧。这指课改的高度，其决定因素不在于培训是否高端，而在于以培训为起点的区本化研究的融合度。二是整合与构建。这指课改的广度，其实质不是盲目地铺课程的摊子，而是以课程目标为轴心，在严格执行省市课程计划安排的基础上，强调对课程“根据目标递进而对接，根据内容延展而互嵌，根据形式适宜而组合”，从而成功突围“课时恐慌”，走入课程二次开发的新天地。三是实施与保障。这指推进课改落地的行动体现，诸多要素后面要提到，此处不赘述。四是评价与调控。这指时间维度上的自我完善，通过与北京师范大学和中国教育科学研究院的深度合作，为评价和调控提供支撑。

2. 坚守方向，课改才有实效

一是坚守专业品质。不断修正功利化、世俗化的价值观，筑起防火墙，如区教育局下发的《关于深入推进课堂教学改革的意见》，目的就是保证课改的方向免受功利思想的左右。二是坚守教育规律。不用运动化的思维指导课改，不下猛药，把握课改推进的"适合"节奏，如出台"自主性课堂""思维型课堂"教学改革实施方案等，鼓励各学校根据自身情况进行课改探索。三是坚守评价承诺。即实施为了发展的评价，而不是动辄"挥大棒"。四是坚守包容心态。不简单地由此"适合"推及彼"适合"，有包容才能有真正多样的"适合"。

3. 培土固本，课改才会深化

课程管理的重点在于打理、调理，打理需智慧，调理需营养，有些智慧与营养需要区本土壤才能生成或转化。几年来，沈河区基本厘清了有关课改的重要议题。一是由囿于课堂的微观教研转向面向课程的宏观教研，通过吃透"做什么"的大智慧、启迪"怎么做"的小智慧。二是由盲目编制校本课程转向注重课程的校本化开发，逐步建立起广义校本课程概念。三是由研究课堂教学的操作模式为主转向研磨学生的学习模式为主。在中小学整体改革专业委员会辽沈地区协作体主抓的"提升中小学生学习力"课题带动下，"学堂"里正在发生深刻变化，各中小学以人为本、独具特色的课堂教学模式不断涌现，有力凸显了学生"学"的地位。四是由侧重监测质量转向侧重监测学情，沈河区不搞讳莫如深的质量监测，而着力建成反映学情变化的大数据库，有了准确看问题的手段。

（三）开源节流，积极推动学校教育资源的升级

怎样建设好、运用好资源，是我区推行"适合的教育"的重要途径和有力抓手。我区的资源升级，主要体现在以下几方面：一是由经济因素主导的资源建设升级为智力因素主导的资源建设，依靠智力因素改善资源品质成为第一要务。二是由粗放的分散型资源建设升级为集约的组合型资源建设，资源效率大大提高。三是由被动使用资源升级为主动开发资源，如课改之初我们常说“不是教教材，而是用教材教”；“多样”教育的核心，不在于办学理念文字表达的与众不同，而在于物化于资源、活化于应用的多样性。

1. 手中有资源，夯实“适合”的基础

一是中心集约型资源，我区建设了教育实践中心，大大提升了学生动手实践、探索真知的资源品质。二是信息覆盖型资源，充分开发利用先进的网络资源、网络平台等独树一帜。三是集团共享资源，一方面在全面进入集团化以后，学校的自然成为集团的；另一方面，在新资源的规划、配置图谱中，着眼点在集团。四是特色支持型资源，本着“能做到位，一定支持到位”的原则，布设独特亮点，区内艺术、体育、科技等特色学校不断涌现。五是技术引领型资源，在科学论证、系统培训的基础上，让先进资源成为先进理念的落脚点。六是校本开发型资源，在标准资源配置与活化资源应用之间，校本开发资源是关键的连接带，做好这个连接带，是投入研究力量和督导评估的重点。

2. 眼中有资源，打造“适合”的应用

一是评价保应用。建立完善的发展性质量评价体系，让应用率置于评价监督之下，借助评价功能逐步改变教师的工作习惯。二是开发推应用。把需求摆出来，实行系统规划、任务招标、投入保障、成果共享。三是教研带应用。改变教研“善动口，少动手”的工作方式，实现理念与技术同步，产生了良好的跟进效应。四是服务促应用。实践证明，当课程满负荷运转的情形下，资源的支持服务体系不健全已经成为制约因素，尝试通过在集团内部成立资源支持小组、提升服务人员工作待遇等方式，有效扭转了这种局面。

3. 心中有资源，实现“适合”的升级

一是用心与课程对话，改变唯技术倾向。这些年出现一种现象，一提资源开发，大家纷纷制作课件，课件逐渐沦为披着技术外衣的“笨人”作品，很多教师除了课件，不再涉及其他。引导一线教师研究教材，设计多样化的呈现方式，以资源形态的多元化实现升级。二是用心与学生对话，改变教学虚拟化倾向。在还没有能力从根本上改变学生生活实践弱化现象时，通过实体资源提供生活化的学习是当务之急。三是用心和环境对话，改变校园高档但欠缺亲和的倾向。实践中逐步形成“季节校园”“生长校园”“主题校园”等概念，就是让师生打理校园，让“课材”在校园中生成、生长。四是用心和同行对话，改变资源视野单一化的倾向。在集团和区域平台上建立资源超市，通过思想和技术的高位嫁接实现升级。五是用心和社会对话，改变资源范围固守化的倾向。实现教育与社会的双向适应、协调发展，用心经营环境，合理运用社会资源，重点体现在社会资源的适教化、助教化、益教化、利教化。

（四）固本强基，打造充满活力的教师队伍

我区“适合的教育”的队伍建设之路，具有以下特征：一是实践本位，即从实践中选题，在实践中破题，不走拿学分、干工作“两张皮”的老路；二是尊重个性，一刀切的培训势必造就一刀切的教学；三是研训一体，“研”为“训”之本，“训”为“研”之形；四是校本实施，十年前沈河区创造了“区域为体、校本为魂、信息为脉、反思为智”的十六字经验，其核心就是校本型师训。

1.“适合”于时代，打造进步的团队

得益于我区的文化传统和区位优势，我区拥有一支综合素质优秀、具有鲜明时代特征的教师队伍，体现于“四课、二研、三效”的“四二三”图谱。“四课”其一为课题研究，在校本情境下的一线教师课题摒弃“八股”式的科研套路，接地气、讲实话、悟真谛；其二为课堂评价，主要指基于课堂观察技术和课堂要素数据统计所做出的全面剖析，是历练授课、评课的好方式；其三是课程开发，即每位教师都是课程校本化的设计者和执行者；其四是“课材”制作，即前面所说资源的设计开发。“二研”是指研磨学生、研磨模式，其中研磨学生是根本，将脑科学等前沿理论引入课堂，指导实践，从而使模式更加“适合”学生。“三效”即教学效率、实践效果、发展效能，是评价培训工作实效的指标，引领教师会工作、巧工作，体会职业幸福，实现健康成长。

2.“适合”于岗位，培养敬业的成员

以《沈河区中小学校长教育信息化领导力评价考核办法》为例，作为未来三年针对校长的一个专项培训计划，一改以往罗列学习目录的套路，而是以“领导制定、实施学校教育信息化发展规划的情况”为评价主轴，校长们在完成任务过程中如需要培训和技术支持，职能部门会提供菜单式的服务。

3.“适合”于自身，磨练更好的自己

教师专业发展的个性化，是推进“适合的教育”的前提条件。区域指导各学校为青年教师制订个性化成长计划，为骨干教师制定教学风格形成方案，采取双向选择方式组建名师工作室，开展教师间拜师结对子等活动，从而多角度促进教师专业发展。教师个性化成长过程中突出教师愿景描绘、研修定位、成长路径的设计等要素，骨干教师、名教师在发挥带动引领作用的同时，教学相长，自身也得以再提升。实践表明，研修活动如果失去针对性，往往流于形式，甚至是教师职业倦怠的诱因，而以个性成长为主轴的研修过程，则将适度压力和成长动力合二为一，成就教师、成就工作、成就学校。

总之，“适合的教育”符合时代发展和素质教育改革的潮流，是推动基础教育改革的重要尝试。它尊重教育规律、推动科学发展，塑造学生的健全人格并促进全面发展，有利于发展学生个性、为学生的终身发展奠定基础。

三、成果与经验分析

（一）形成的基本判断

我区经过多年的实践探索，确立了以学生发展为本的教育宗旨，找到了“适合的教育”这一发展方向，明确提出要以尊重个性为核心理念，以多样实践为形态特征，以主动选择为行为方式，以奠基终生为育人目标。

1. 塑造健全人格，促进全面发展

立德树人是教育的根本任务。品行不端，读书无益；心性不正，博学无益；做事乖张，聪明无益。一个真正完整的人，首先是一个具有人格力量的人。我区历来重视并一以贯之地强调学生健全人格的塑造，一是立足于学校实际、学生需要，将智商教育、情商教育、德商教育和财商教育等融入学科教学中，体现“鲜、活、实”的特点；二是灵活开展主题教育活动，让学生有机会参与社会活动；三是增加学生的现实生活体验，提升学生建立和谐人际关系、有效解决问题的能力。

2. 尊重教育规律，推动科学发展

学校应适度、适量施加教育，不能拔苗助长。一要有教无类。二要知生善断。“视其所以，观其所由，察其所安”，全面准确了解掌握学生的状况。三要因材施教。在“知人”的基础上，要从学生的具体实际、个别差异出发，有的放矢地进行有差别的教学。如明代哲学家王阳明所说，要“随人分限所及”，强调“因材施教”和“循序渐进”，以达到“益精其能”的效果。

3. 拓展学生个性，促其充分发展

“适合的教育”应针对学生的兴趣爱好、天赋禀性，搭建多姿多彩的平台，使每个学生都获得充分发展。一要突出学生的主体性。我区教育改革强调合作与探究的课堂教学模式和丰富多样的校本课程设置，使学生的潜能得到充分挖掘，学生在学校里有了更多的自主权、选择权，在家庭和社区里有了更多的实践锻炼机会。二要注重学生的成长性，确保他们的情操得到陶冶，知识、技能得到提升，使他们变得更加自信、自强、自立、自主。三要确保学生的可得性。赋予学校更大的办学自主权，鼓励每一所学校办出特色、办出水平，为学生的充分发展提供切实的政策和资源保障。

（二）经验及贡献

经过多年的研究与探索，沈河区提出“适合的教育”这一发展理念，并对此进行了系统的实践探索，取得了积极的效果，积累了四条基本经验：

1. 坚持优先发展教育。区委、区政府坚持教育“三个面向”，坚持“优先发展、创新发展、协调发展、内涵发展、服务发展”的20字教育发展方针，确定了“以创办‘适合的教育’为理念，以推进全区义务教育均衡发展为突破口，强力推进‘全市领先、全省示范、全国一流’的教育强区建设，办好人民满意教育”的总体发展战略，将教育的地位提升到前所未有的高度，为全区教育事业改革和发展提供了正确的发展方向和有力保障。

2. 坚持创办“适合的教育”。沈河区坚持“育人为本”，凝练形成了“为每一名学生提供适合的教育”的核心理念，构建了一个以多维一贯的适合目标为引领，以多重课改探索、多种集团管理、多层资源应用、多元师训提升为支柱，以学校多样、特色发展为特征的适合教育实践体系，推动了区域教育多样化发展，全区中小学中获得市级特色学校的比例达到73%，区域教育呈现出“特色、多样、适合”的生态。

3. 坚持深化教育综合改革。沈河区以改革创新作为教育强区建设的根本动力，坚持推进教育体制、机制创新，坚持教育教学改革。一是推进区域性公办学校整体实施集团化办学。因校制宜，采取多元的组建形式和发展模式，开展具有“沈河模式”的集团化办学改革实践，促进了优质资源共享和管理体制创新，有效缩小了学校之间、东西部地区之间的差距。二是推进课程和课堂教学改革。全区深入推进新一轮课堂教学改革，推动了学校校本课程体系的建设，构建了小学“自主型”、初中“思维型”等高效课堂教学模式，实施高中小班化教学和走班制教学改革，引进“学习力”培养研究项目、爱生学校项目、“十全”素质教育等科研项目引领教育创新，推动了全区教育教学质量稳步提升。三是推进现代学校制度建设，梳理权力清单和责任清单，完善学校和集团章程建设、制度建设和家长委员会建设，完善学校内部治理结构，逐步推进管办评分离，扩大学校办学自主权，促进学校依法、自主发展。

4. 坚持形成有力教育保障。一是加大资金投入，形成强有力的财力保障。五年间，全区共投入建设资金62618万元，设施设备资金6000万元，使全区中小学整体办学条件达到全市领先水平。二是加强队伍建设，形成强有力的人才保障。大力推进“三名工程”实施，全区组建了85个名校长、名优班主任及名师工作室，组织近千名干部、教师参加北师大、华东师大及省市区的各类培训活动，使区域教育领军团队质量和规模均处于全市领先水平。三是实现高标准数字校园建设，形成强有力的技术保障。完成全部学校的二星级数字校园建设，15所学校建成三星级数字校园，完成了“两中心一平台”建设，开展了数字校园和数字课堂的建设与应用，构建了数字教育支撑服务体系，使信息化水平居于全省领先地位。四是强化督导考核，形成强有力的监管保障。建立了区政府督导室、区政府督考办、教育局督考办三结合的监督保障体系和督导考评工作机制，全面覆盖教育发展的重点任务和指标，确保教育工作部署得到全面落实。

适合的教育作为一种教育理念，已经成为区域教育改革和发展永恒的追求，让每一所学校都办出自己的特色，让每一个孩子找到适合他发展的道路，让每一个教师获得职业幸福感，这应该成为区域、学校、教师和家长共同努力的目标和责任。

第二章

面向人人：指向五育并举的育人创新

第一节　五育并举的育人理念

一、五育的内容及其内在逻辑

（一）五育之间的关系

五育，即德育、智育、体育、美育、劳动教育，它们共同构成全面发展的教育。

德育是思想教育、政治教育和道德教育的总称，是教育者依据特定社会要求和学生身心发展规律，对受教者实施有目的、有计划的影响，培养他们特定的政治思想意识和道德品质的活动；智育是授予学生系统的科学文化知识、技能，发展他们的智力和与学习有关的非认知因素的教育；体育是授予学生健康的知识、技能，发展他们的体力，增强他们的自我保健意识和体质，培养参加体育活动的需要和习惯，增强其意志力的教育；美育是形成学生正确的审美观点，培养学生感受美、鉴赏美和创造美的能力的教育，也称审美教育或美感教育；劳动技术教育是指引导学生掌握劳动技术知识和技能，形成劳动观点和习惯的教育。五育之间彼此独立，相互联系，相互促进，是一个完整的有机体。

习近平总书记在全国教育大会上关于“六个下功夫”的论述，充分强调了五育在教育中不可或缺的重要地位，其中“坚定理想信念”“厚植爱国主义情怀”“加强品德修养”均指向德育；而“增长知识见识”“增强综合素质”“加强和改进学校美育”“弘扬劳动精神”则分别指向智育、体育、美育、劳动教育。

中共中央国务院《关于深化教育教学改革全面提高义务教育质量的意见》中，首次发文提出“五育”并举，全面发展素质教育的育人理念，要求各级教育行政部门要突出德育实效、提升智育水平、强化体育锻炼、增强美育熏陶、加强劳动教育。

1. 五育彼此独立，内涵各不相同。1912年，蔡元培先生首次提出“军国民教育、实利主义教育、公民道德教育、世界观教育、美感教育”，这种五育并举、全面发展的教育观点，在中国近代史上是首创。新时代赋予了“五育”新的内涵。德育指明方向，奠定其他四育的基调，具有导向作用；智育是智力基础，是实施各育不可缺少的手段；体育提供健康体魄，是实施其他四育的保障；美育和劳动教育渗透到全面发展教育的各个方面，与其他三育相辅相成，相互促进。教育的目标从“德智体美”到“德智体美劳”的变化，劳动教育的价值被重新认知，是新时代对党的教育方针的重要发展和丰富，标志着党和国家对教育在社会发展中的定位更加清晰明确。“撸起袖子加油干”一度成为近年来网络热词，这生动的语句所传递出的埋头苦干的工作态度和实干强干的劳动精神，是劳动教育深远现实意义的真实写照。

2. 五育相互统一，彼此渗透。一方面，五育体现在一个学生身上，是作为一个整体的人的各个方面，是统一在一个结构中；另一方面，五育间相互包含，彼此渗透。五育在学生发展的不同时期可以有发展程度上的差异，或者发展顺序的不同，但所有教育活动对学生的作用成效，其实很难彻底区分这是德育的效果，那是美育的体现，往往一种教育行为对学生的成长产生的是综合效应，如上学期沈河区开展了“育树励品行　牵手共成长”——沈阳市百校万树·我与小树共成长活动，活动前，组织学生对选树种树等相关知识学习（智育），活动中，师生共同栽下树苗、培土浇水（劳动教育），活动后，学生自发爱树护树，悬挂护树标牌（德育），随着树木渐渐长大，在郁郁葱葱、层林尽染间嬉戏（体育），最终，赏心悦目的小树们见证了植树人的成长，成为文明美丽校园中不可或缺的重要景致（美育）。由此可见，五育的育人效果是相互渗透，彼此助推的，五育并举才能形成教育合力。

（二）立德树人在五育中的重要作用

立德树人是教育的根本任务。立德是树人的基础，树人是立德的目的。立德树人，充分强调“德”在德、智、体、美、劳各种素质中的主导地位，脱离开德性谈树人就会偏离育人的正确方向。早在2004年，习近平总书记就发表重要论述，强调德育的重要性，他指出“人而无德，行之不远。没有良好的道德品质和思想修养，即使有丰富的知识、高深的学问，也难成大器”。纵观近年来国家及省市各级教育主管部门颁布的文件，立德树人在五育中的重要作用愈发突出，为教育转变德育观念，改进德育内容，创新德育实施途径提供了根本遵循。

1. 立德树人是培育和践行社会主义核心价值观的内在需求。《说文解字》中对“育”的解释为：养子使作善也。意思是养育后代，要让他从善。育德便成为教育工作者的首要任务。2012年，教育部在《国家教育事业发展第十二个五年规划》中明确，现今经济发展方式加速转变，社会变革与发展正处在攻坚时期，社会对教育和人才的需求都发生了深刻的转变，进一步全方面加强青少年的思想道德教育已成为迫切需要。2014年《教育部关于培育和践行社会主义核心价值观进一步加强中小学德育工作的意见》中，进一步指出“培育和践行社会主义核心价值观、加强中小学德育是推进中国特色社会主义的必然要求，是深化教育领域综合改革、促进学生健康成长的现实选择”。2017年，《关于深化教育体制机制改革的意见》要求，健全立德树人系统化落实机制，强调要构建以社会主义核心价值观为引领的大中小幼一体化德育体系。这些重大判断，为改进和加强中小学德育工作、全面落实立德树人根本任务指明了方向。

2. 立德树人是扣好人生第一粒扣子的必要前提。青少年是国家的未来，民族的希望。2014年5月，习近平总书记到北京大学考察时指出，“青年的价值取向决定了未来整个社会的价值取向，而青年又处在价值观形成和确立的时期，抓好这一时期的价值观养成十分重要。这就像穿衣服扣扣子一样，如果第一粒扣子扣错了，剩余的扣子都会扣错。人生的扣子从一开始就要扣好”。2018年8月，习近平总书记在全国宣传思想工作会议上强调，“要抓住青少年价值观形成和确定的关键时期，引导青少年扣好人生第一粒扣子”。这些重要论述，反复强调了青少年阶段是人生的“拔节孕穗期”，最需要精心引导和栽培。这就要求基础教育工作者谋划好落实立德树人要求的“路线图”，制定好培养德智体美劳全面发展的“施工图”，实现对青少年精准灌溉的“效果图”。

3. 立德树人是构建全面发展人才体系的重要保证。习总书记高度重视培养德智体美劳全面发展的社会主义建设者和接班人，他在党的十九大报告中作出战略部署，“要全面贯彻党的教育方针，落实立德树人根本任务，发展素质教育，推进教育公平，培养德智体美劳全面发展的社会主义建设者和接班人”。2014年3月印发的《教育部关于全面深化课程改革落实立德树人根本任务的意见》中指出：把党的十八大和十八届三中全会关于立德树人的要求落到实处，充分发挥课程在人才培养中的核心作用，进一步提升综合育人水平，更好地促进各级各类学校学生全面发展、健康成长。党的十九届四中全会从国家制度和国家治理体系的高度，再次强调了德能的重要性：坚持德才兼备、选贤任能，聚天下英才而用之，培养造就更多更优秀人才的显著优势。培养什么人，怎样培养人，为谁培养人，这是教育的首要问题。教育要培养一代又一代拥护中国共产党领导和我国社会主义制度，立志为中国特色社会主义事业奋斗终身的有用人才。因此，要进一步加强党对教育工作的全面领导，紧扣立德树人根本任务，坚持五育并举，健全三全育人体系，推动习近平新时代中国特色社会主义思想进教材、进课堂、进头脑。

4. 立德树人为课程实施提供价值导向。“思想政治理论课是落实立德树人根本任务的关键课程”。党中央对思想政治工作的重视，为思政课建设提供了有力支撑。课堂是教学的主渠道，是对学生进行思想道德教育的重要场所，在开足开齐思政课的基础上，上出温度、品出甜味儿、形成风景，应该是所有德育教师应该思考的问题。同时，也要充分发挥其他各学科的德育功能，挖掘学科教学体系中的德育内涵，不断增强价值引领，提升课程育人质量。

二、五育并举对学生发展的意义和价值

（一）五育并举助力学生的全面发展

马克思关于人的全面发展学说有这样的观点：全面发展的人是精神和身体、个体性和社会性得到普遍、充分而自由发展的人。即指人的体力、智力的充分自由和谐发展。苏霍姆林斯基提出，全面发展是指学生的身体、品德、智力、劳动和美感等方面都得到发展。这里的全面发展，是针对片面发展提出的，但并非平均发展，也正是目前所倡导的五育并举。而儒家“仁智合一、知行合一”的观点，认为君子之所以教者五：有如时雨化之者，有成德者，有达财者，有答问者，有私淑艾者。这种教育思想经过两千年的沉淀，逐渐形成了以德为首，德智体美劳全面发展的新时代教育思想。

学生的成长与发展，有其内在的成长规律，五育并举从德、智、体、美、劳五个维度入手，实施多元融合的教育实践，有助于学生身心健康获得全面发展。必要的体育锻炼，保障了身体健康这一基础和前提，德行的教育，把脉学生心理健康，加以知识的积累、技能的提升、美育的熏陶，构成了学生成长的完整体系。

沈河区自2011年开始实施“体育、艺术2+1项目”。该项目是教育部落实《教育振兴行动计划》和德智体美全面发展教育方针，推动学校体育和美育教育的一项重要工作，目的是通过学校组织的体育和艺术活动，让每个学生在义务教育阶段都能至少掌握两项体育运动技能和一项艺术特

长，从而为学生的全面发展奠定基础。

该项目实施以来，全区上下一盘棋，认识到位、责任到位、措施到位，把“体育、艺术2+1项目”的实施作为全面实施素质教育，推动全区中小学体育、美育教育的重点工作抓紧抓实，规定动作夯基础，自选动作谋创新，项目普及率100%，学生参与率近100%，逐步形成了各具特色的活动项目，呈现出“人人有体育项目、班班有体育活动、校校有体育特色”的良好局面，形成了热爱体育、崇尚运动，追求艺术、文化育人的良好校园文化氛围。

通过加强体育锻炼，增强了学生的体魄，帮助学生克服各种生理和心理上的障碍，培养勇敢、果断、吃苦耐劳等优良品质；参加艺术学习提高了学生的艺术修养、审美水平和生活情趣；通过参与“体育、艺术2＋1项目”相关的各项教学、训练、竞赛、演出等活动，有利于学生形成自律、自信、合作的良好品格，促进学生身心健康成长，最终达到学生的全面发展，并且以此为师生共同参与喜爱的体艺活动搭建一个平台，建立更加和谐的校园。

沈河区的中小学校结合校园文化建设和整体育人体系，积极落实五育并举，提升育人质量。沈河区文化路小学坚持“以文化人，以心创新”的办学理念，坚持五育并举，全面育人。注重培育品德好、善观察、勤思考、乐创新的文化学子，掌握学会观察、想象、思考、质疑、表达、合作、评价、应用“八大能力”，架构“三维（科学、艺术、体育）、四课（学科课程、活动课程、社团课程、环境课程）、五域（人文社科、科学创新、艺术创造、生活健康、传统文化）”创造教育课程体系，以科学、艺术、体育、读书漂流项目为学习方式，培养学生综合素养。

科技校本课程：探索科学教育维度，延展学生创造空间。

科学实践——立足教学改革。一是强调实际操作，构建由读到做课堂教学模式。二是设定主题，举行创意大赛，创意生活。三是开发创造思维训练课，整合多维资源。

依托社团——创意落地开花。智能机器人社团增进对机器人的学习和探索兴趣。科学实验社团设置主题科学实验，每学期16课时，每课时一个实验内容，学生们往往突破教材中的范式，创造自己中意的作品。目前，学校成立了以科技类为主体的科技社团十余个，如动力航模、纸飞机等。

艺术课程：开发艺术教育资源，丰富学生的多彩童年。全力推进“小乐器进课堂”“儿童歌舞剧进课堂”“版画进课堂”“戏剧进课堂”的教育实践。倾力营建“科技滋养，艺术熏陶”的办学特色，将学习领域不断扩大。版画进课堂，提升学生审美情趣和创造美的能力；小乐器进课堂，创新传统单调的铝板琴演奏形式，加入打击乐演奏和身体律动配合，将竖笛和口风琴巧妙地结合在一起进行齐奏、合奏等演奏，发展学生直觉思维和创造想象能力。儿童歌舞剧进课堂，将音乐教育新体系理论作为实践基础，通过国家课堂、校本课堂和音乐剧社三种途径，对音乐作品进行小型化、戏剧化、歌舞化处理，研发校本课程，编著配套校本教材。

发展体育课程，完善学生人格。完善人格首在教育。体育教师利用自身的专长开发出篮球、足球、健美操等项目，让学生课余投身到运动的快乐中。

班本课程：拓展家校的活动维度，释放师生家长的活力。开发班本创造力培养项目，请家长参与给予智力支持，形成家校携手育人的格局。3月戏剧德育，4月科技创新大赛，5月阳光体育运动会，6月读书与漂流，7月成长的足迹毕业式，9月城市文明代言人，10月校园艺术展演，11月感恩孝亲，12月迎新年Party。引领学生把学识内化为精神、修养、人格和力量，全身心投入并创新性完成学业和工作。

（二）五育并举助力学生的个性发展

个性发展，是在学生全面发展的基础上，找到学生身上最亮的闪光点，即日后发展的根源点，使学生能充分发挥他的天赋和素质，实现他人生价值最大化。就是通过多样化、特色化、个性化课程和教育方式，促进学生的差异化、个性化成长；通过因材施教促进发展学生个性成长，每个学生都在适合的教育理念下，成为“适合的自己”。

事物发展有先有后，有主有次，学生的个人成长也受先天因素和后天环境影响的制约，因人而异。学生来自不同的家庭，基础不一，兴趣不同，个性有异，是所谓“术业有专攻”。普拉托诺夫个性基本结构示意图将个性分成个性特征、个体特征、心理特征、生理特征四个层次，分别指向情感态度价值观、知识能力习惯、心理素质、气质本能等特质，这些恰恰是可以通过教育和训练塑造改变的。在基础教育阶段，对学生进行德智体美劳系统的教育，有助于学生发现自身的特点、兴趣、爱好、特长，从而实现自我发展。

“体育、艺术2+1”项目实施原则之一就是激发学生发展积极性，助力学生个性发展。按新课改的要求，贯彻新的教育理念，以生为本，引导学生，激发学生参与体育、美育活动的积极性，通过活动积累和磨炼，长见识、得乐趣，从而掌握运动技能和艺术技能，提高能力和水平，张扬个性，发展特长。

在“体育、艺术2+1项目”实施过程中，各种体育、美育教学及活动中都明确了学生的主体地位，激发其自我活动的能动性，并给予其充分信任和尊重，提供更多的自由，变学生被动参加体育、美育活动为主动追求。此外，还改变了单纯地以“达标”作为评价标准的做法，改变了体育、美育教学的应试教育倾向。以研究性学习的评价观为评价原则，不以同一种标准衡量千差万别的学生，尊重学生的先天条件、兴趣爱好和性格特征，评价不仅重视最后的结果，更重视参与的过程，重视学生在学习过程中的多种收获与体验，重视学生在学习过程中的自我评价。在体育、美育教学及活动中，以学生的发展为中心，充分发挥学生的主体作用和主动精神，让学生有更多自主选择学习的时间与空间，更好地培养学生创新学习的能力。在体育、美育教学及活动中，有目的地培养学生的个性意识，用高尚的社会影响因素支配学生参与体育、美育活动的内驱力，为个性培养和发展创造理想的环境。

此外，进一步拓展教育的空间，促使学生发展特长，学校发展特色，从而建设有特色的体育、美育教育课程体系，为学生体育艺术的特长发展提供平台。沈河区作为辽宁省中小学体育艺术示范区，现有全国校园足球特色学校25所，全国校园篮球特色学校9所，各级体育点校16所。区内学校田径、足球、健美操、啦啦操等运动队，合唱、舞蹈、器乐等艺术团队数量众多。同时，特色体育、美育项目丰富多彩，如：珍珠球、武术、垫上体操、抖空竹、体育舞蹈、艺术体操、戏曲等，为学生的体育、美育特长提供了广阔的发展空间。

学生可以根据自身兴趣及特长，加入不同水平的体育、艺术团队深造，这样，学生学习的兴趣得到激发，主动学习和参与锻炼的积极性得到调动，并体验到成功的乐趣，为其终身体育意识的形成奠定坚实的基础。

促使学生自觉掌握科学知识和相关的学习方法，获得自我表现的机会及发展的主动权，形成良好个性与健康人格。

第二节　五育并举的育人实践

一、五育并举的育人实践路径

（一）五育并举的育人实践路径设计思路

习近平总书记在全国教育大会上关于努力构建德智体美劳全面培养的教育体系和更高水平的人才培养体系的重要论述，为落实五育并举教育体系提供了可行框架和整体方法论。近年来，沈河教育以智慧的实施“适合的教育”为发展理念，适应多样的教育需求，积极树立全面发展的科学质量观，努力探索“一分为五，合五为一”的五育并举育人模式，促进学生全面而有个性的健康发展。

“一分为五，合五为一”的育人模式，即把握立德树人这一教育根本目标，从课程体系、教学体系、管理体系的实际出发，系统设计，整体规划，在一节课程、一次教学、一项活动中，综合考量、合理重建五种教育，在已有各育基础上做减法，将互联互通的融合理念渗透到教育教学全过程中。同时，充分认识五育间的联系规律，将五育作为一个彼此促进、密不可分的整体来思考，虽各自发力，但同频共振，形成五种教育指向同一育人目标的教育合力。

（二）五育并举的育人实践路径

沈河区坚持立德树人，德育为先，深入贯彻落实习近平总书记系列重要讲话精神，积极培育践行社会主义核心价值观，加强学生人格修养、社会关爱和家国情怀教育，架构现代学校制度建设德育管理模式，打造沈河德育名学校、沈河德育名项目、沈河德育名教师，形成课堂主渠道教育与学校文化、课外活动联动，学校教育、家庭教育和社区教育相贯通的学校德育工作体系，使学校德育工作与中国梦相承接、与社会主义核心价值观相适应、与中华优秀传统文化相协调。

坚持遵循为每个学生提供“适合的教育”的教育理念，坚持以“普及+提高”为指导思想，坚持“面向全体，人人参与”的教育原则，坚持以“学生的全面发展与个性培养”为育人目标，坚持通过“保障必修课程、融汇学科教学、巩固校本特色、发展团队活动，全方位开发课内、课外‘双主’阵地”为路径，让体育美育工作常态化、课程化、多元化，呈现出“人人有项目、班班有活动、校校有特色”的体育良好局面，形成“一校一品、一班一色、一生一长”的美育多样格局。

加强课程育人，严格落实德育课程，充分发挥其他课程德育功能，用好校本课程，将德育融入渗透到教育教学全过程；坚持文化育人，优化校园环境，营造文化氛围，设计学校育人符号，建设班级文化，让校园处处可育人；强化活动育人，开展重大节日、纪念日等重要时间节点主题教育活动，注重仪式教育，常态开展团队活动，丰富社团活动，培养学生形成良好的思想品德和行为习惯；深化实践育人，广泛开展各类主题实践，加强劳动实践，组织研学旅行，开展学雷锋志愿服务，不断增强学生的社会责任感、创新精神和实践能力；推进管理育人，完善管理制度，加强校园周边综合治理，明确岗位责任，加强师德师风建设，细化学生行为规范，关爱特殊群体，将中小学德育工作的要求贯穿于学校管理制度的每一个细节之中；注重协同育人，加强家庭教育指导，构建社会共育机制，营造积极向上的良好社会氛围。

具体实践路径：

一是加强组织制度建设，构建优先发展的长效机制。深化工作机制，实行多级化的体艺管理。强化督导考核，形成强有力的制度监管。细化评价体系，加大“2+1项目”评价，使项目更具实效性和科学性。

二是打好全面保障基础，营造项目发展的良好环境。加大资金投入，形成强有力的硬件支持。加大建设投入，打造有特色的校园环境，凸显学校特色，营造“以美塑德、以美益智”的育人氛围。做好特色、优势体艺项目小学、初中、高中各学段衔接工作，为学生体育、美育可持续发展提供平台。

三是壮大体艺师资力量，优化体艺发展的队伍建设。为保证体育、艺术教师数量，沈河区在招聘教师时，着重向体音美教师倾斜。以培训为载体，增强体艺教师综合素质。以科研为抓手，提升体艺教师理论水平。以活动为路径，提升体艺教师教学能力。

四是持续深化体育、美育教育，强力凸显“2+1项目”特色。通过严抓体育、美育课程实施，提高教学质量，开展“阳光体育运动”和体育、艺术团队活动，注重提升学生运动兴趣，培养学生体育特长。开展区级中小学生运动会、艺术展演、现场观摩会、体育节、艺术节及组织参加省、市、国家的各项体艺活动，提升了沈河区体育美育普及程度，促进“体育、艺术2+1项目”的有效落实。体育美育整体水平始终处于省、市领先地位，工作成果显著。

二、五育并举的育人实践特色与成效

（一）五育并举的育人实践特色

中华优秀传统文化积淀着中华民族最深沉的道德追求，是立德树人的底色。在中小学中广泛开展中华优秀传统文化教育，让学生从中汲取精华，涵养素质，历练成长，传承文化密码，引导学生五育并举，全面发展。

2014年，沈河区加入到了教育部《中小学价值教育校本化研究》总课题组中，成为研究实验区；2016年底，沈河区又确定了14所学校、幼儿园，作为传统文化教育中华文化习养实验校，深入开展传统文化教育的实践研究工作。

把握方向，确立工作项目

早在2002年左右，沈河教育便开始探索传统文化的推进思路，通过经典诵读和传统文化课本剧两个工作项目，进行了一些尝试：2002年到2005年，开展了全区经典诵读活动，借助经典诵读大赛活动，推进传统文化进校园；2005年到2009年，依托班本课程——传统文化课本剧，通过学生自编自导自演，让学生充分动了起来，学生们需要挖掘更多的传统文化知识来支撑他们的导演梦、演员梦，这更成为他们爱上传统文化的一个有效的载体。

2010年，历经近9年的实践，沈河区教育局形成并下发了《沈河区中小学开展国学教育的实施方案》，作为在全区中小学开展中华优秀传统文化的一种引导。方案中确立了通过经典、艺术、健身三方面着手，让全体学生接触传统文化，引导全区中小学在传统文化上做文章，在活动载体上创特色，在课程体系上求渗透，使传统文化成为沈河教育办学尤其是德育工作的重要着眼点。

理清思路，构建课程框架

“一事一物皆教育，时时处处有课程”是当前基础教育的一种大课程观，这为沈河教育的传统文化推进提供了新的思路。沈河教育人一直在思考，如何用凝结着中华民族智慧的优秀传统文化建立学校课程体系，以经典传承五育，以传统立德树人。

为此，沈河区在鼓励、引导区内学校充分结合传统文化构建自身课程体系的同时，进一步明确了“两化”“三主”“四知”推进思路：“两化”即中华优秀传统文化课程化、体系化；培养学生做到“三主”，即主动诵读、主动思考、主动践行；“四知”即知古今变化、知中西异调、知文理源流、知知行统一。

在工作思路的引导下，在区级实施方案的推动下，各校遵循着将中华优秀传统文化融入课程体系，融入校本特色，融入常规教学，积极构建课程体系，区内一大批体现优秀传统文化内涵的课程体系纷纷呈现：

如沈河区大南一校“养正”课程体系，通过“养德行、育正心；养习惯、育正行；养学习、育正智”的三大主脉推进五学。

沈河区文化二校“德孝”课程体系，在德孝基础上建立出“孝身、孝心、孝志”三条主线，进而推进为“孝之智、孝之美、孝之行、孝之创”四个课程方向。

沈河区文萃小学以多元智能理论为基础，与君子“六艺”相结合，开发“学府‘六艺’”课程体系，以“礼、艺、体、技、书、数”为培养点深入开发传统文化。

沈阳市满族中学立足民族教育，以“康熙家训”的勤、慎、精、敏四个字为课程培养方向，创设“海东青”课程体系（“海东青”是满族最高图腾，意为“万鹰之神”），构筑了学校独特课程体系。

沈河区泉园小学“崇善”课程体系，依托“品善、性雅、意坚、体健、行远”的成长目标，构筑立体的学生成长规划。

同泽高中的“诚”字体系、方凌小学的“四径八法”、万莲小学的“爱与责任”等课程体系，均是充分依托传统文化予以推进。

学校传统文化课程体系的建立，使此项工作从普及逐步过渡到了有章法的构建阶段。2017年，在原有的“两化”“三主”“四知”工作思路基础上，沈河区增加了“五学并举”，更好地丰富了区域内中华优秀传统文化整体工作思路和框架体系。

提升品质，“小微”模式操作

课程体系的理想和框架即使再丰满，如果不脚踏实地小步扎实推进，现实肯定很骨感。2014年，沈河区教育局启动了叫响全国的“小微德育成长工程”，就是将“小和微”作为形式，以“微+项目”为支撑，树立学校、班级、家庭、社团、社区“五大支柱”，聚焦一点做文章，立柱子，寻突破。在细小抓手上发力，通过一条明晰的价值线，最终指向核心价值观、传统文化等德育目标。并通过概念化提炼名称，可视化梳理价值线将优秀项目固化为可操作、复制、宣传、推广的品牌项目工作成果。这恰好与沈河区推进传统文化现阶段的目标契合。

沈河区开始逐步尝试将中华优秀传统文化教育资源，有机融入“小微”模式，将学校以往的做法逐步引导向落小、落细、落实的方向，力求在确立优秀传统文化“微”项目上做文章。

在小微模式的引领下，沈河区中小学立足自身办学特色的基础，成功推出了一批体现“五学并举”内容和措施的“微+”项目，收到了良好的教育成效。

1. 传统经典“微+”项目（倾向德育、智育）

经典诵读的范围很大，它可以辐射整个文化体系，撷取经典，也可以倾向于某个方面，如沈河区一经二校充分借助《毛泽东诗词》，开展全校的主题诵读，创设了“微+”项目——“润之诗社”。这是传统文化与人物榜样的一次巧妙融合，使学生在与伟人的精神交流中，提升自我境界。

在沈河区大南一校，每天午休后进教室前的三分钟，“千人午诵”的朗朗诵读声便会从操场上传来，每名学生都以最饱满的状态诠释着传统文化的经典，每天都会引得校园围墙外的行人驻足倾听。

2. 传统人物故事“微+”项目（倾向德育）

历史人物：沈阳市同泽女中“晨说巾帼”项目，使女中学子在中华优秀女性的榜样渗透之下，逐渐成长、成熟。“晨说巾帼”是女中传统养成教育开展中坚守的阵地，更发展成为同泽女中的校本课程，并编写出版了校本教材《晨说巾帼》。

革命传统人物：教育部的《中华优秀传统文化教育指导纲要》指出，传统文化教育要与革命传统教育充分结合。沈河区依托沈阳市将雷锋精神定义为沈阳城市精神的主旋律，推出了区级“微+”项目——“锋叶闪闪”。“锋叶”是沈河区小雷锋志愿者们为自己起的名字；“闪闪”是号召“小锋叶们”组成爱心团队，到地铁站、商场等地，以快闪的形式演唱雷锋歌曲，发放纪念书签，宣讲雷锋故事，在做一名小小志愿者的活动实践中，理解雷锋精神。

同时，作为辽宁省第一支英雄中队“毛岸英中队”的发源地，沈阳市岸英小学把“榜样引领”微+项目提炼出来，传承英雄文化。以“岸英文化馆”为起点，确立了“学习榜样—主题实践—价值提升”的微化榜样教育。

3. 传统书法“微+”项目（倾向德育、智育、美育）

书法进课堂，作为沈河区近年来积极推进的课程，现已为每所学校建设了书法教室，配备了专职书法教师，并保证课程进课堂、进课表，在此推动下，许多学校都开展了独具特色的“微+”项目，如沈河区北一经小学依托书法特色开发了“古韵脉动”微+项目，并编撰了特色教材；沈河区朝阳一校，建设了“翰墨飘香”书法展览长廊，成为全校学生积极提升书法技艺的原动力，在课程夯实的基础上，学校还成功推出了“千人共书中国梦”主题活动。

4. 传统技艺“微+”项目（倾向体育、美育、劳动教育）

沈河区泉园二校结合武术特色，以“习传统武术 做中华少年”为项目，旨在通过“一个动作、一种坚持、一种文化、一种影响、一生受益”，培养具有优秀品质的中华少年。

沈河区朝阳一校是沈阳市戏曲进校园六所基地校之一，创办“粹韵戏曲”社团，通过开展丰富多彩的社团活动，打造一批优秀的戏曲经典节目，示范引领全市学校开展戏曲进校园系列活动，将中华优秀传统文化注入艺术教育实践中，唤醒学生对民族优秀文化的热爱，促进学生全面发展，培育深厚的民族情感。

沈河区二经二校，以中国鼓的演奏为操作抓手，创设了“鼓舞童铭”

微+项目，立足于一项易于掌握但难于划一的传统技艺，培养着全校同学的集体荣誉感，不变的中国鼓，变换的好少年，使孩子们深刻感受着对于传统文化的传承。

沈河区方凌小学，传承学校60年的医药历史，结合学校“以仁爱之心，育有志之才”的办学理念，实施“百草润心”微+项目，学生在药园种植中草药，认识、体验中医文化的博大精深；在岐黄文化小讲堂开展文化宣讲，倾听、感受当代医者仁心志毅；在校本教材“中医启蒙”中，学习、传承中华优秀传统文化的精髓。

沈河区北一经小学学校专门打造了传统文化艺术实践教室——“古韵工坊”，秉承“古韵文明，一脉相传”的主旨思想，构建传统文化“非遗”课程体系，开设了活字印刷、古法造纸、扎染、版画等内容。跨越千年，孩子们用他们的一双双小手再度印出有温度的文字。在提笔忘字的数码时代，学生们亲手完成活字印刷作品，真切地感受触摸文明的遗存、享受传承的记忆。

沈阳市实验学校小学部从本土入手，挖掘辽宁、沈阳本地的艺术项目，在学校内开展传统文化进校园的活动，以东北大鼓项目为切入点，外请专家与内建教师团队相结合的方式，在学校组建了东北大鼓学生社团，让具有鲜明地域特色的传统文化在校园内落地生根，把传统文化的精髓渗透到每一名学生、老师以及家长的心里。

沈河区文艺二校，依托强大的传统技艺外援团队，聘请专业传统艺人，将京剧、黄梅戏、评剧、快板、魔术、变脸、陶艺、陶皮彩绘、版画、国画、剪纸、民族小乐器等传统技艺，通过班本课程的形式带到孩子身边，使校园中的传统技艺从一枝独秀到百花齐放。

5. 传统礼仪“微+”项目（倾向德育）

“七微养德”是沈阳市第七中学根据传统礼仪中，适合中学生的七个培养点提炼整理后形成的“微+”项目。内容涵盖了学习、典仪、交流、用餐、仪表等7个方面的礼仪培养，形象直观、利于掌握、便于操作。

“始业礼”作为沈河区区级小微项目，依托“开蒙”“开笔”“拜师”“拜孔”等一系列传统礼仪，在每年新生入学时被作为始业课程的固定项目，学生步入求学第一步便搭建了通向传统文化的桥梁，为向学生传递中华优秀传统文化奠定了良好基础。

此外，一些学校的做法也独辟蹊径，如143中学“自省微课”、长青小学“晨起自勉”、实验中学“悟道班会”等“微+”项目均是依托传统文化中倡导的“吾日三省吾身”“晨起自勉”等形式推进。

把一件小事做到极致，做到持之以恒，就会看到不同的教育效果，就会提升传统文化的教育质量。“千人午诵”日常中的扎实推进，“千人鼓舞”的震撼人心，以及通过网络现场直播，引来网上16万人关注的“千人共书中国梦”，给人们留下深刻印象。小微，小中见大。沈河区一位德育主任这样说道：“小微德育时刻在我们身边，微小到你察觉不到，一旦迸发出来却让你意想不到！”

（二）五育并举的育人实践成效

经过多年实践和探索，中华优秀传统文化教育在沈河区中小学中地位显著提高，不再是一种边缘、从属的教育内容，不再只是学校一种自发选择的教育行为。教育内容、课程类型结构、教材与教学资源、教学实施与评价等，构成了中华优秀传统文化教育教学体系。2016年，沈河区获全国中小学价值教育研究先进实验区称号，区内14所学校被教育部课程教材中心确立为中华文化习养实验校。通过五育并举的传统文化教育，真正促进了学生全面个性发展。

1. 以智育为基，四育为架，为学生成长搭建完整的文化体系。开展以蒙学和儒学内容为主的基本经典阅读，开展书法、艺术、游戏、体育等基本技能教育，培养基本的礼仪习惯，从德、智、体、美、劳五个方面养成对传统文化的情感认同。

2. 丰富学生学习体验，知识架构层次丰满。让学生广泛接触、学习和体验丰富多彩的中华优秀传统文化，对物质、制度、精神多领域，文字、思想、行为、技艺多载体，真、善、美多层次，经、史、子、集多种类，诸子百家多流派，不同地区多民族的传统文化，都应当有基本的了解。

3. 学生的个性成长得到尊重。中华优秀传统文化教育内容极其丰富，在坚持正确导向的前提下，要对内容作出筛选。同时，针对不同学生的基础和兴趣，在设计底线标准的基础上，提供可选择的项目内容，发挥学生的自主性和选择性，让学生在多样化的教育资源中，享有更多的主动权和选择权。拥有了自主选择权，主体地位受到尊重，个性发展才有更大的发展空间。

4. 课程安排设置广泛多样，学生获得感、参与感指数大幅提升。中华优秀传统文化内容极其广泛，按现有的中小学学科分类衡量，是难以成为边界清晰的一门独立学科的。沈河区重点通过以下途径，提升学生的参与体验：一是渗透到其他学科，将中华优秀传统文化教育的内在要求反映到中小学各个学科的课程标准中，在各学科教学中加重体现中华优秀传统文化的内容。例如，将传统武术教育融入常规课程中，在继承和弘扬中华传统文化的同时，有效提升了学生的细心观察、主动学习、灵活应变、动作创编和防身自卫的能力，锻炼了学生的意志品质和顽强的斗志。二是加强综合实践活动课程开发，学生在参与形式多样的中华优秀传统文化实践活动中获得知识、能力与道德体验。三是开发校本课程，开展统一的或可选择的中华优秀传统文化项目教育，如在校本课程中设计传统戏曲、曲艺教育类课程，可培养参与学生的创造力和审美能力、批判性思考能力、社会性成长和与他人合作能力、交际交流的技能、道德和心理判断等诸多能力和自我认知的发展和完善，进一步丰富学生校园文化生活。

第三节　五育并举的育人模式创新案例

（一）小微德育成长工程的背景和意义

2014年，沈河区教育局启动了小微德育成长工程实践，结合整体育人思路，贴近学生成长的地平线，激活德育工作中的微观主体、微观平台和微观环节，在细小的抓手上发力，打造化繁为简、化大为小、化一为多的立德树人模式。

小微德育成长工程，指向提升学校育人能力，挖掘中小学德育工作的发力点，增强德育工作时效性，把握德育工作总体要求，形成工作体系，聚焦在一点上做文章、立柱子、寻突破，不求气势磅礴的大叙事，强调充满个性的小情怀。使中小学德育工作实现由大到小、由空洞到具体、由体现共性到体现个性的转变。从某种程度上讲，小微德育成长工程模式的实施不仅是从根本上落实“立德树人”要求的必然选择，更是沈河教育提升德育质量、厚积薄发的智慧之举。

1. 以人的成长规律为原点

“原点”是事物的起点，教育的原点在哪里？就是“培养什么人”和“怎样培养人”，党的教育方针提出培养“德、智、体、美、劳”全面发展的社会主义建设者和接班人。小微德育就是以此为原点“立德树人”，形成正确的价值观。这种原点，就是德育时效性的起点。

2. 以最近发展区为逻辑起点

维果茨基的研究表明：把握好儿童已经达到的发展水平和儿童在成人的帮助下能够达到的发展水平之间的距离，即“最近发展区”，能加速学生的发展。维果茨基提出的“最近发展区”，主要是就智力而言。其实，在学生心理、情感发展的各个方面都存在着“最近发展区”，德育工作也可以遵循这一基本规律。小微德育工程，立足生命的成长，关注立德树人的良好品德和习性的构建，从生活常态中选取熟悉的事项入手，加之以逐层深化的引导，集体中的相互浸润，所营造氛围的熏陶，使学生的道德认知与行为由熟悉的领域扩展到未知领域，德行得以深化与提升。

3. 以学校德育工作的系统性和可持续性为发展支架

多年来，学校德育工作基本形成了自身的目标和内容体系，各校基于自身学校文化、办学目标而推进的育人手段，也是“立德树人”培养目标达成的主要保障。因此，德育工作因校而异，有各自的内容系统性，而各自内容的系统性也为各校的小微德育成长工程，搭建了从小而实到逐步成长壮大的整体发展链条和相互支撑保障的系统发展路径，成为助推小微德育工程的发展支架。

4. 以沈河区适合的教育为生命土壤

长期以来，沈河区以“为每一名学生提供适合的教育”为核心理念，努力兴办“适合的教育”，以尊重学生个性为核心理念，以多样实践为形态特征，以主动选择为行为方式，以终生发展为育人目标。以“适合的教育”为主导思想，要求各校的德育工作必须立足于学校实情，搭建整体德育的工作框架。而做细做小做实，成为各校德育实效性、针对性、丰富性、可感性的工作立足点和实施操作的基本手段。“适合的教育”成为小微德育成长工程得以生根发芽、茁壮成长的生命土壤。

5. 以“一校一品”的深化和发展为目标

沈河区坚持“以特长促特点、以特点促特色、以特色促品牌”的办学思路，全面推进学校特色品牌建设，基本形成了“一校一品、一班一色、一生一长”的育人格局。在德育、体育、艺术、科技等方面，涌现出一大批在省市乃至全国富有影响力的特色学校。小微德育成长工程的“微+项目”，深化了学校一校一品的工作体系和内涵，使学校的品牌可操作、可实施，让品牌落地，做实“最后一公里”。

（二）小微德育成长工程的操作模式与组织实施

为了推进小微德育成长工程，沈河区教育局遵循“工作有部署、过程有指导、成果有展示”的工作步骤，实施了“明确主体、全面动员、典型引领、持续坚守”的工作策略，全程推进小微德育成长工程。

1. 构思小微工程，确定“133355”模式

小微德育成长工程是以“小”和“微”为形式，寻求细化“立德树人”工作的操作系统，可概括为“133355”模式。1是把握一个操作理念，即：把“适合的教育”作为核心理念，指导全区中小学校根据各自办学特色，结合各自校情，寻找德育突破“点”，这个“点”都不够“宏大”，而是“小微”，叫做“微+项目”。这些小微项目在沈河区“适合的教

育”大花园中，开花结果，相映成趣，就构成了小微德育。第一个3是指向三个维度，即：加强学生人格修养、社会关爱和家国情怀教育；第二个3是开发三个层次项目，即：优秀传统项目、持续发展项目和年度创新项目；第三个3是升级三个项目层次，即：系列型、课程型和校际型小微项目；第一个5是抓住五个主体，即：学校、班级、社团、家庭、社区；第二个5是实现五个目标追求，即：以小求实、以小求精、以小求适、以小求新、以小求长（长久）。

在此基础上，沈河区教育局还构建了“四个平台六个体系”小微德育工作框架，即“学校教育、家庭教育、社会实践、人文教育资源”四个平台，“课堂渠道渗透、班队活动强化、节日文化熏陶、生活情境实践、社会实践体验、国学经典传承”六大体系，全面推进小微德育进程。在实施过程中，沈河区教育局主动适应新常态，积极引领新常态，牢牢抓住“以小求实，以小求适”的基本原则，把握“育人”这个中心不动摇，切实将工作重心放到提升公民素养上来。

2. 组织专家论证，制定工作实施意见

在区域层面，沈河区教育局召开了小微德育成长工程专家论证会，组织专家对德育工作思路和相关措施进行了论证。并结合专家的意见和建议，制定下发了《沈河区中小学推进小微德育成长工程实施意见》，将实施主体定位为全区中小学校，重点开发提炼和认证学校“微+项目（课程）”，并指导学校结合工作意见，以班级和家庭为主体开发提炼特色“微+项目”。

“微+项目（课程）”是小微德育成长工程的工作支撑，是表现形式，也是具体要求，正在成为沈河区中小学德育工作的一种新常态。所有学校都认真研究办学思想、校风校训，对过去的工作状况、有无德育特色项目、效果如何等方面认真梳理，具体定位在主渠道教育、德育常规管理、德育队伍建设、德育活动（课程）、家校共育等方面寻找破题点，进而形成自己独具特色的“微+项目（课程）”。

3. 全面动员部署，组织学校提炼

捕捉“微现象”，预防“微问题”，开发“微课程”，创设“微组织”，实现“微体验”，搭建“微平台”……经过重新梳理和认真定位，一个个独具特色、操作性强、效果显著的“微+德育项目”纷纷涌现。

沈阳市岸英小学以榜样引领为项目，充分利用学校岸英文化馆教育资源，形成“一种榜样，一个展馆，一张照片，一个故事，一个行动”的学生成长印记；沈阳市同泽女中，以爱国主义教育为引领，开展了“晨说巾帼”项目，形成了“一段历史，一个时段，一名巾帼，一个感悟，一个价值”的学生成长模式；沈阳市育源中学，以“小团队，微管理”为学生小微成长项目，建设友善团队，发挥德育功能，形成了“一组团队，一个主题，一次合作，一次评价，一个价值”的班集体建设模式。

全区各中小学校结合自身特点总结提炼了小微特色成长项目，具体如下表：

序号	学校名称	项目名称	实施背景
1	岸英小学	榜样引领	“传承英雄文化，做最好的自己”办学理念
2	一经二校	润之古韵	毛主席为该校题词“好好学习，好好完成”
3	文化路小学	悟创汇德	“以文化人、以心创新”学校文化
4	同泽女中	晨说巾帼	“按需培养，因性施教”办学理念

续表

序号	学校名称	项目名称	实施背景
5	同泽高中	行以至诚	“诚”字校训
6	泉园二校	时事沙龙	学校“博爱”文化理念
7	第145中学	翰墨文心	学生“静下来”的需求和学校书法教师资源
8	第七中学	七微七度	“卓越教育”理念
9	实验学校（小学部）	三微明德	“和谐扬长”办学思想
10	大南一校	千人午诵	“诵读国学经典　弘扬传统文化”办学特色
11	方凌小学	百草润心	“以仁爱之心　育有志之才”办学理念
12	六一学校	耕学蕴德	耕读文化
13	泉园小学	旗苑智汇	升旗仪式德育实施载体现状
14	马官桥小学	探桥养德	桥文化的办学文化
15	回族小学	劳模印象	“培养具有中华民族根基的现代人”育人目标、学校地理位置优势
16	文化二校	孝亲尊师	“新孝道、心幸福”育人理念
17	文萃小学	微美萃生	美丽教育思想
18	二经二校	三微见行	家校共育
19	第27中学	小李说礼	“人本教育”理念
20	第9中学	名师引读	“书香校园”整体氛围
21	第143中学	自省微课	“微行敏而治学　大行正而修身”育人理念
22	第8中学	如影随行	“从生活中来，回到生活中去”立德思路
23	师校附小	以球筑梦	学校橄榄球文化

续表

序号	学校名称	项目名称	实施背景
24	中山路小学	翰墨情缘	“一笔一画写好字，一生一世做真人”育人目标
25	万莲小学	知书达理	“爱·责任”学校文化
26	热闹二校	百草育德	生态校园资源
27	喜良小学	净以修身	农民工子女的生情
28	满族中学	家校锦囊	家校合作
29	莲花小学	莲韵飘香	学校“莲”文化
30	南塔小学	文润童心	校园文化建设需要
31	回族初中	润德励志	“自强不息厚德载物”校训
32	实验学校（中学部）	小径通途	家校合作
33	朝阳一校	睿阅沁书香	活力教育
34	育鹏小学	鲲鹏微体验	“鲲鹏教育”办学思想
35	第17中学	感恩三六五	学生感恩心理缺失现状
36	大南二校	育树勇担当	“培养自主、担当、共处、求知、创新的大树学子”办学目标
37	共青团实验中学	团团英雄说	校史、校名
38	育源中学	小团队微管理	“友善”学校文化
39	文艺二校	小习惯大未来	“责任”校训
40	北一经小学	亲子桥至善情	“始于人文，止于至善”办学理念
41	第82中学	小视频大视野	“博雅”办学理念、学校硬件优势
42	第90中学	爱至简德为先	“爱能创造一切”办学理念
43	长青小学	爱心伞扬诚信	“让尊重成为一种美德”办学理念
44	大南三校	红领巾节能卫士	“以德树人以心育人”育人理念、环保切入点
45	第165中学	经典诵读润身心	优秀传统文化的学校主题文化

项目名称提炼原则：一是短小精悍，用最少的字，凝练生成精准捕捉到发力点的项目名称。上述45所学校项目名称中，最少用字4个，最多仅7字，其中，4个字项目有32个，占71.11%；5个字的项目有5个，占11.11%；6个字的项目有6个，占13.33%；7个字的项目仅有2个，占4.44%。二是见名思义，能够直观地从名称上解读出项目的内容，如“晨说巾帼”即为在早晨选取一段时间说一说巾帼的故事；“千人午诵”即为数以千计的学生在中午的时候开展诵读活动；“育树勇担当”即为通过树木培育学生担当的品格；“红领巾节能卫士”即为在少先队员中评选节能环保标兵……

项目命名途径：第一个路径是以实求名，实至名归。在调研中发现，有些学校德育已经形成了扎实稳定的做法，如第七中学、同泽高中等，这类学校要在现有育人实践基础上，概念化提炼一个见名思义的名称，实现以实求名，第七中学提炼了“七中七德，七微养德”，同泽高中提炼了“诚信考场”“诚信水站”等微项目，实现实至名归。第二个路径是以名求实，名副其实。有些学校在工作推进中，尚未形成相对稳定的做法，需要进一步梳理德育工作体系，这类学校可以先借鉴或原创一个标新立异的项目名称，再设计与之契合的具体活动过程、开展方式等，并一以贯之，长期坚持。比如沈河区一经二校确定了“润之古韵”微项目，利用毛主席诗词，形成了“润之诗韵”“润之书韵”等系列做法，实现以名求实，固化成“名”副其“实”的促进学生成长的微项目。

4. 依据实施实践，明确项目类别

（1）依据实施时间和效果确定项目类别

有的德育项目实施时在10年以上，业已产生良好的教育效果，对全区德育工作有示范推广价值，在解决德育热点和难点问题上取得了明显实效，此类项目定位为传统品牌项目；有的项目实施时间在1—10年之间，项目具有持久性，定位为持续发展项目；还有的项目是结合年度工作和新形势要求，开发的优秀“微+项目”经过了一个学期以上的实践检验，具有应用推广价值，能针对性地提升和拉动学校德育工作，也有一定的社会影响力，此类项目定位为年度创新项目。

（2）依据项目实施主体确定项目类别

一是区域小微项目，指向德育内容中理想信念、核心价值观、传统文化、生态文明、心理健康教育等重要方面，在区域层面上统筹设计项目，在全区范围内有计划地实施开展，寻求顶层解决之道。二是学校小微项目，重点指向核心价值观的国家层面，具体定位在主渠道教育、常规管理、队伍建设、德育活动、家校共育等方面寻找破题点；三是班级小微项目，重点指向核心价值观中社会层面，紧密结合班训、班风等班集体建设重点，定位在班级教学、班级管理、班级文化、学生活动等方面寻找破题点；四是家庭成长项目，重点指向核心价值观的个人层面，着眼于家长的示范引领和学生共同践行。五是社团层面，由学校社团指导教师组织实施，重在挖掘社团活动的育人价值，提升社团文化内涵建设，增强协同育人实效；六是社区层面，加强德育工作向社会的延伸，积极利用社会资源，充分发挥社区教育的功用，开发社区微项目。

（3）依据项目发展趋势确定项目类别

一是升级打造系列化小微项目。即在同一个主题的引领下，以一种文化或价值为主线，向班级、社团、社区、家庭的延伸，将若干小项目以线型模式排列，形成一脉相承的系列型小微项目；二是升级打造课程化小微项目。即以校本课程为载体，选取固定的时间、地点、授课方式，将已经具有一定规模和影响力的小项目以课程的形式固化下来，在全校呈面状分散铺设，充分挖掘和寻找社团和活动组的育人资源和价值，更加可感、可视、可操作，提炼课程型小微项目。三是升级打造校际型小微项目。即以沈河区各教育集团为支撑，打破学校界限，在各集团内部成员校之间，聚焦在同一个发力点上做文章，探究一定的逻辑、规律线索，梳理系统发展脉络，将成员校的自建项目联合组建打造成校际间的共建项目。这三种类型的小微项目，是对以往的年度创新型、持续发展型和传统品牌型项目的再梳理，是小微项目向实施深度和实施广度上的再延伸、再开发。

5. 开展培训展示，持续推动发展

（1）培训引领。推进“小微德育成长工程”，需要有好老师来实施。班主任和学生接触最多，对学生影响最大。沈河区对班主任培训是舍得投入的。沈河区借助集团化办学模式，打造班主任培训基地；聘请各类教育专家组成班主任导师团，始终让班主任成长以富有前瞻性的教育思想作为方向引领；开设78个名优班主任工作室，承担名优班主任的培养工作；实施“班级微项目”评选，淬炼班主任育人智慧；开展班主任原创论坛，搭建班主任常态性工作研讨平台；开设“名班主任微课”，实现优质资源远程共享；与北京师范大学教育管理学院合作，开展待评名优班主任高级研修班培训，举行三期班主任高端培训，共有488人次的班主任赴北京进行为期八天的“充电”。全区班主任，为推进“小微德育成长工程”注入了活力。

（2）考核展示。沈河区教育局把小微项目申报和评选工作作为促进德育队伍能力提升和学校德育特色提炼的良机，组织由初选学校德育副校长、德育主任以及德育科全体成员参加的德育小微项目评审工作会议，初选入围的学校在原有基础上进行自我总结、修改和完善。2015年12月，沈河区评选了首批17个的“优秀小微成长项目”及17位“优秀微+项目设计人”，并进行了网上展示和表奖。2016年底，沈河区认证了以学校、班级、社团、社区及家庭为实施主体的120个优秀项目，并在沈河教育微信公众平台进行展示和推广。2018年评选出沈河区优秀小微德育项目117个，优秀学校微+项目45个，优秀班级微+项目72个。

（三）小微德育成长工程取得的成效

小微德育成长工程，由于其显效于立德树人的常态工作，迅速提升着学生群体的思想道德品质与日常生活学习行为习惯。校校有小微，班班做小微，随处见小微，已经成为沈河教育的新常态。2015年，小微德育成长工程被教育部评为全国中小学社会主义核心价值观教育优秀案例；2016年，被教育部课程教材中心列为全国教育规划重点课题《中小学价值教育研究》子课题，沈河区的理念和做法在课题组专家的引领下，推向全国，沈河区获得全国中小学价值教育研究先进实验区；2017年获辽宁省委宣传部思想政治工作研究成果二等奖；2018年获辽宁省基础教育教学成果一等奖，精品项目案例云集的《小微德育》一书备受瞩目，小微德育成果在第四届中国教育创新成果公益博览会上展出。中国教育学会班主任专委会第四次学术年会在沈河区召开，专门展示推广沈河德育经验。2019年沈河区德育工作经验作为全省唯一区县典型，在辽宁省深化义务教育课程改革提高德育课程实施质量推进会上交流；《沈阳日报》《沈阳晚报》《辽宁教育工作》《基础教育参考》《中国德育》等主流媒体全面报道10余次。

第七中学、实验学校小学部、文化路小学、岸英小学、朝阳一校、一经二校等6所学校，立足学校小微项目，构建特色德育体系，被评为沈阳市十百千工程百项办学特色优秀成果。同泽女中、育源中学、马官桥小学、六一小学、北一经小学、中山路小学、回族小学等7所学校，注重科研引领，提炼转化微项目成果，申报省、市级课题立项，部分现已结题。沈阳市首席班主任潘国峰老师在第八届中国德育与班主任大会上交流小微德育班级管理经验。沈阳市实验学校小学部小微德育经验获2018年全国中小学德育工作典型经验。

小微德育成长工程带给了学校、师生、家庭很大的变化，犹如教育的“新引擎”，为学生的成长开足了马力，使学校的德育工作更加扎实了，家庭更关注孩子的品行、习惯的培养……在此期间，还涌现出大量的好人好事……

岸英小学一位学生突患白血病，班主任牵头在校内捐款。活动结束时，校长惊呆了：“全校捐款12万元，学校90%以上学生家庭并不富裕。这笔巨款，生动地展现出孩子们心中价值观的光芒。”

沈阳市同泽高级中学的“地铁男孩”、沈阳市第七中学的“地铁好少年”更是用自己的善举，折射着沈河区中小学生人格修养、社会关爱和家国情怀的价值成长。

第三章 多样适合：文化内生的课程建设

教育改革是推动教育“提质增效”的动力机制和根本保障。纵观国内外教育发展的历史进程，任何形式、规模、程度上的教育改革都会引发课程改革，并将课程改革作为教育改革的基础和支点，通过课程结构优化调整、课程体系完善健全、课程育人模式创新、课程实施方式转变、课程评价科学合理等举措使教育改革符合教育发展规律、符合学校办学规律、符合学生成长规律、符合教书育人规律，从而确保教育改革向着更高质量、更有效率、更加公平、更可持续的方向不断迈进。长期以来，沈河区在“适合的教育”理念引领下，持续推进区域课程改革，深入挖掘课程文化内涵，不断创新课程内生价值，着力构建“适合每一位学生”的系统化、多样化、人本化的课程体系，使区域课程建设整体展示出文化内生的价值取向，进入了多样适合的改革历程，并在实践中取得了显著成效。

第一节　多样适合课程改革的历史沿革

为在区域内建设多样适合的学校课程体系，沈河区启动了课程改革整体推进工程。该工程实施以来，沈河区教育局在“适合的教育”理念统领下，逐步形成了区域课程育人的特色发展模式，在整体性的课程体系构建和实施过程中，有效实现了办学质量和育人成效的全面提升。其中，部分起步较早的课程改革示范学校在教育质量监测和中考高考方面都收获了课程改革的红利，为学校的进一步发展注入了全新动力、奠定了坚实基础。2012年，辽宁省义务教育首批课程改革示范校评比活动在沈河区的育源中学召开并正式启动，体现了对沈河区课程改革和育人工作的高度肯定。回顾沈河区多年的教育发展历程，区域整体性课程改革基本经历了四个阶段。

一、教育观念的转型创新阶段

追溯课程改革的早期历程，沈河区教育工作者在一系列新生教育思想、教育理念和教育价值的深刻影响下开始了积极的观念转型和创新尝试，先后探索建设百花齐放的社团课程，同时加强课堂育人过程、环节和模式的优化调整。早在20世纪八九十年代，随着国家课程改革的实施沈河区部分中小学校的校长和教师开始思考如何增加学生的兴趣这个关键问题。在这样的意念支撑下，部分学校尝试充分依托不同教师的个人特长和教育专长设置成立了多种兴趣小组，通过兴趣小组为学生提供多种多样的学习内容，形成了最初的学校课程改革探索。2000年，学校开始对各种兴趣小组进行规范化和课程化的建设，使兴趣小组在学生培养方面的目标更加清晰，内容更加丰富，逐步实现了学校社团课程的建设。社团课程的建设有利于使学生在社团活动中寻找自己的学习兴趣和探究世界的兴趣，增加了学生学习内容丰富性和对世界认知的深刻性，对学生的学习和成长产生了重要且深刻的影响。这一探索进一步带动各种社团课程和校本课程建设走向丰富而多元。在这一过程中，优化课程教学成为沈河区教育工作者的共识。在苏联著名教育家凯洛夫教育思想的影响下，沈河区广大教育工作者在教育实践中注重对"五步教学法"的优化、创新和本土化运用，在组织教学、复习旧课、讲解新课、巩固新课、布置作业环节上形成了诸多新探索和新经验。一系列课程改革和育人方式创新保证了新世纪以前沈河区整体教育质量的稳定提升，也为后来的课程改革奠定了基础。

二、改革探索的规划设计阶段

2005年后，很多学校根据自身的办学特点、师资队伍和生源状况，开始有目的、有计划、有组织地建设主题课程和特色课程，注重从学生的兴趣培养向学生的综合素养发展拓展转变，很多学校逐渐开发建设除一系列具有特色的主题课程，不仅让学生的综合素养得到了全面培育，更为重要的是使教师的课程开发能力和校长的课程领导力得到了全面的提升，进而带动学校办学的各个方面取得长足进步，使学校的社会影响力显著增强。代表性的主题课程包括：沈河区朝阳一校"科技+系列课程"、沈河区文化路小学的"戏剧+系列课程"、沈河区莲花小学"莲文化系列课程"、沈河区岸英小学"红色主题系列课程"，等等。其中，沈阳市第七中学的《始业课程》、沈河区文化路小学的《戏剧+课程》、沈阳市实验小学的《社会综合实践课程》三项精品课程被评为沈阳市精品课程。这一时期，沈河区一部分中小学教师开始从关注学生的差异入手，尝试着各种形式的课堂改革。这一系列尝试既有从小组合作学习到伙伴互助学习的方式转变，也有洋思中学的“先学后教”等方法创新，还包括育源中学在七年级英语学科“分层走班”模式的尝试、数学学科“小组合作”模式的尝试，等等，整体推动固有的课堂教学模式被打破重塑。

三、课程统整的体系建设阶段

历经长期的自主探索和完善提升，2015年沈河区成为中国教育科学研究院教育综合改革实验区。依托实验区的建设，沈河区整体引入了“学校特色课程体系构建”项目。在这一过程中，为确保学校特色课程体系建设取得深入推进和有效落实，沈河区教育局成立课程改革中心，整体推进沈河区学校课程和课堂教学改革，推动区域课程体系构建和项目实施工作。沈河区中小学校开始了从校本课程到课程体系整体设计的改革工程。这一课程改革过程站在“整体育人”的角度，重新梳理学校的办学理念、办学目标，构建起科学的课程体系、实施体系和评价体系。截至2019年，沈河区有85%的中小学校完成课程体系图谱绘制工作；12所学校特色课程体系在《学校课程新样态丛书》中发表；陆续接待来自四川、河北等省、市200余名教育同仁考察学习“沈河特色课程体系建设”。2016年，《沈河教育》编辑发行了《沈河区2016年推进学校课程新样态建设工作专刊》。在区域课程的整体变革过程中，沈河区秉承“适合的教育”理念，致力于课程改革的持续探索与深入研究，推动区域内各个学校基本完成了拓展课程、综合课程的建设，小学、初中、高中相应推出了符合学生学习特点的“自主型”“思维型”“合作型”课堂教学模式，以课堂教学模式创新有效承载课程实施。这一阶段，沈河区涌现出一批课程改革示范学校、先进学校，校校行动、师师钻研、生生参与氛围基本形成。

四、育人实践的完善创新阶段

2017年，沈河区成为“中国新样态学校联盟”实验区，至今已有两批次共28所学校成为联盟学校，占全区学校总数近3/5。在“适合的教育”理念指导下，沈河区不断创新课程样态，深入探索适合的课程、适合的管理、适合的文化、适合的课堂、适合的评价，中小学校逐步形成各自的办学特色和学校文化。特别是在“优化课程育人功能及培养学生创新素养”方面下大功夫，深挖学校内涵，注重品质提升，探索特色发展，数十所学校形成了有特色的课程新样态，推动区域学校整体实现了为每个学生提供“适合的课程”，让每个学生都有不同的收获。由此，“一个学校一个样”“校校都有自己的样”的沈河教育新格局已经基本形成。截至2019年底，沈河区共有30所学校的校长老师参加了青岛、宁波、深圳、运城等国家新样态学校会议，50余人围绕“课程再造”“魅力课堂”等主题开展经验推介，展现沈河教育智慧。

在进行课程改革的同时，课堂教学也随之发生了变化。2015年，沈河区引进了中国教育科学研究院韩立福教授的“学本课堂”项目和华国栋教授的“差异教学”项目，有7所中小学校开始了新的课程模式并形成了各具特色的育人模式。例如：沈河区大南街第一小学的“养智”学本课堂、万莲小学的“养润”学本课堂、沈阳市143中学的“砺行”学本课堂、沈阳市82中学的“智达”学本课堂、同泽女中的“优悦”学本课堂；90中学的“双轨五学”课堂模式、文萃小学的“差异四学”课堂模式。区域的学校变革呈现了多元育人样态，例如：沈阳市育源中学的“三环六步”课堂、热闹二校的“结构化导学”课堂、一经二小学的“向上”课堂、沈阳市第九中学“博越”课堂、泉园二校的“绽放”课堂、满族中学的“羽翼”课堂等等课堂模式。

2013年至今，沈河区共有育源中学等九所学校被评为辽宁省义务教育课程改革示范校。2017年沈河区文艺路第二小学、育源中学均被评为辽宁省全面深化义务教育课程改革基地校、辽宁省义务教育课程改革先进学校。小学阶段的优质均衡发展指数位居全省第一，在省义务教育均衡检查中位列第一。2018年沈河区荣获四项“辽宁省基础教育教学成果奖”，分别是：沈河区教育“小微德育”、文艺路第二小学“四叶草综合课程的开发与实施”、文化路小学“戏剧+系列课程的开发与实践”、沈阳市育源中学的“三环六步”课堂，成果数量居区县首位。

第二节　多样适合课程改革的价值立意

一、多样适合课程改革的理念意蕴

学校有生命力的课程改革不是复制来的，是由学校本身的历史、传承、发展过程中所积累的经验提取出来的，它是适合学生发展的，是具有学校特色的，是不断创新和发展的。

首先，沈河区追求有魂魄的办学理念。在整个“课程改革”的建设中，办学理念起着至关重要的作用，是一个学校精神所在，也是一个学校的文化核心，正是这种具有魂魄的理念，给学校的办学一个明确的指向。有魂魄办学理念怎样形成呢？陈如平研究员给我们提出一个办法，这就要我们给自己的学校画一个“像”，从学校的愿景、使命、价值观和发展目标等方面描述学校的精神长相，逐渐找到一个适合本校的办学理念，这个办学理念要具有魂魄，能够体现教育的科学性、艺术性，是独一无二的。

其次，沈河区强调有品质的育人目标。课程改革的根本目的就是为了更好的育人，我们必须要认识到，学校育人目标与国家教育方针、素质教育具有内在的一致性，都是“培养什么样的人”的问题。国家教育方针明确提出培养“德、智、体、美”全面发展的建设者和接班人，素质教育强调重点培养学生的社会责任、创新能力和实践能力，这就要我们提出一个个性化的、有特色的育人目标。其后，围绕育人目标设定所有学校的发展目标。

最后，沈河区挖掘有特色的学校内涵。课程改革的结果是学生的综合素养提升，所呈现的是每个学校都具有鲜明的特色。每一所学校都有自己的历史，都有自己的传承，每一所学校都是鲜活的，都有自己特点。这就要我们细心地发掘“最好的我”和“我最好的方面”，并且不断发现和挖掘学校的优势，扬长避短，找准发展的切入点、突破点、生长点和创新点。找出学校的优势与特色，是为了学校的发展更加有生命力，前进的动力更加充足。

二、多样适合课程改革的价值立场

学校课程改革不是推翻原有课程，而是针对学校课程建设中“碎片化”“分散化”“割裂化”“无序化”等问题，解决学校对育人目标定位不准、对学生核心素养的培育思考不清、对各领域课程相互之间的联系了解不透、校长课程领导力不足等问题，学校课程再造是学校内涵发展的系统性突破，是学校走可持续发展的重点所在。

（一）建设有品质的课程体系

“育人目标”是建设有品质课程体系的依据，我们要站在“整体育人”的高度设计学校的课程体系，从“培养什么样的人”到开设什么样的课程。这就为我们搭建了学校课程体系的基本框架。课程的设计要科学合理、充满活力。有品质的课程体系的构建，需要按照合理的逻辑关系来进行，可以按照“德智体美劳”五育来设计，也可以依据“核心素养”来建立，学校也可以按照自己的逻辑来划分，关键在于能够界定和区分各课程领域的边界，完成系统、科学的课程体系构建。例如：岸英小学的“红领巾”课程、一经二校的“向善”课程体系、方凌小学的“百草润志”课程，等等。

（二）开发有品位的特色课程

课程体系的建议不是一成不变的，它是一个不断深入、不断探索、不断提升的过程，在系统、整体思考的基础上，还要做好相应的配套工作。同时，还要不断地梳理经验，遴选特色课程、精品课程、经典课程。这些课程是学校新样态的重要表现方式，这些课程正是学校的精彩所在，正是学校的故事所在，能够彰显学校新样态的美感。例如：育鹏小学的“鲲鹏”课程体系、莲花小学的“荷雅”课程体系、泉园二校的“蒲公英”课程体系、马官桥小学的“桥·通达”课程，等等。

（三）形成有品牌的教育模式

以“有魂魄的办学理念”为中心，确定学校的育人目标、办学目标，构建了学校课程体系为主线的学校发展框架。新样态课程体系构建之后，学校的育人模式的整体框架已经初步显现，承载课程体系的课堂模式，保障课程体系实施的学校管理，彰显学校活力的校园文化，团结奋进的教师团队，这些学校的整体设计，相互关联，目标明确，整体建构新样态学校的育人模式。例如：沈阳市第七中学的“卓越”课程体系，沈阳市实验学校的“和扬”课程体系、沈阳市育源中学的“友善+”课程体系，文艺二校的动态循环“责任”课程体系、文化路小学的“创+”课程体系、朝阳一校的“活力”课程体系、二经二校的“花儿美”课程体系等。

第三节　多样适合课程改革的校本实践

学校课程改革总的发展目标是为了育人，过程中也是在不断地完善学校的建设和教师的发展，是学校形成具有自身特色文化和鲜明的课程。

（一）双“三阶循环”动态课程：责任至上

沈阳市沈河区文艺二校始建于1964年。几十年来，几代人坚守“责任立校”的历史传承，用职业的良知和情怀做教育，用教育的责任和担当办学校，使“责任至上”成为学校的价值核心。在办出一所社会公认的优质学校的基础上，积极主动担负起推进区域基础教育优质均衡发展的重任，努力培植、放大优质教育资源，实现优势共享、发展共赢。2011年正式组建文艺二校教育集团，现已形成“幼小联动、资源共享、特色发展”的“一校四部两园”的办学格局，成为沈阳市规模最大的公办小学教育集团之一。

为了实现育人目标，文艺二校人开始了对课程孜孜不倦的探索并经历

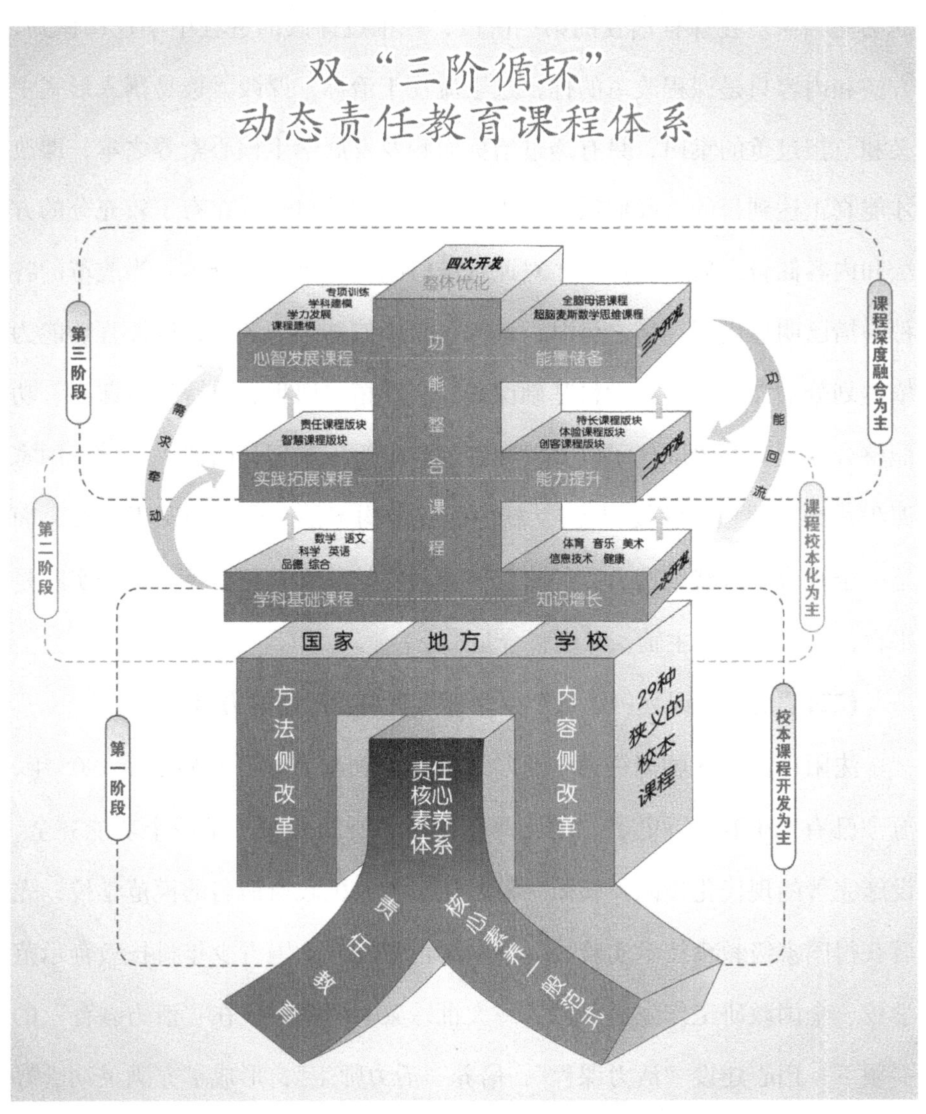

了三个阶段：一是以狭义校本课程开发为主的阶段，二是国家课程、地方课程、学校课程破壁融合阶段，三是课程内容、方法深度整合阶段。在课程渐变的第一阶段，课改主要改在两个维度上：一是课堂教学模式的深刻变革，二是学校课程的大量涌现。在课程渐变的第二阶段，学校课程的内容和方法逐渐向课程的主阵地渗透，这是学校课程走向成熟之后功能溢出的必然结果。在课程渐变的第三阶段，在推进课改的进程中学校认识到，方法和内容只是课程改革的标，过于流连于治标，课改就极易落入形式主义和负担过重的窠臼，只有透过治标而触及发展学生核心素养之本，课改才能真正达到目的。我们站在了为课改升级的关口——在有了较充分的方法和内容储备之后，便拥有了对课程进行结构化重构的资本；当改革的各种举措已明显出现拥堵之势时，重构也是必然选择。于是，以课程功能为依据划分的课程结构（学科基础课程、实践拓展课程、心智发展课程、功能整合课程）基本取代了以开发和管理权限为依据划分的课程结构（国家课程、地方课程、学校课程）。新的课程结构不是简单地为课程归类，而是一个复合的网状结构，我们将其表述为：学科教学是抓手，充分实践是平台，发展心智是主轴，深度整合是形态。

（二）“活力”课程：让每个生命都具有自我舒展的力量

沈阳市沈河区朝阳街第一小学（简称“朝阳一校”）始建于1905年，至今已有114年的历史了。南北两个校区一所幼儿园，是一个功能齐全、设施完善的现代化校园。朝阳一校是辽宁省人民政府命名的模范学校，先后获得国家级教育技术实验校、全国绿色学校、全国青少年科技教育示范学校、全国教研工作先进单位等一大批殊荣。朝阳一校在“活力教育”的引领下，用心建设“活力课程”，培养“活力师生”，形成了充满灵动、好学、深思、创新的“活力校园”！提出了“让每个生命都具有自我舒展的力量”的课程理念，“活力课程”成为学校工作的动力系统，引领着学校的深入发展。活力课程追求的生命状态是“三力合一”，生命力、生长力、创造力是活力课程的动力元素。

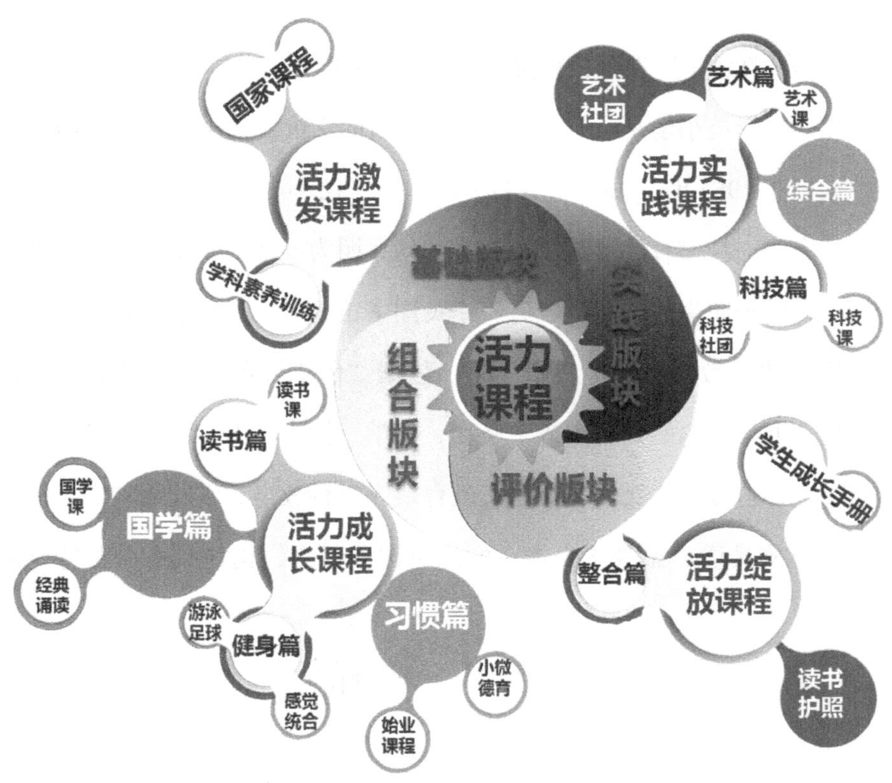

以内容创生性课程确保国家课程和学校课程内容高度融合，使课程的基础夯实，同时又具有鲜活的生长力。以形式创生性课程凸现生命力特点，用“身体力行”的学科，如科学类、体艺类、实践类在不断寻求融合中保持生长的态势。模式创生性课程，强调从具体的情景中概括出模型，再应用模型解决实际问题。在探究中综合运用知识，发挥学生的创造力和创新力。

以“年段教研主题研究”为契机，以“益智课堂与思考力的培养的研究”为主题，以“备—展—思—论”四级联动为路径，建模益智课程。在实施方面围绕“课程进计划”“课时研模式”“竞赛促发展”三个步骤开展研究实验，梳理出“导—识—研—思—引”的益智课堂五步模式。

（三）“红领巾”课程：育英雄品质，做少年先锋

沈阳市岸英小学是一所以英雄名字命名的学校，位于沈阳市CBD商贸区。始建于1964年，2003年更名为沈阳市岸英小学，2007年与具有百年历史的令闻一校整合，形成了集小学和幼儿园为一体的新岸英小学。拥有全国唯一的校园岸英文化馆、省级岸英图书馆、汉字展馆、科技馆、东北首家安全体验教室等学生实践场馆。依据“传承红色基因，培育家国情怀”这一办学理念，以“大爱、坚韧、好学、担当、力行”英雄品质的培养为重点，将爱国主义和革命主义教育融入学科教学和实践活动中，提出了“育英雄品质，做少年先锋”的红色课程理念，构建具有岸英特色的

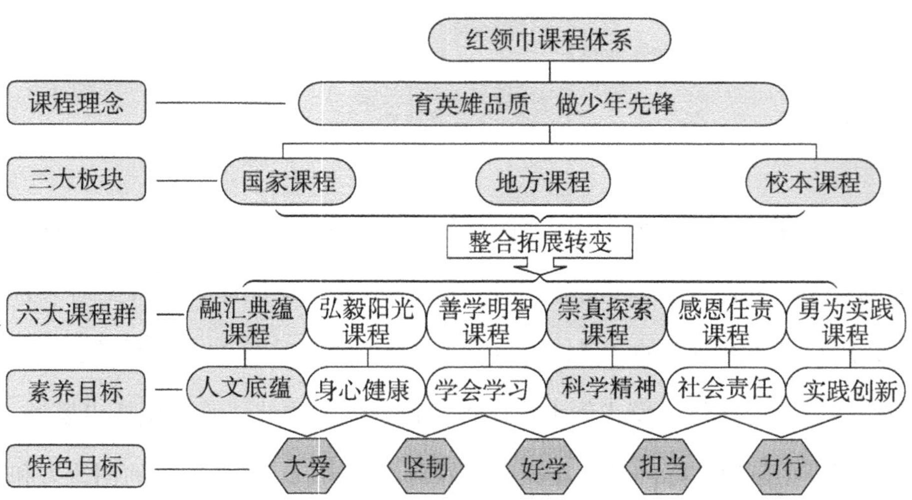

“红领巾”课程体系。强调以学生的发展为本，遵循学生的身心发展规律，将国家课程、地方课程、校本课程进行统筹和整合，以“英雄”教育启迪学生心智，形成适合本校学生发展的、开放的课程体系。

三大课程板块：指的是基础型课程、拓展型课程和综合课程。基础型课程是指国家学科课程和地方课程，是课程体系的主要部分；拓展型课程是指整合课程和学校自主开发课程，是国家课程的有益补充，包括必修课程（满足发展的普遍性需求）、选修课程（满足发展的个性化需求）；综合课程包括德育特色活动课程、节日课程、主题实践课程、社会实践课程、项目化学习课程等综合实践课程。课程三大板块的设计，重点关注教学内容的丰富性、适切性与教学形式的多样性与适应性。六大课程群：是将三大课程板块对应中国学生发展核心素养划分六大类课程，突出主题实践和项目式学习的校本课程。

（四）“向善”课程：正德厚生，臻于至善

沈河区一经街第二小学始建于1962年，多年的办学实践发现学生在学校表现出：乐学、活泼、可爱、积极、创新等一系列特点。于是把“向善、向美、向荣、向上”作为学校的育人目标，提出了“正德厚生，臻于至善”的办学理念。学校先后荣获了全国“十全素质教育”课程改革的先进学校、省教育系统家长学校示范校、省家长学校实验工作先进科研集体、市英语特色校、市书香校园等荣誉。学校将“十商教育”办学特色和中国学生核心素养培养目标进行深入融合，确定了一经二校“向善”课程体系。“向善”课程体系的精髓是全人教育，集中体现在“夯实基础”和“以人为本”。“向善”课程体系将国家课程、地方课程、校本课程深度融合，搭建了“一基双群”的课程框架。将国家课程、地方课程和始业课程称为“基础性课程”，在扎实做好基础性课程建设的同时，适度开发校本课程，分为“十商体验课程群”和“十商创设课程群”两大板块。

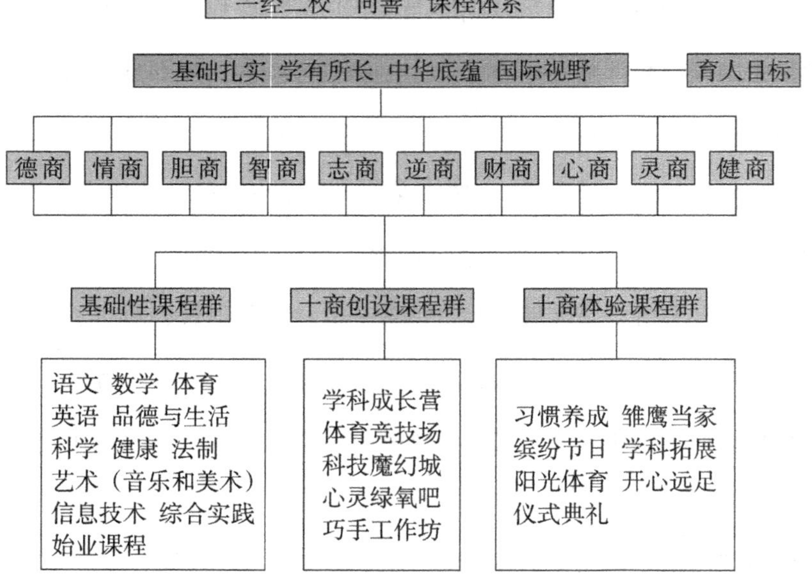

学校围绕“学科成长、艺术舞台、体育竞赛、科技工作”开展以学生兴趣为主，潜力开发为辅的十商创设课程，学生在“征集兴趣需求—老师指导选课—双向选择定课—积极参与体验—活动反馈评价”选修学习中逐步形成对自我的认识。十商体验课程的特点是主题和目标都很明确，课程的设置有针对性，既有数学思维的智商课程、心理疏导的心商课程、精打细算的财商课程，还有涉猎艺术表演、美术创作、体育技能、益智操作等多维度多领域的课程，课程目标根据学校的阶段目标或学生表现出的阶段性问题进行设计和调整。

（五）"融爱"课程：遵循自然　静待成长

文艺路第二小学五爱幼儿园于2014年成立，隶属于文艺路第二小学教育集团，辽宁省五星示范幼儿园。园所占地面积4800余平方米，建筑面积3600平方米，现共有10个班，260余名幼儿。我园秉承"多元启迪　自然天成"的办园理念，努力打造一所具有金色童年记忆的幼儿园，培养具有多元能力、创新思维的儿童，为每一个儿童创造一个舒适的、温暖的、适宜的、高质量的成长生态环境。在幼儿园的发展中，逐渐形成了"融爱"教育主张。

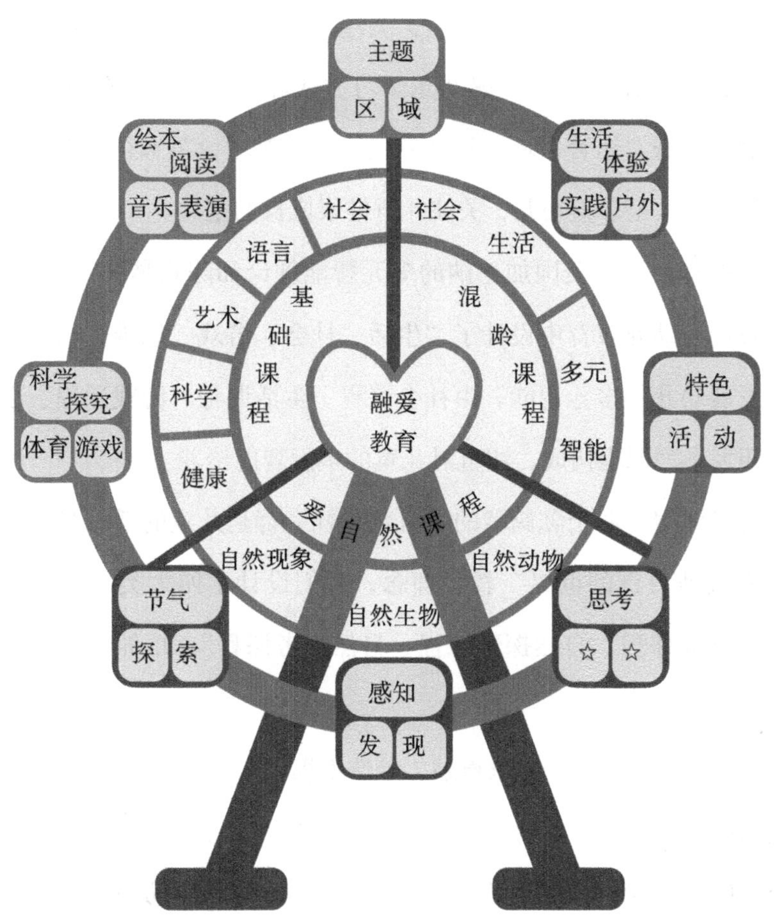

我们依据“多元启迪，自然天成”办园理念，提出了“遵循自然 静待成长”的课程理念，要为每一个儿童创造一个舒适的、温暖的、适宜的生态环境和高质量成长所需元素的课程愿景。

课程目标：语言表达能力、数学思维能力、艺术空间能力、身心健康能力、实践探究能力、创新思维能力、人际交往能力。

课程框架：在我们的实践过程中，逐渐形成“融爱”课程体系，由三大系列课程构成，即基础课程——五大领域课程，混龄课程——园本课程，爱自然课程——综合实践课程。

基础课程：以《指南》为导向，关注幼儿学习与发展的整体性、尊重幼儿发展的个体差异性、理解幼儿学习方式和特点、重视幼儿的学习品质。即健康领域、语言领域、社会领域、科学领域、艺术领域五大领域的基础课程构成。是尊重幼儿，关注儿童健康成长的基础。

混龄课程：源于美国加德纳的多元智能理论和陈鹤琴的“学做合一”理论。我们在幼儿教育中设计了“生活、社会、游戏、思维”四大类多元课程来发展幼儿的多元智能。由社会课程、生活课程、游戏课程、多元智能课程四大系列课程构成，注重对儿童的多元智能培养。

爱自然课程：源于陈鹤琴的“自然和社会都是儿童的活教材”和“鼓励孩子发现他自己的世界”教育理念；我们设计了四大类“自然发现课程、自然感知课程、自然探索课程、自然思考课程”。培养学生在大自然中学习和探究能力。

（六）“卓越”课程：追求卓越，缔造幸福

沈阳市第七中学，始建于1907年，学校目前有主校区、南校区，东校区三个校区，共计94个教学班，学生4207人。现有教职员工400人。近年来，学校确定了“以人为本，卓越发展”的办学理念，在根基“卓越教育”课程改革基础之上，基本形成了“卓越德育、卓越管理、卓越教研、卓越课堂、卓越保障、卓越团队、卓越品牌”的卓越办学体系。学校先后获得国家级荣誉2项，省文明单位、省义务教育课程改革示范学校等省级荣誉10余项，市文明单位、区教育改革旗帜学校等市、区荣誉30余项，成为蜚声省市的传统名校，享有崇高社会声望。针对“德智双全、身心两健、基础扎实、学创俱能、特长明显”的学生培育目标，进一步确立了“优智”“厚德”“健体”“博学”“明艺”“广创”等六项核心素养，并以六项核心素养为课程实施的培育目标，重新梳理和建构了学校课程体系，形成了具有七中特色的一主两翼六维“卓越”课程体系。

沈阳市第七中学卓越课程（一主两翼六维）体系

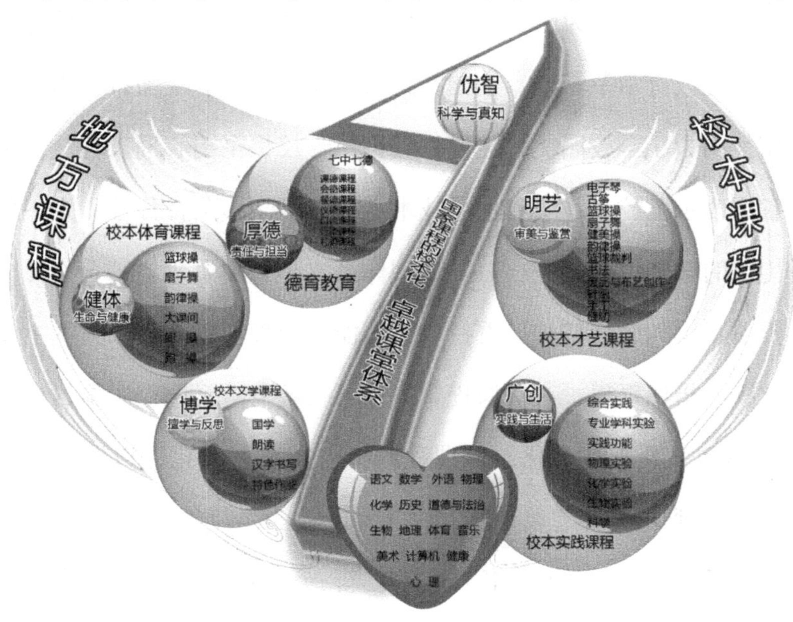

“一主”是指国家规定的基本课程。学校严格按照《辽宁省义务教育课程实验方案》，认真执行课程计划，开足开齐每一门课程，认真落实国家课程规定的教学科目、内容。“两翼”是指地方课程和校本课程。一方面学校认真开设辽宁省地方课程《魅力辽宁》，让学生了解辽宁，了解家乡，激发学生对家乡的热爱之情；另一方面学校从培养和满足学生个性发展需求出发，积极开发校本课程，开设了“国学”“篮球”“韵律操”“篮球操”“扇子舞”等多门校本课程。“六维”是指“优智”素养培育课程、“厚德”素养培育课程、“健体”素养培育课程、“博学”素养培育课程、“明艺”素养培育课程和“广创”素养培育课程。

（七）“友善”课程：从友善开始的核心价值培养

沈阳市育源中学成立于1994年，位于沈阳市沈河区东南部，前有南运河，后依万柳塘公园，景色优雅，交通便利。现有学生1493人，42个教学班，教师258人。学校分为南北两个校区，占地28114平方米。学校先后被评为中国特色教育示范基地、全国教育科研先进单位、全国特色语文示范校、首届全国中小学校园文化建设百佳创新学校、全国心理教育示范学校、辽宁省课改示范校、辽宁省信息技术示范校等多项荣誉称号，是一所具有优良传统的知名中学。“友善+”课程体系立足人本思想，结合“社会主义核心价值观”的时代精神，秉持多元智能教育理论。学校以人本主义思想作为课程的指导思想，三级课程管理逻辑关系清晰，课程实施目标明确。以课程体现“友善”文化，以课程践行“友善”文化，以课程推动“友善”文化，达到培养德才兼备之人的育人目标。

学生培养目标：培养学有专长、求实创新、和谐发展、人格健全的学生。坚持立德树人，在实现知识学习和能力培养的同时，养成良好的学习

沈阳市育源中学“友善+”课程图谱

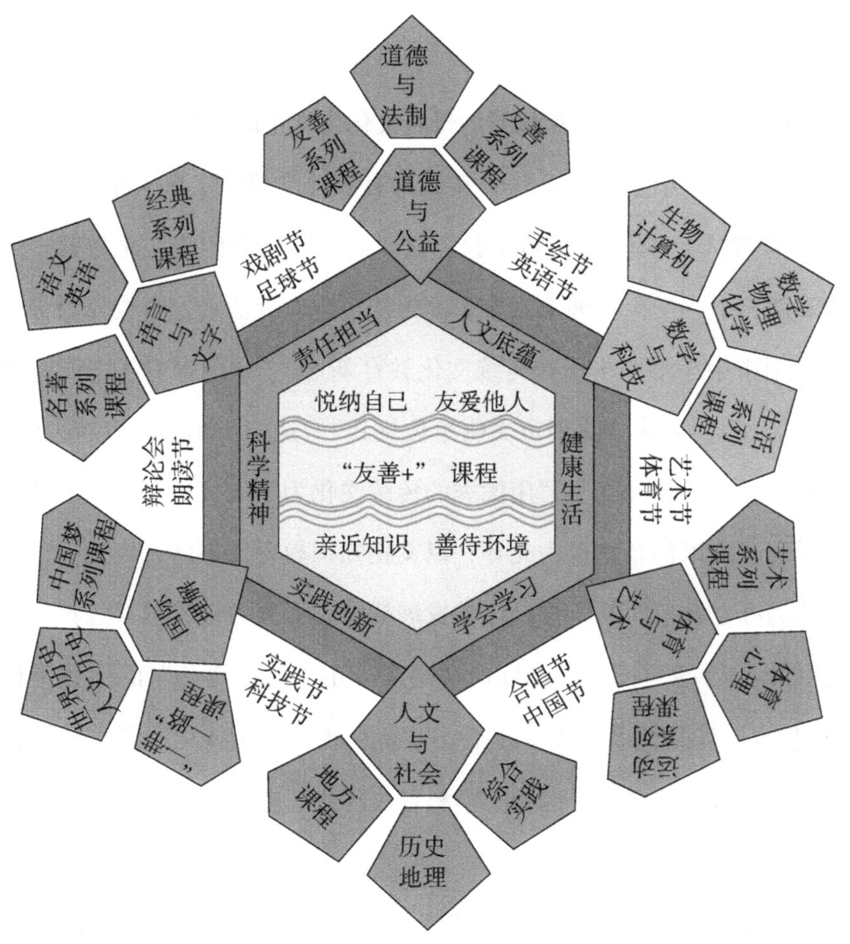

习惯和终身学习的品质。教师发展目标：造就爱生敬业、业务精湛、团结协作的教师，提升教师课程开发能力，培养研究型教师。课程建设目标：以“友善”教育为核心价值，在严格执行国家课程计划的基础上，积极推进校本课程开发建设，全面提升育人质量。学校根据“育德才兼备之人，开为人治学之源”的办学理念和培养至善至真至美之人的育人目标，结合

《中国学生发展核心素养》，学校从课程领域方面构建了“道德与公益”“语言与文学”“数学与科技”“体育与艺术”“人文与社会”“国际理解”六大课程群和基础课程、拓展课程、综合课程三层课程设置。

（八）“养正”课程：用优秀的传统文化为学生成长奠基

大南街第一小学始建于1961年，共有25个教学班，903名学生，教职工总数为77人。学校从2006年起全面开展中国优秀传统文化教育，通过诵读和践行引领学生开展丰富多彩的传统文化教育活动。学校先后被确立为“沈阳市中小学中华优秀传统文化教育基地”“全国青少年文明礼仪教育基地”，分别荣获“沈阳市文明单位标兵”“沈阳市国学教育特色学校”等荣誉称号。学校确立了“用优秀的传统文化为学生成长奠基”的办学理念，明确了“以创新德育为先导，以文化知识教育为主体，以弘扬优秀传统文化为办学特色”的三位一体的发展战略，形成“诵读国学经典　弘扬传统文化”的办学特色，在校训“同盟养正　习惯奠基”的引领下构建“养正教育”课程体系，以“正心、正智、正行、正体”为课程目标，由国家基础课程、活动综合课程、学科拓展课程、参与体验课程构成，共四大方面17类60余门课程。

学科拓展课程包括经典诵读课程、传统小乐器课程、安全教育课程、礼仪教育课程四类课程。学校结合语文、音乐、思品等学科的特点，拓展相关知识形成学科拓展课程。在经典诵读课程中组织学生诵读《弟子规》《大学》《中庸》《论语》等经典篇章；在传统小乐器课程中组织学生学习陶笛、巴乌、葫芦丝等传统小乐器；在安全教育课程中学习交通、饮食等安全知识，在礼仪教育课程中学习个人、家庭、学校等礼仪知识。学科拓展课程注重教学过程中知识的相关链接和整合，创建一个学生喜欢的

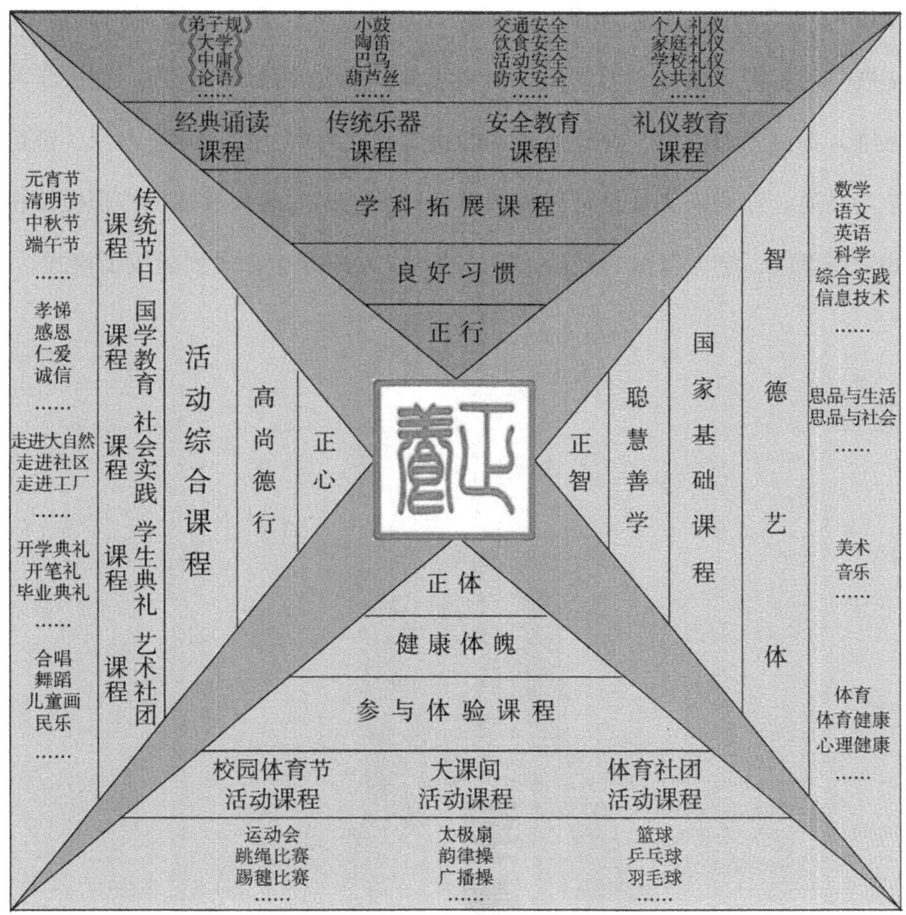

多维度的教学平台，为学生构建更为广阔的知识网络。

（九）“至善”课程：始于人文，止于至善

北一经街小学创建于1930年，现有18个教学班，600余名学生，62名教职员工，占地4610平方米，是一所办学品位不断提升，教育内涵不断延展，有温度，有故事的魅力学校。学校是全国十商课程联盟校、市十百千工程百项办学特色校、市中华优秀传统文化基地校。在“始于人文，止于至善”的办学理念指导下，学校紧扣“厚德、雅行、明智”的育人目标，积极构建“至善”课程体系，将课程目标确立为：在丰盈的课程文化中，拓展学习资源，激发学习动机，在多学科多层级的知识涉猎中，促进学习思维，提高学习能力，在核心素养的聚焦与发展中，培养学习习惯，锤炼学习品质，在充满人文情怀的校园里，让无忧无虑的探求知识，积极愉悦的发展思维，毫无畏惧的张扬个性，成为北小学子全面发展的成长模式。

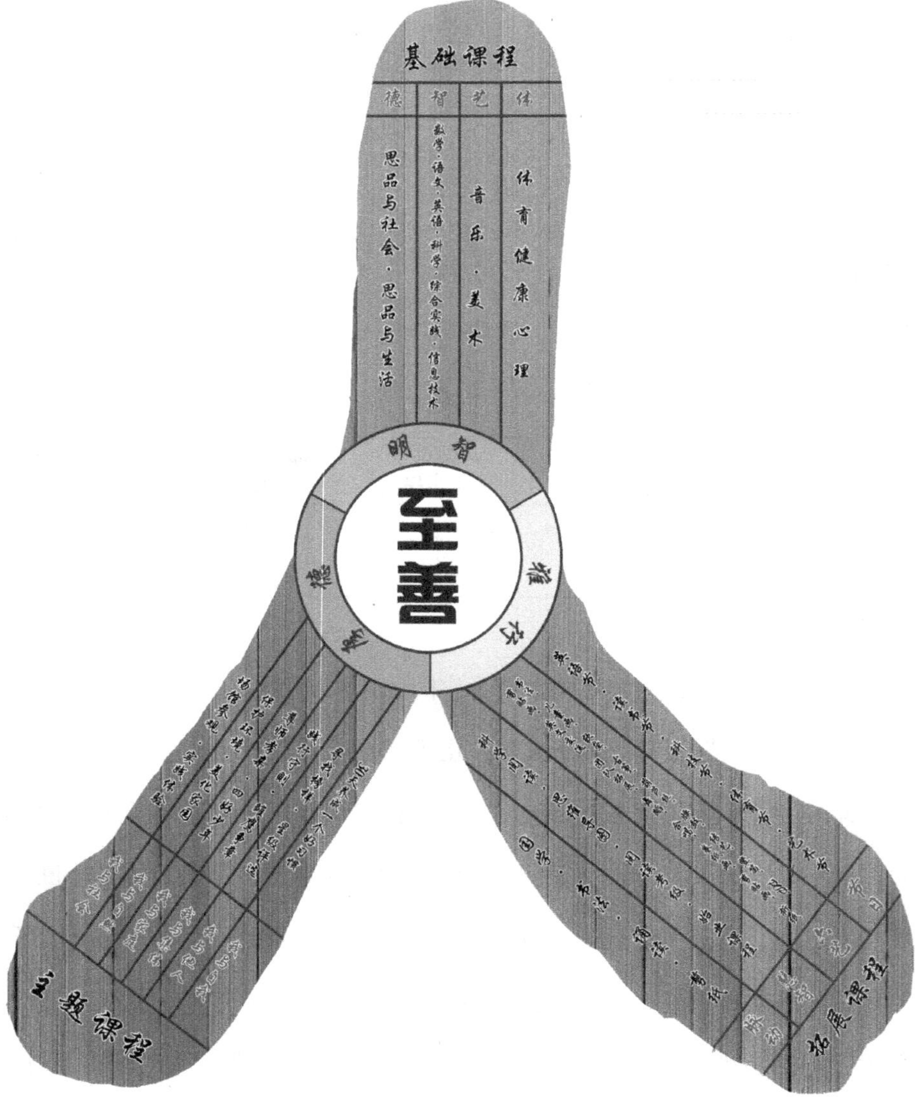

课程目标关注的是成长过程中的“人”，将人的发展与人的自我实现落到课程的内化引领上。以“人”字为原点支撑起来的“至善”课程体系，意在呼唤“人”的觉醒，重在激励“人”的提升。学校“至善”课程体系，共包括三大类、十四个部分、四十六个学科课程，形成了基础课程夯根基、主题课程蕴身心、拓展课程扬个性的主体框架。基础课程包括“德、智、艺、体”四大课程板块；主题课程包括“我与自身、我与家庭、我与他人、我与集体、我与社会、我与自然”六大课程板块；拓展课程包括“脉动、慧智、六艺、节日”四大课程板块。

（十）“聚爱”课程：给每个孩子一个有爱的快乐童年

南塔街小学始建于1951年，占地10000平方米，校舍建筑面积4636平

方米，学校现有12个教学班及一个附属幼儿园，学生468人。面对来自五湖四海的孩子们，学校在“爱生学校”的教育发展框架下，逐渐形成“聚爱”教育主张，确立了“爱是恒久的力量”的办学理念，提出了“办一所有情、有爱、有魂的学校”的办学目标。学校先后获得了全国英语实验校、辽宁省红十字示范校、沈阳市教育教学先进单位、沈阳市德育特色学校、沈阳市艺术教育特色学校、沈阳市中小学校园艺术活动先进单位等荣誉称号。

依据学校课程理念和培养“求真、有爱、追梦的现代学子”的育人目标，结合《中国学生发展核心素养》中的人文底蕴、科学精神、学会学习、健康生活、责任担当、实践创新六大核心素养，形成了学校的“聚爱”课程体系。提出了“五基”课程目标，达到“五乐”的课程愿景。“五基”是指：健康基础、礼仪基础、学习基础、艺术基础、实践基础；“五乐”是指：活动快乐、生活快乐、学习快乐、表达快乐、创新快乐。让每个孩子大胆、自信且充满兴致地探索世界和未知。根据“筑基健康，快乐成长”的课程理念和课程目标，构建了“爱人文、爱科学、爱健康、爱艺术、爱创造”五大课程群，形成具有学校特色的“聚爱”课程体系。

（十一）“精筑”课程：精筑童年、品质致远

沈河区教育局幼儿园是辽宁省“五星级”公办幼儿园。幼儿园占地面积2700平方米，建筑面积1780平方米，可容纳6个班级，180名幼儿在园学习生活，现有教职员工33人。幼儿园设施齐、环境优美，师资力量优良，师德高尚，近年来为周边学前儿童提供了优质的教育资源。教育局幼儿园在“精筑童年、品质致远”的办园理念引导下，确立了“办一所精美有品质的幼儿园”的办园目标和“为每个儿童的品质人生奠基”的办园愿

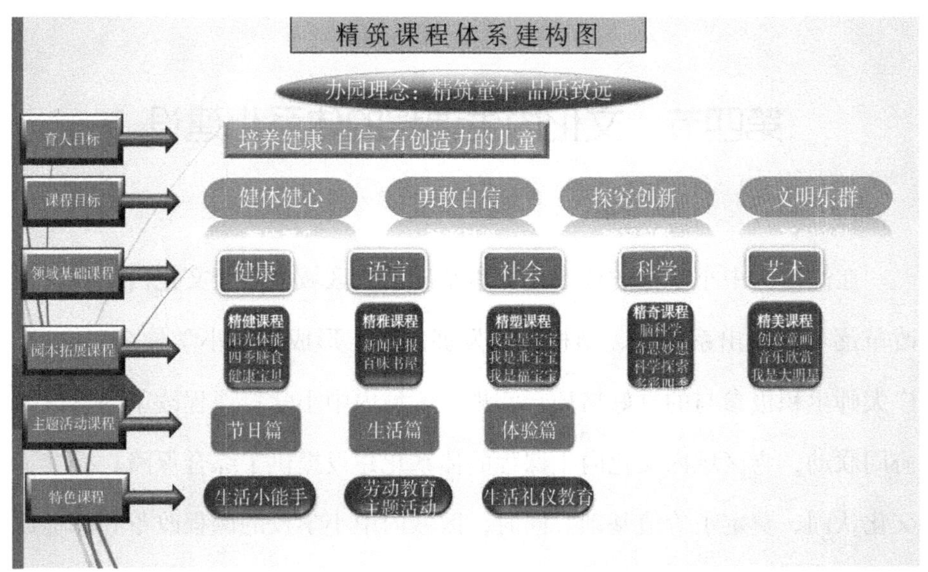

景。课程是幼儿成长的快乐途径，是团队成长的有效手段，是园所成长的文化载体。多年的课程探索与研究实践使我们清楚地认识到，幼儿园课程建设的重要目标是建构适合本园实情的园本课程。我园“精筑”课程体系构建是在健康成长的观念引导下，以自然、健康、实践、发展、自信为核心理念，对已有课程进行系统梳理和整体构建，建立的幼儿园课程体系框架。

在丰富多彩的生活体验中去感知、探究和创造的基础上，构建了精健课程、静雅课程、精塑课程、精奇课程、精美课程五大体系，暨精健的身体、精雅的表达、精塑的品质、精奇的创想、精美的浸润。通过课程培养幼儿健身健心能力、表达交流能力、交往适应能力、逻辑思维能力、想象创造能力等五大能力均衡发展。通过“领域基础课程、园本拓展课程、主题活动课程和特色课程”等实施途径，努力将单领域的课程研究转化为以促进幼儿“健康生活、品质人生”为基点的多元课程，精筑孩子们的健康成长，为每个儿童的品质人生奠基。

第四节 文化内生课程的体系化建设

在沈河区中小学校的校本化探索基础上，区域内基于文化内生的课程改革逐步表现出系统化、结构化的发展态势，形成了中小学校全面推进、广大师生积极参与的良好格局，实现了区域内中小学校课程改革的整体性协同联动，为区域内文化内生课程的体系化建设提供了综合保障、凝聚了文化认同、奠定了价值基础。同时，区域内中小学校的课程改革和课程建设也呈现出导向明确、主题鲜明、重点聚焦、内涵丰富的特征，演绎了文化内生课程体系建设的生动实践。

一、指向“核心素养”的文化内生课程体系建设

（一）“和扬”课程：滋养实验花儿各美其美

沈阳市实验学校创建于1957年，2000年成立中学部，是一所九年一贯制优质学校。沈阳市实验学校（小学部）为沈阳市实验学校小学教育集团总校，现有五个校区和一个北部托管校区。多年来，学校面对不断发展的教育新形势的挑战，学校不断寻求可持续发展的新路径，围绕“和谐 扬长”的办学理念，依托“和扬”课程，探索出课程育人的新路，逐步使基于办学理念的课程建设与创新成为学校的核心竞争力。

学校确定围绕“六学会”即“学会做人、学会求知、学会生活、学会健体、学会交往、学会创造”的育人目标，构建了三层六类“和扬”课程体系。“三层”，即基础层课程、拓展层课程、开放层课程；“六类”，即从

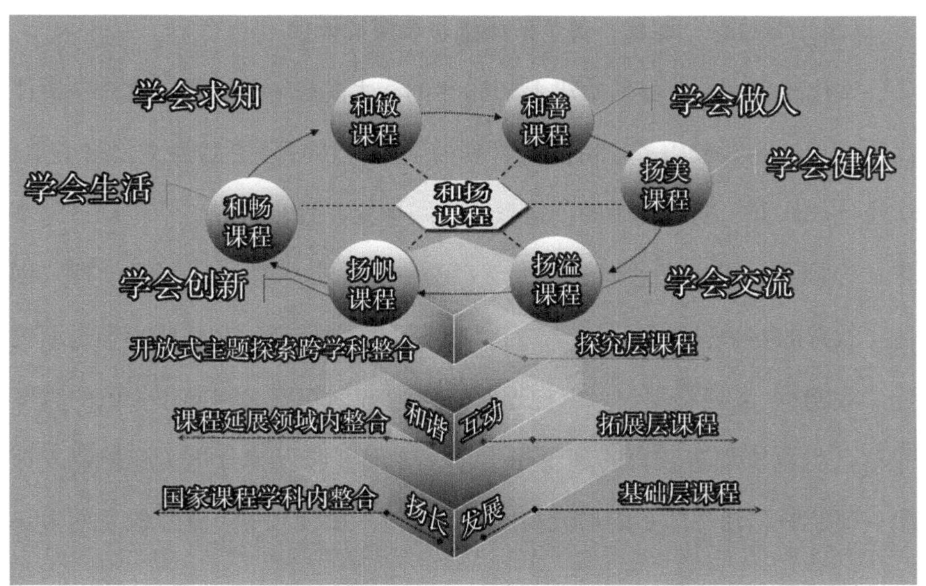

六个维度实现与育人目标高度匹配的“和善”课程（学会做人）、“和敏”课程（学会求知）、“和畅”课程（学会生活）、“扬美”课程（学会健体）、“扬溢”课程（学会交流）、“扬帆”课程（学会创造）。既关注了学习的主体——“人”的全方面和谐发展——与自身、他人、知识、自然、社会的和谐，更关注基于和谐发展基础上的“扬长”。借助丰富的课程资源，使学生的优势智能得以挖掘和最大化。学校着重以课程目标的设定、课程体系的构建进行了基于办学理念的课程开发与实践。

学校还提出“思维训练扎根于学生学习全过程”将益智器具课程引入学校课程，引入课堂，走进教师，走进学生，走进家长。学校打造了思维训练教室，开发了一系列的益智数学校本教材，包括《益智数学课程纲要》《学生操作活动手册》《益智数学活动概览》《益智数学教学设计》等。探索形成了益智数学的教学流程，总结形成了自己独特的教学模式。

（二）“戏剧+”课程：每个孩子都是表演的天使

文化路小学的前身是始建于1958年的八大院校子弟小学，这是一所伴高校而生、为高校服务、由高校管理的学校，1969年更名为文化路小学。学校从“八五”期间开始的创造教育实践探究，到今天以“学生创造力培养”为核心，提出了“以文化人、以心创新”办学理念，塑造学校“创造”教育的办学思路前行。十二年不间断的实践印证，文化路小学逐渐构建“戏剧+”系列课程，可以说这是一次带有创新意义和操作价值的教育变革，与我校创造教育的理念相契合，体现了课程综合化实施的课改理念。“戏剧+”课程体系的形成与发展，经过一个漫长的、逐步蜕变的生长

沈河区文化路小学创造教育课程体系

发育期，最终形成了一种常年开设的课程，其主要样态为：1.0时代的特长实践——追求效率、2.0时代的艺术实践——追求效果、3.0时代的综合实践——追求效能。

目前，“戏剧+系列”课程在发展的过程中已经形成了戏剧+学科课程、戏剧+创新课程和戏剧+综合课程三大类课程群，课程设置、课时安排、学习内容趋于完善，更加符合师生的需求，形成了全领域、全学科浸润的教育实践样态。我们主要以卢梭提出的“在实践中学习”的教育观点为基点，以杜威的“渐进式教学”理论、东北大学文法学院罗玲玲教授倡导的创造教育理论为支撑，结合学校创造教育“以文化人　以心创新”的办学理念，由戏剧+学科课程、戏剧+创新课程和戏剧+综合课程组成，共含32种课程构成的“戏剧+”系列课程。

（三）“花儿美2+2+X”课程：让每个孩子像花一样绽放

沈河区二经街第二小学始建于1927年，曾有过“亚洲第一大校”的美誉。2003年，二经二校提出“幸福教育”办学思想，并开始逐步构建和提炼“五维一体幸福教育”办学策略，即：通过管理引导师生走向幸福，通过环境建设浸润师生幸福，促进成长让教师体验专业幸福，愉悦课堂让学生感受学习幸福，丰富活动为师生创造多彩幸福。其中，课堂质量是学校的生命核心，对师生而言什么样的课堂才是幸福的课堂，对学校教学管理层面而言幸福教育的课程体系又是怎样的，是学校做实、做好幸福教育的关键。为此，学校亟待探索构建起“花儿美2+2+X”课程体系，为幸福课堂的实施建起模型，指明方法。

二经二校经过十年的幸福教育办学实践，提出“人人发展、人人幸福”的办学目标，并将所培育学生的核心素养具化为“诚朴、勤学、敏

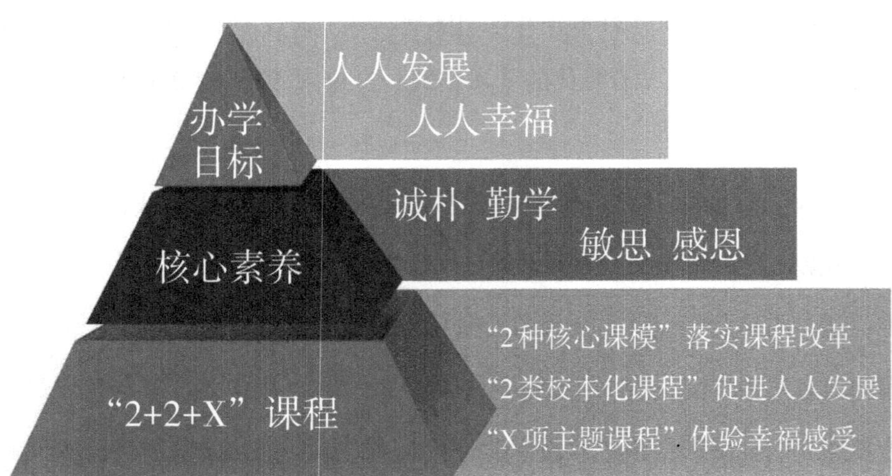

思、感恩”四个维度。围绕这“一个目标”“四个维度”，学校通过“课题引领”搭框架，树立“坚实五步走”的工作思路，即：专家把脉控方向—特色梳理建结构—教研现场接地气—教师说模填骨肉—对照课程出体系，最终梳理出“2+2+X”型幸福教育课程体系。“花儿美2+2+X”课程体系是以国家标准课程的深入改革为核，辅以校本化的前置和延展，搭建起的适合学生幸福成长和发展的课程体系框架和课程模型。第一个“2”指由“自主学习型课堂模型”和“学习力课堂模型”组成的国家课程模型，属于基础课程；用以落实课程改革；第二个“2”指由前置班本活动课和延展校本活动课构成的活动课模型，属于校本课程，用以促进“人人发展”；“X”指多种主题综合实践课程，它是借助地方特色和资源开发的综合性地方课程，让学生们在参与中体验幸福感受。

（四）“精彩思维”课程：每个孩子都会精彩绽放

热闹路第二小学始建于1958年9月，是一所校风淳朴，历史悠久的学校。现有25个教学班，745名学生，教职工67人。学校根据自身生态特点，以终为始重新出发，为了学校持续发展，探索出新的生命增长点，将原有办学理念和办学目标搭载学校课程建设与科学管理，并将其融合为学校新的办学理念“精信达雅”。“精信达雅”办学理念的最终目标就是：“让每一个学生成人、成功、成才。”让每一名学生在学校、家庭、社会生活中可持续发展，实现综合素养的全面提升。以课程为载体，让学生在参与实践的过程中绽放不一样的精彩。

“精”——完美的，最好的。学校以“精”为核心，沉淀了“精文化”下的“达雅教育”校园文化特色。“信”——从人，从言，真心诚意。人的言要“诚信”，行要“自信”。“诚信立身”，为人“言必信，行必果”，言行一致，表里如一，才能堂堂立身于天地。“达”——通，实现。以课程为载体，实现课程“四达”辐射发展，“四达”发展是课程构建与实施的意涵与价值。“雅”——美好的，高尚的，不粗俗的。“三雅”注重人的情态和意态的引导，充实了文化内涵。

“让每一个孩子绽放精彩”是热闹二校的课程理念，也是学校最诚挚的希冀。“达雅课程”有以下三个特征：课程资源精心选配，引发学生的学习兴趣，满足学生的学习需求；课程结构精致合理，提升学生的核心素养，培养学生的实践能力；课程设置精细鲜明，凸显学校的课程哲学，实现学校的办学目标。根据“达雅”的意义，我校将实施的课程分为“雅智”课程、“雅思”课程、“雅行”课程、“雅梦”课程。旨在通过这些课程的实施，更加注重学生理想信念和核心素养的培养。“达雅课程”努力让一样的生命绽放不一样的精彩。学校课程的设置以基础型国家课程、拓展型地方课程、探究型校本课程为蓝本，从“智”“趣”“行”“梦”四个方面设置，细化了三级课程对学生发展的要求。

“达雅课程”让每一名学生在学校、家庭、社会生活中可持续发展，做有人性的教育；以课程为载体，为学生提供实践的机会，做有温度的教育；让学生在参与实践的过程中得以提升，做有故事的教育；为学生提供适合机会，让其绽放不一样的精彩，做有美感的教育；四有并存，实现学生综合素养的全面提升。

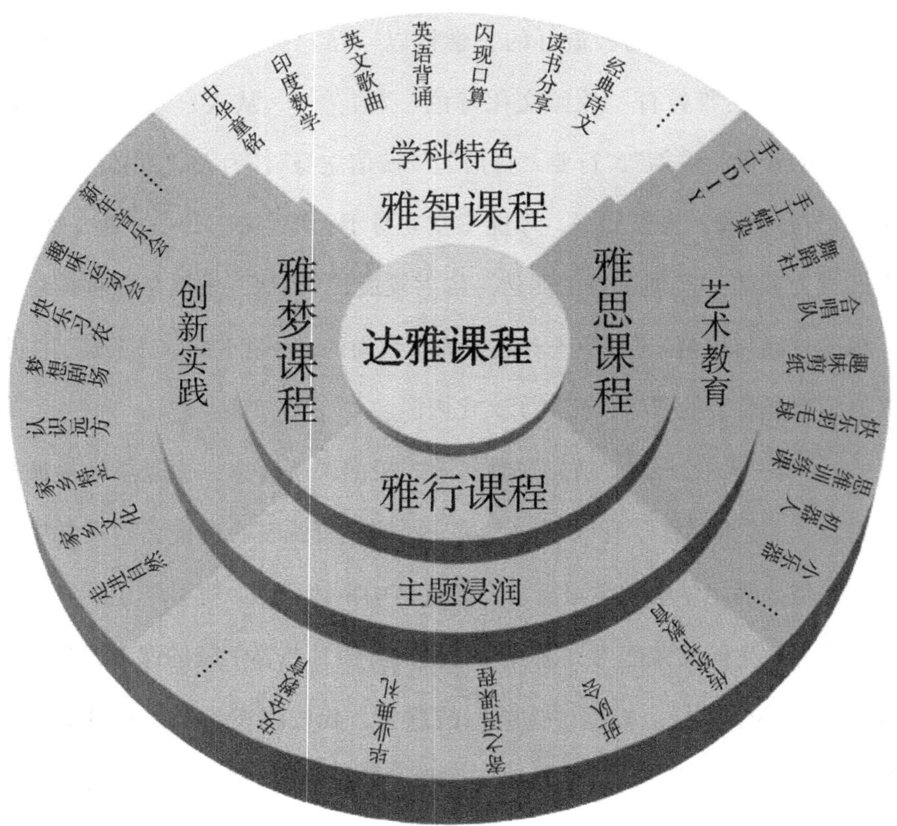

（五）“润美”课程：润泽生命的美好

沈河区教育局第四幼儿园成立于2015年10月，坐落在万柳塘畔，沐浴着皇城文化，浸染于名校之间，现有各年龄段8个班级，160余名幼儿，32名教职工，有一支充满活力、善于钻研、善于创新的教师队伍。幼儿园成立以来，提出了“以美润心、以行养智”的办园理念，形成了“润美”教育主张，致力于培养爱动脑、善交往、有自信的幼儿，办一所精美致雅的幼儿园。根据“润美”教育主张和办园理念，逐渐形成了“润美”教育发展框架，创建了“立体主题乐园”环境，用“爱”的管理和“润泽”教师团队，以滋养方式来完成“润美”课程体系，培养孩子们“心灵美”的根基，以“多元体验式”学习方式在“玩中学和学中玩”来培养孩子们“人格美”品质。

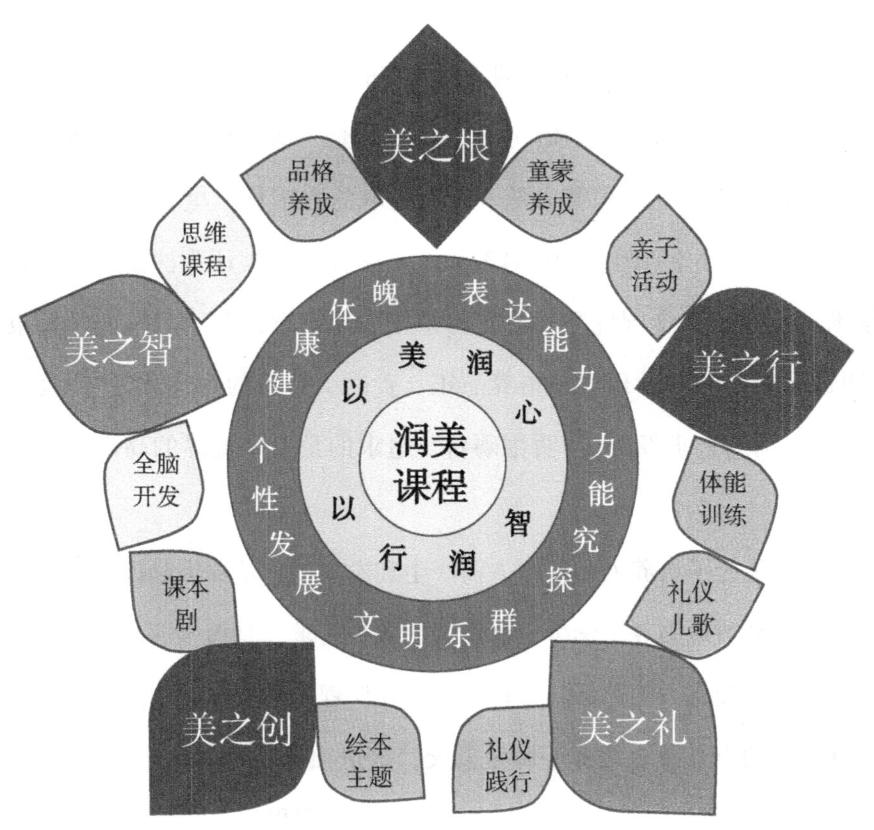

幼儿园提出了“润美”的课程理念：用美好润泽每一个孩子的心灵。课程即是美的诠释。用美的观点来理解课程，课程的价值即是对美的诠释。幼儿园的课程就是在诠释着周围世界的美和人际关系的美。

课程即是美的传递。一花一世界，每一处每一事无不在与孩子们微笑着，让孩子们感受着这世界的美，课程正在向每一个幼儿传递着美，这是课程的意义所在。课程即是美的润泽。每一个生命快乐健康地成长，需要爱的滋养和润泽。幼儿园为幼儿在一日生活中设计游戏活动、体验活动，在玩中学、学中玩，创建立体主题乐园环境，让每一处所、每一句语言、每一个音符、每一个故事、每一个符号、每一个声音都会润物无声地感染着孩子。

（六）“泛在云”课程：学习无时不在的发生

沈阳市第一六五中学始建于1915年，是一所历史悠久、底蕴厚重的百年老校，更是一所积蓄力量、开拓进取的数字化三星级学校。现有17个教学班，416名学生，109名教职工。学校先后被评为沈阳市现代教育技术示范学校、全国优秀外语实验学校、辽宁省禁毒示范校。学校秉承“明德砺新”的办学理念，培养品正、责励、智慧的现代人，“明德”以固本，“砺新”求发展。“明德砺新”追求的是人生境界的高端与过程的极致。

课程是为了培养人和教育人而产生和发展的，培养人是课程的本体功能，优质高效地服务于学生生命发展的多种需求，是催生课程改革的永恒驱动力。学校将“明德砺新”理念渗透在课程的建设中，力图通过课程与信息技术的有效整合服务于师生发展，打造独具特色的“云课程”体系。“云课程”一是取“云”盛大众多之意，表明课程内蕴丰富，关注核心素

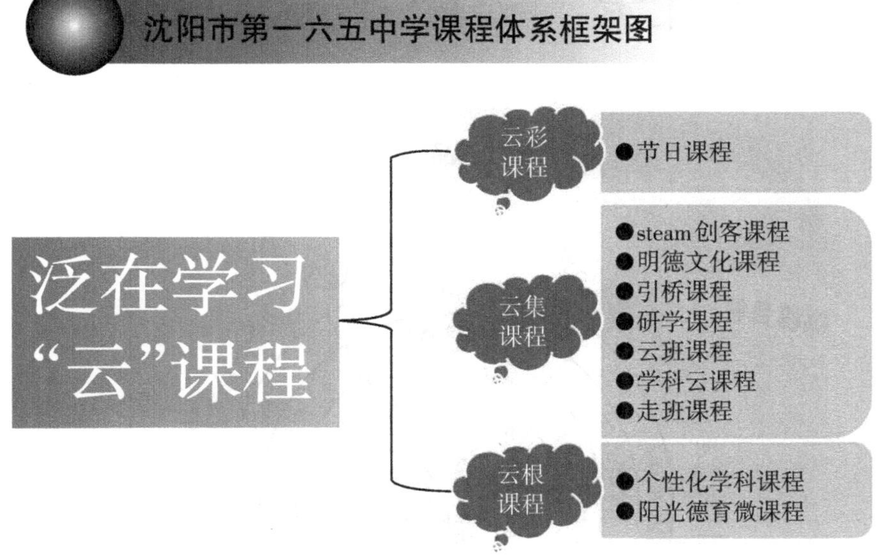

养的体系结构；二是取“云计算”“云平台”“云服务”之意，显示课程的现代性与创新性；三是取“云”无时不在、无处不在之意，寓意课程打造“人人有学”“时时能学”“处处可学”的“泛在”境界。

二、营造“万物旨趣”的文化内生课程体系建设

（一）“蒲公英”课程：让生命健康自由而美好

沈河区泉园第二小学1992年建校，占地面积5961平方米，建筑面积4374平方米，现有在岗教师63人，教学班24个，学生933人。我们通过对武术教育的深度挖掘，从中提炼了学校的办学理念，促进了学校“蒲公英”文化的形成，构建出“蒲公英”课程体系。我们将校园比作“蒲园”，“蒲园”中的孩子我们称之为“蒲娃”，我们希望通过“蒲公英”课程让每一个“蒲娃”坚强而健康地成长。

泉园二校“蒲公英”课程体系构建图谱

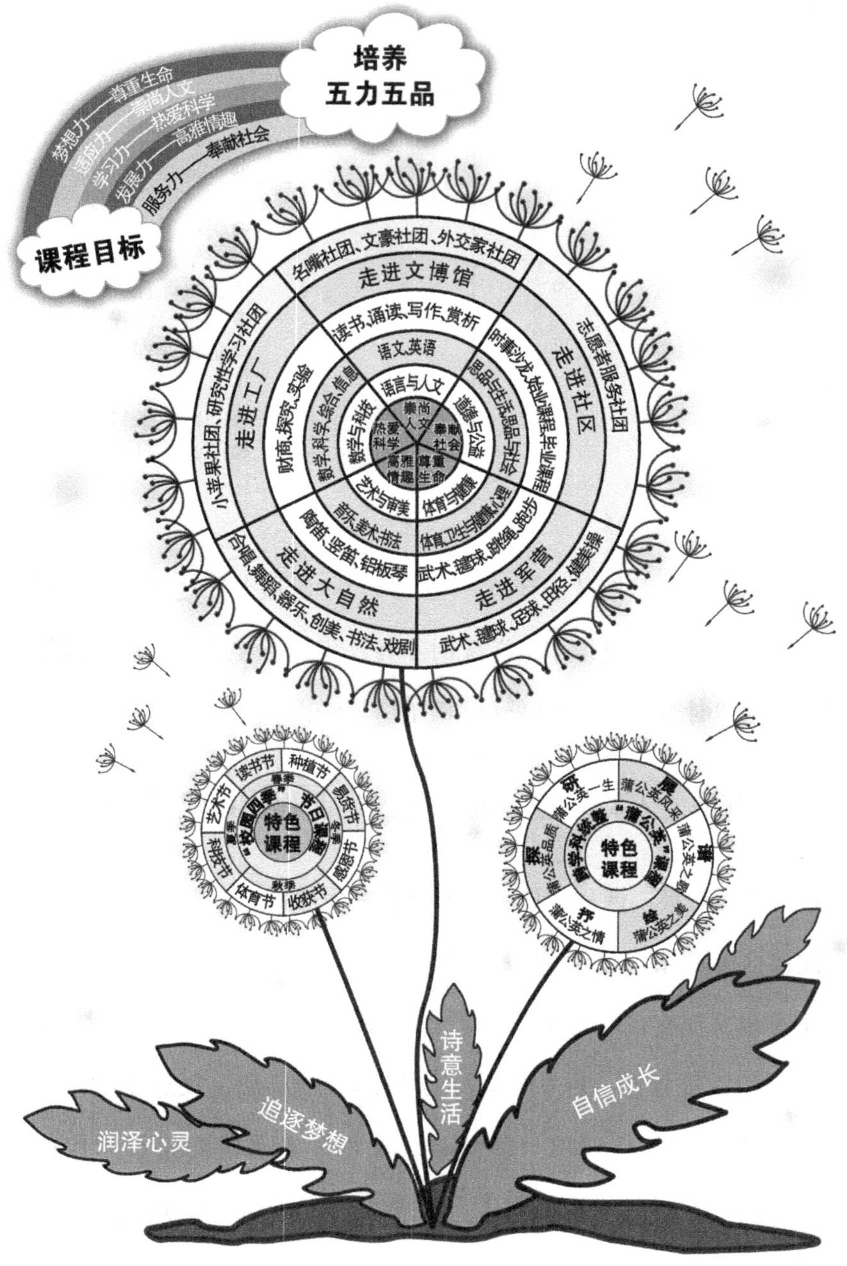

我们对“蒲公英”文化进行深度解析，以“教育是博爱对生命的表达与润泽，是让学生健康、自由而诗意的逐梦过程”为课程理念，建立了基于学校育人目标和学生核心素养的“蒲公英课程”，我们称之为“SMD-PC”课程。“蒲公英课程”的目标：着眼于学生的发展，让每一名学生拥有健康的体魄、坚强的品质、生存的能力、自信的心理、追梦的情怀，成为拥有梦想力、适应力、学习力、服务力、创造力的蒲公英式好少年。

“蒲公英”课程分四大板块：根课程、茎课程、花课程、絮课程。根课程是国家课程、地方课程、校本课程整合后的课程，根课程是基础型课程，是我们努力夯实的课程；茎课程是在根课程基础上结合学生年龄特点，成长需求为学生设计的课程；花课程是促进学生兴趣发展的课程，兴趣通过课程发展成为特长；絮课程是引领学生走进家庭、走进大自然、走进社会去实践的课程。在蒲公英课程体系中，根课程是基础，茎课程、花课程、絮课程是补充和拓展，四者之间具有等价性、互补性。

（二）“荷雅”课程：映日荷花别样红

沈河区莲花街小学始建于1952年，原名万泉小学，1956年正式更名为莲花小学。学校位于中航工业沈阳发动机设计研究所院内，是一所有着悠久历史和纯朴学风的学校。有教学班21个，学生754人。几年来全校教师积极探索实践，以“莲”文化为切入点，深挖课程体系建设，并形成学校特色。提出了“莲筑于心　品见于行”的办学理念，确定新的办学思路：传承莲文化、塑造莲品质、创建莲校园、培育莲新人。

学校进行了三个层面的研究：一是以课程建设为主渠道，把学校管理

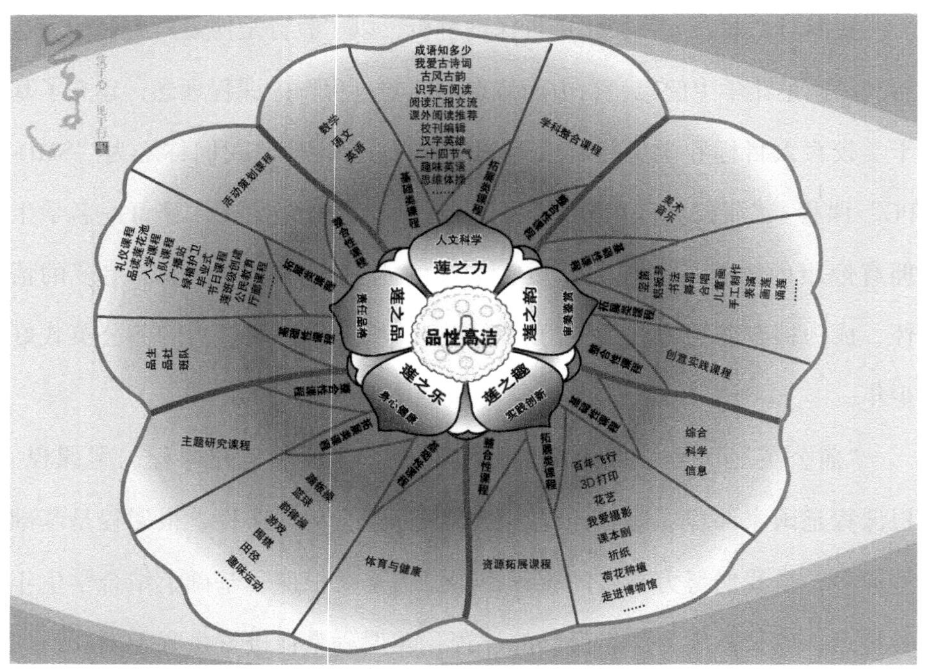

转化为课程管理，学校所有有意识的活动都是一种课程体系。从而构建适合学生发展的课程体系，形成学校的特色文化。二是通过课程校本化的实施有效落实国家、地方、校本三级课程，就是通过实施手段的创新而有机整合，利用社会、家庭、学校各方配合大力开发适合学生及学校文化的校本课程体系，并大胆重组国家与地方的课程体系。三是要形成有针对性的、适合不同年龄阶段学生的课程体系实施评价标准，通过“收集—研究—实践—反思—改进”的过程不断完善，从而使学校特色凸显，实现学校的可持续发展。

学校构建了“荷雅”课程体系，培养正直、博识、阳光、雅致和扬长的莲小少年。此课程体系把教师培养与学生培养两条线齐头并进，着力通过高品质的课程培养高品位的师生。“荷雅”课程体系由五大课程群构成，即“莲之品、莲之力、莲之乐、莲之韵、莲之趣”，由基础性课程、拓展性课程和整合性课程三大类课程来完成。教师专业成长体系构建了“品、力、才、韵、趣”五大课程，养师之德、炼师之技、育师之能、润师之体、培师之才。

（三）“百草润志”课程：藏修百草，息游润志

沈河区方凌小学，现有学生633名，18个教学班，在职教师47名。2016年学校明确了以“仁爱之心，育有志之才”的办学理念，提出了“让每个孩子带着志向和梦想飞翔”的办学愿景，着力培养“个性释放，梦想多彩”的方凌学子，办一所具有创新精神、协同发展的魅力学校，形成了“润志”教育的发展主张。

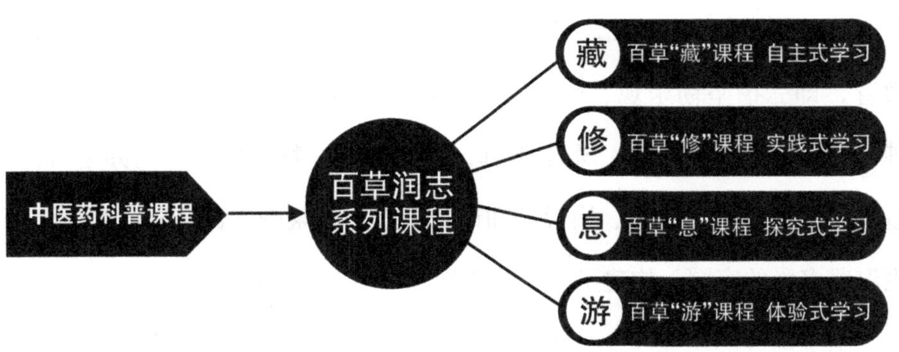

课程重构的目的是为孩子们提供更适合的课程，从而实现多样化的学习方式，发展学生的核心素养，促进学生的多元发展。《礼记·学记》有云：“君子之于学也，藏焉修焉，息焉游焉。”古人已经掌握了很科学的学习方式，那就是学习要注重“藏、修、息、游”，即学习应该是从认知到实践，在实践中思考，与他人合作、探究，相互印证的一种学习方式。

作为中华文化习养实验校，在大力弘扬中华优秀传统文化的实践中，将祖先智慧活用于校园，逐渐探索出“读经典、吟诗词、习礼仪、熏雅乐、学百工、种百草、展才艺、寻家风、内自省”等系列习养课程，形成了独特的“百草润志”课程新样态。课程按照“藏、修、息、游”四种学习方式，对应着四种课程由百草藏课程、百草修课程、百草息课程、百草游课程组成，从而实现自主学习、实践式学习、探究式学习、体验式学习、小组合作学习等多种学习方式。

（四）“彩虹”课程：追逐梦想与希望

沈河区六一学校始建于1960年6月1日，原为一所部队子弟学校，2010年沈阳市区划调整，学校划归到沈河区，从此迎来了发展的春天。学校占地面积12825平方米，建筑面积3248.5平方米，学生共计540人。结合实际校情确定了“打造幸福多彩人生”的办学理念，提出七色“彩虹”教育，即弘扬坚韧乐观、阳光自信、儒雅责任、诚信友善的“彩虹”精神，确定了“融情优教，乐学求真，博采多艺，特色优质”的办学目标，着力于营造快乐、宽松、愉悦、和谐的校园文化氛围，让校园成为全体师生温馨多彩的家园，构建了“七色彩虹教育”课程体系。

围绕课程的功能性：分为彩虹源基础课程、彩虹桥拓展课程、彩虹绽综合课程三个层次，红、橙、黄、绿、青、蓝、紫七种颜色七个方面，开设了14类课程。通过彩虹课程，培养学生坚韧乐观、阳光自信、儒雅责任、诚信友善及实践创新能力，拓实“坚韧乐观、自信儒雅”的彩虹少年的育人目标。促进学生个性发展，全面提高学生的综合素养。

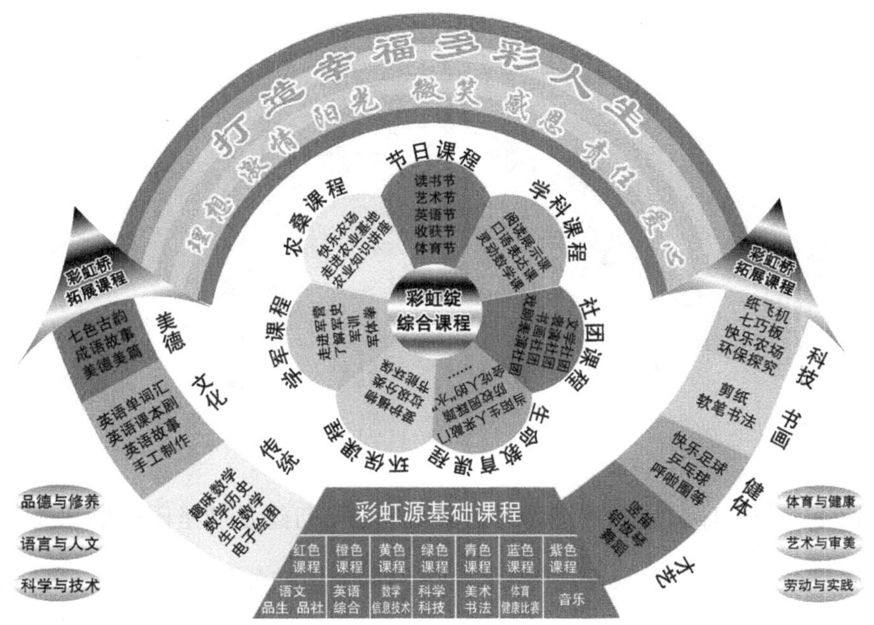

（五）“桥·通达”课程：构筑生命的美好与未来

沈河区马官桥小学创办于1962年，位于沈阳市东部，在去往沈阳避暑胜地植物园、棋盘山必经之路——东陵西路旁，学校因坐落在马官桥地区而得名。学校积极挖掘了“桥”文化，构建了“通达课程”。“桥文化”创意一经提出，在师生中就引发了热烈反响：桥墩厚牢固，它的根基坚实正好与基础教育属性相通；桥姿态万千，这与大沈河“适合的教育”境界十分神似；桥四通八达，正好契合构建通向人生理想教育之桥的“大教育”观……“桥小”简称确立下来。

学校围绕“求真、坚强、通达”三个育人目标构建了桥形状的“通达课程”体系，引桥是“桥之引始业课程”，四个桥墩是“桥之墩基础课程”，桥墩上架起的是“桥之韵拓展课程”，最上面的桥面是“桥之展综合课程”，四阶课程都以“求真、坚强、通达”为目标，为桥小的每一个孩

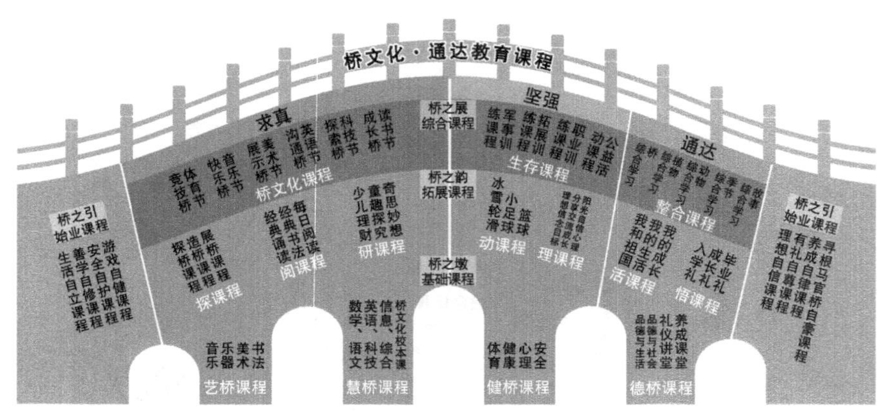

子留下“桥”印象。课程体系建设紧紧围绕“打造基础坚固的根基教育，开展姿态万千的适合教育，构建四通八达的通达教育”办学思想，通过始业、基础、拓展、综合四阶课程，德、智、体、美四个方面实现求真、坚强、通达的育人目标。办学思想是课程体系建设的指导思想，课程体系建设是实现办学思想的载体和途径，框架完整、坚固。

三、展现“生命力量”的文化内生课程体系建设

（一）“鲲鹏”课程：志存高远，豁达坚强

育鹏小学始建于1953年。学校占地面积12878.5平方米，现有33个教学班，是一所有着悠久历史和鲜明风格的学校。学校前身是沈阳空军干部子弟学校，“育鹏”二字由沈空首长命名，意为“培育蓝天中展翅翱翔的鲲鹏”。传承学校深厚的历史底蕴，学校打造了“鲲鹏教育”的品牌，构建了以“育鲲鹏”为培养目标，以“一体两翼”为基底模型的校本化课程体系。所谓“一体两翼”课程模型，其中“一体”指的是“基础学科型”课程，包括国家课程、地方规定课程以及部分教师自主研发的与国家课程

密切相关的学科延展课程，是课程的主体。“两翼”指的是“统整体验型”课程和“适切发展型”课程，是对基础型课程的支撑和扩容。

在“鲲鹏教育”办学品牌的基础上，我们确立了“培育志存高远、阔达坚强的鲲鹏学子”的育人目标。在此基础上，我们又明确了五大关键的核心素养目标——“知礼、乐学、强体、品美、励志”，并将其具化为“十个一”课程目标，即一流好品行、一身好体魄、一生好习惯、一个好兴趣、一种好思维、一手好汉字、一副好口才、一篇好文章、一项好才艺、一份军人魂。这样一套目标，进入到每个学生的成长规划中，也成为育鹏小学课程体系的框架，成为每一门课研发以及退出的关键标准，成为每一堂课教学内容取舍的依据。

（二）“白天鹅”课程：诚于信、敏于行

沈阳市沈河区中山路小学始建于1905年（清光绪三十一年），是清政府“废科举、兴学堂”兴办的第一批小学之一，至今已经有112年的历史

了。学校现有学生587人，18个教学班，教师52人。新时期的学校在继承了原有的、优秀的历史传承和文化的基础上，以百年校训"诚洁"为核心，确定了有自身特色育人目标，培养品行高洁、锐意进取的中山学子，重新梳理，并定位学校的办学理念，让孩子在中山路小学享受优质教育。并且将百年校训"诚洁"（即"诚实做事，品行高洁"）发扬光大。

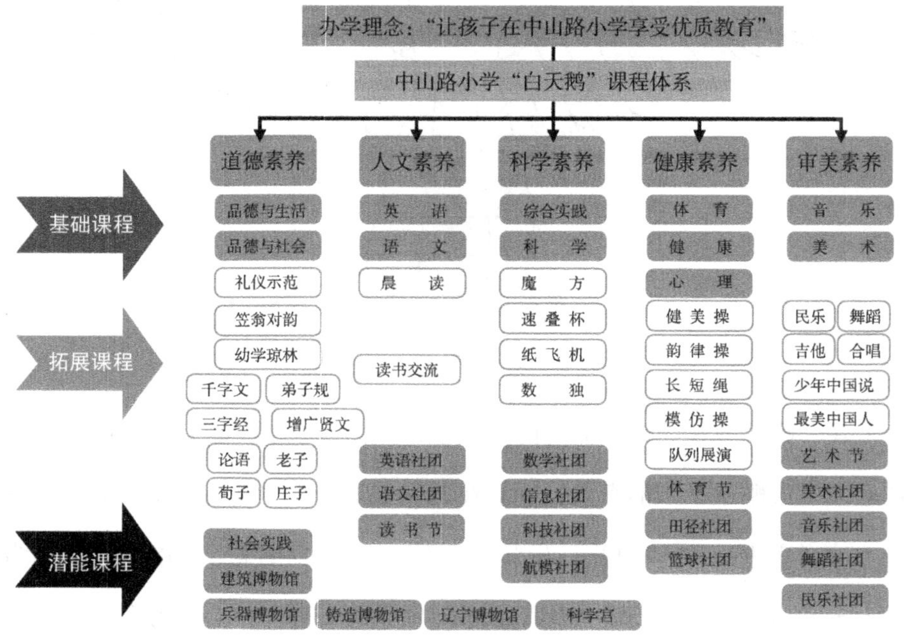

学校构建与此相适应的课程体系，即"白天鹅"课程体系，白天鹅来自学校的logo——白天鹅。白天鹅有着纯洁、善良、乐观，自强不息，锐意进取的品质，这些优秀的品质与我们要培养的学生优良品质相一致，与中国学生发展核心素养相吻合。并以此设计将国家、校本和生成课程等三大类相互融合建立了30门学科的课程体系，即"白天鹅"课程体系。体系中将基础课程、拓展课程、潜能课程中包含的课程按照道德素养、人文素养、科学素养、健康素养、审美素养进行了分类，各学科、各门类相互补充、互为补充形成了有机的整体。

（三）“海东青”课程：厚德载物　勇于进取

作为全国唯一城市的满族中学，学校至今有386年历史。从1631年皇太极颁发的“劝学会”开始历经宗室觉罗学、盛京宗学、奉天维城学校等名称。1988年11月，恢复成立沈阳市满族中学。海东青，有“万鹰之神”的含义，是满族的最高图腾。它代表着一种民族精神，那就是勇敢、智慧、坚忍、正直、强大、开拓、进取、永远向上、永不放弃的满族精神。学校遵循《康熙庭训》，并把“勤、慎、精、敏”作为校训。

在全面培养合格人才的基础上，尊重孩子的个性化发展。我们将核心素养贯穿于教育全过程，通过课程与活动因势利导，从而培养具有“勤、

慎、精、敏”的优秀学生，学校既注重课程中知识与技能方面的素养提升，又强调塑造思想道德方面的素养，发展与加强人与人关系、人与社会关系、人与自然关系的教育。学校结合育人目标，编写了满中誓言，激励学生将“勤、慎、精、敏”的誓言化为一点一滴的行动，努力使自己成为有社会担当、人文底蕴、品格高尚、乐学善学、身心健康、科学精神、审美情趣、实践创新的合格人才。学校挖掘满族“海东青”精神作为学校办学主张，构建了“海东青”课程体系，由“勤课程”“敏课程”“慎课程”“精课程”四大课程群构成。培养具有勤勉、谦虚、求真、创新的满中学子，把勤勉作为培养基础、谦虚作为必备品质、求真作为学习方式、创新作为实践结果。

（四）“爱的种子”课程：爱是一切美德的种子

沈河区万莲小学位于美丽的万泉河畔，始建于1987年，占地8212平方米。现有教职工56人，19个教学班，在校学生645名。学校先后荣获全国营养与健康教育示范校、省思想道德教育基地校称号、省绘画大赛最佳组织单位、省中小学生红诗咏诵活动奖等荣誉。万莲小学的教师一直秉承“爱”的教育情怀，引导孩子健康而快乐地成长着。把“爱是一切美德的种子”作为办学理念，确定了培养“向善、益智、爱创、立美万莲好少年”的育人目标，逐步形成具备万莲小学特色的“爱·责任”主题文化，构建具有学校特点的“爱的种子”课程体系，围绕学校文化、围绕学生、围绕教师发展，以“爱·责任”文化为核心，构建了“善种子、智种子、创种子、美种子”四大类课程群，来完成“充满爱旋律的魅力学校”这样一个目标，展现学校发展新样态。

“爱的种子”课程体系基本工作思路是坚持师生“爱集体、爱学习、

爱创造”的“三爱”常规，完成“人文底蕴、科学精神、学会学习、健康生活、责任担当、实践创新”核心素养，体现“小学校，有大爱”的办学特色，最终培养有知识、有文化、有社会责任感的人。紧紧围绕这个工作思路，其重点是师生共同发展。

（五）“多彩”课程：在多姿多彩的“田园”中健康成长

沈河区教育局第三幼儿园始创于1989年，位于沈阳市沈河区东部地区，隶属于沈河区教育局，现有39名教师，8个教学班，206名幼儿。占地面积3215平方米，建筑面积2000平方米，辽宁省五星级幼儿园。确立了“菁彩教育”发展主题。在“菁彩教育”发展主题的引领下，确立了以“多彩”课程体系为主渠道，以“四季活动”为载体，在“乐育团队”的呵护下，在“菁彩文化”的陪伴下，在“生态管理”的润泽下，致力培养有活力、有色彩、有梦想的快乐宝贝。

“多彩”课程体系力求每名幼儿都得到均衡全面的发展，菁菁学子，潜能无限，根据《3—6岁儿童学习与发展指南》和《幼儿园发展指导纲要》精神，以基础课程、拓展课程、综合课程、特色课程为载体，通过“玩中体验”的学习方式，重点培养幼儿五大能力“健身健心能力、表达交流能力、交往适应能力、逻辑思维能力、想象创造能力”，从而实现“培养有活力、有色彩、有梦想”的健康儿童的育人目标。

“多彩”课程体系由“骏彩健康课程、鸿彩语言课程、瑞彩社会课程、奇彩科学课程、炫彩艺术课程”等五大课程群组成，其中包括基础课程、拓展课程、综合课程和特色课程。使五大领域更加丰富，更加适合幼儿的需求。

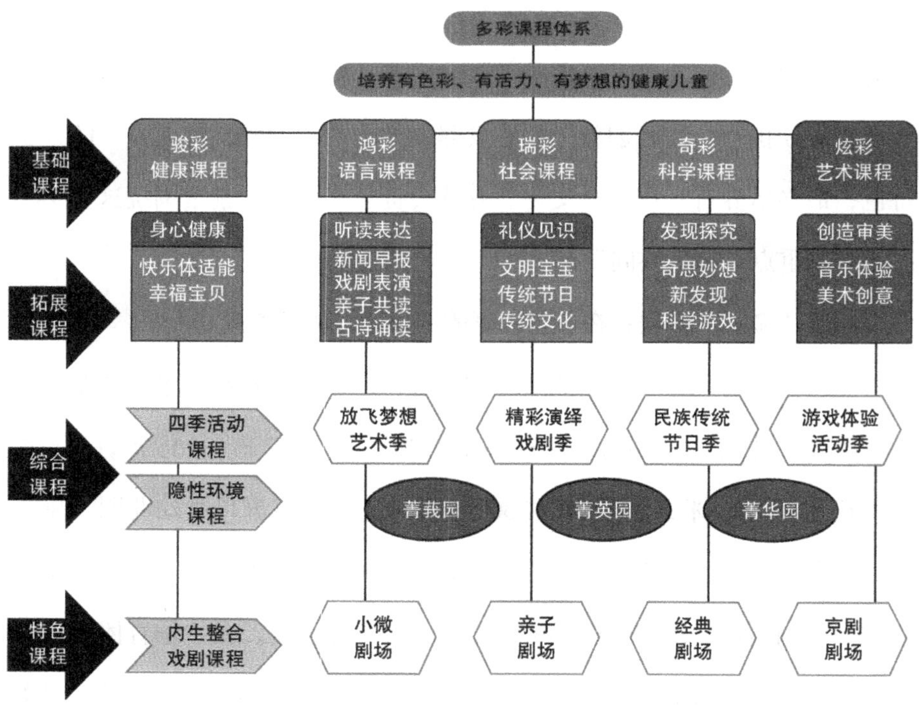

四、指向“人文精神”的文化内生课程体系建设

（一）“人本”课程：共同成长，彼此促进

沈阳市第二十七中学创建于1953年，1959年被确定为“辽宁省首批重点中学”，1978年被确定为“辽宁省重点高中”，2003年被命名为“辽宁省示范性普通高中”，2009年被认定为“沈阳市标准化高中”。目前学校共有学生1400人，39个教学班，教职工233人。学校秉持“人本教育”理念，推动课程改革的纵深发展，以课程整合为抓手和突破口，构建“人本”课程体系，关注教育的人本价值，以师生发展为本，实现“师生的发展才是学校的根本发展”。

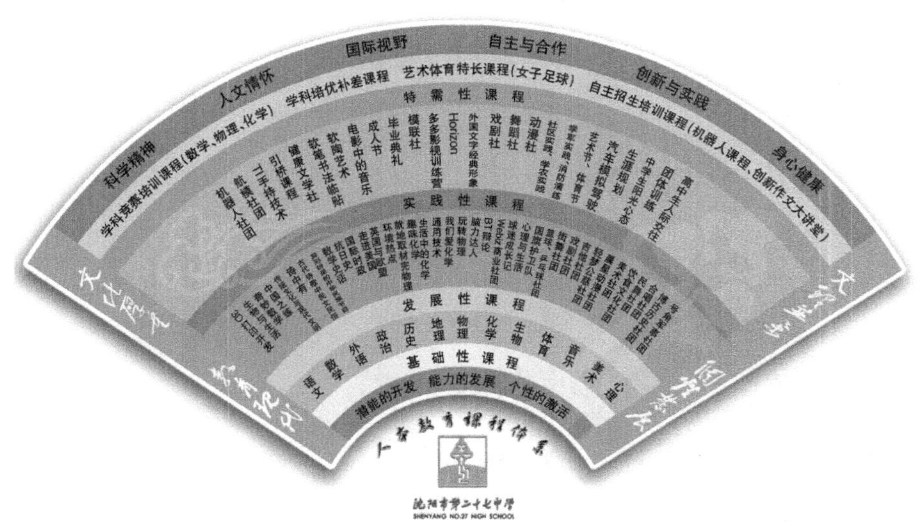

“人本”课程体系把课程统整为“基础性课程、发展性课程、综合性课程和特需性课程”四大类别，以及“领域、学科、模块”三个层级架构紧密联系的人本课程体系。加强课程的选择性，强调课程对学生个体发展

需要的适应和促进，在夯实基础的同时发展学生个性特长。

（二）“人文”课程：与子同泽，行以至诚

沈阳市同泽高级中学于1928年由张学良将军创办。1989年被确定为省级重点中学。2007年被评为省级示范性高中，2012年通过省示范校复检。2014年成为沈阳市特色普通高中实验学校。2016年被评为沈阳市优质高中。建校91年的同泽高中校名取自《诗经》中“岂曰无衣，与子同泽”的诗句，意在激励后生学子，团结一致，同仇敌忾，兴我中华。张将军在建校之初就制定了以“诚”为核心的校训，近百年来“诚”字校训润泽着莘莘同泽学子，至今仍显示出旺盛的生命力和积极的现实意义。现阶段同泽秉承校名中“爱”的深刻含义和校训“诚”的丰富内涵确立以“诚爱”教育为基础的“人文”特色项目建设。

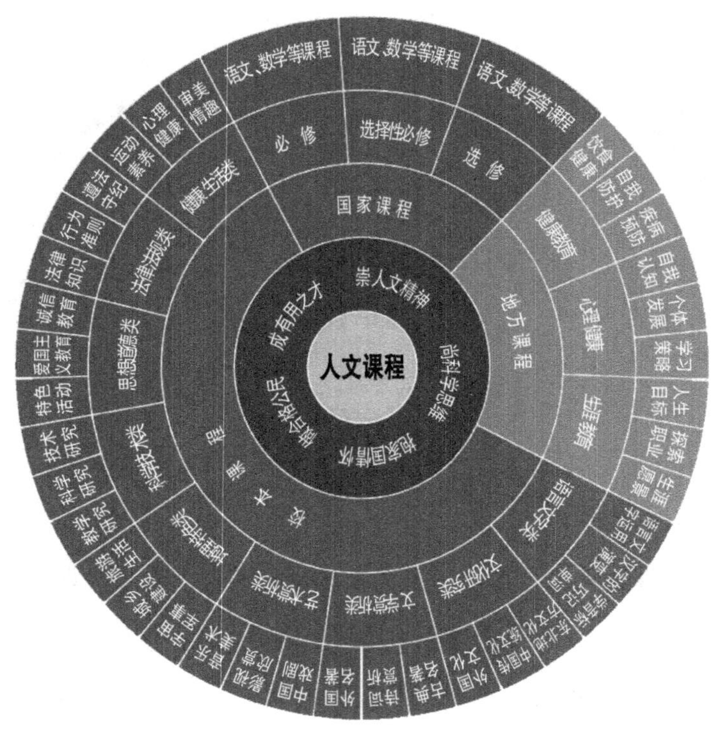

同泽高中始终关注学生全面发展，利用科学合理的课程体系将学生培养成“崇人文精神、尚科学思维、抱家国情怀、做合格公民、成有用之才”的同泽高中毕业生，提出了“与子同泽、行以至诚”课程理念，创建了“人文”课程体系。“人文”课程建设围绕国家立德树人的核心价值观，培养目标“崇人文精神、尚科学思维、抱家国情怀、做合格公民、成有用之才”进行。现在同泽已经实现“学校教育课程化、国家课程校本化、校本课程多样化”。

同泽高中校本突出人文特色，尊重学生差异，注重传统文化，培养科学思维。校本选修课程数量众多、内容丰富，完全由学生自主选择。高一年级开设14门课，高二年级开设12门课。学生选课方式为网上自主选课。每个学生会事先得到一组账号和密码，学生只需在规定的时间内上网，就有很多心仪的课程可供选择。校本选修课丰富了学生的学习生活，满足了学生不同学科学习的需要，注重个性差异，深受学生们欢迎。

（三）“博美”课程：在心灵深处跳跃的音符

沈阳市第九中学前身为满清皇学，始建于1737年（乾隆二年），后更名沈阳市第九中学。1993年首批被沈阳市政府命名为市级重点高中，并成立九中交响乐团，2013年晋升省级重点高中录取批次。学校“博美”特色课程建设的目标是以国家课程（必修模块，选修一模块）为基础，以拓展课程（选修二）为延伸，以丰富的社团活动课程和假期实践活动课程为补充，全面构建音乐学科课程体系，全方位探索人才培养模式。

“博美”课程由七个拓展模块构成：电子琴演奏、室内乐与行进管乐演奏、合唱与校园剧表演、舞蹈创编、视唱练耳教学、民族管弦乐合奏、西洋管弦乐合奏。课程开设的目标是让学生都能初步掌握一门乐器演奏一

沈阳市第九中学博美课程体系

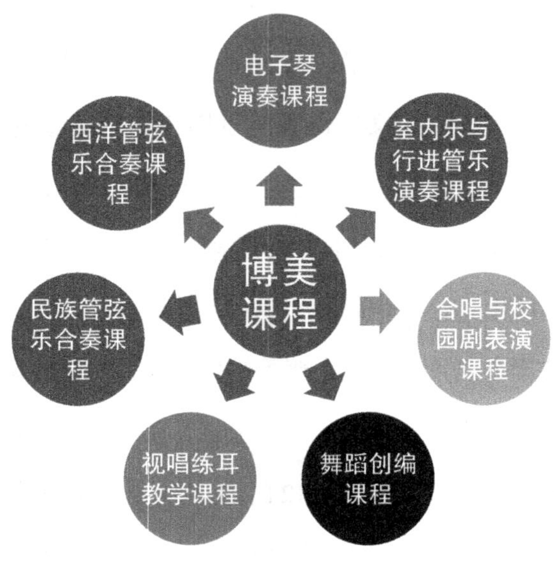

首简单乐曲，让学生们都有登台表演的机会。学校拓展（选修二）课程的设计实施中，以全学科课程和美育相结合为突破点开设相关课程，促进学生全面发展、积淀学校艺术底蕴。坚持以艺术教育渗透各科，形成美育的管理体系，营造以美育人工作氛围。研发各学科与艺术整合校本课程，形成学科与艺术教育的整合课程教材讲义素材教案。使学校教师形成较强的美育意识，提升校本课程开发水平，使人人都参与到学校课程改革建设中来。使学生能够更多地了解各学科的美，从美育中发展对学科的兴趣，不断提升自身的综合素质与能力。

（四）“晨说巾帼”：培养多能、优雅、成功、现代的知识女性

沈阳市同泽女子中学是一所有着深厚文化积淀的历史名校。它的前身是奉天同泽女学学校，始建于1928年3月1日，由爱国将领张学良将军出资创办（“同泽”语出《诗经·秦风·无衣》，此句体现共赴国难之慷慨精神，为激励莘莘学子，故题“同泽”为校名）。2014年被评为沈阳市特色高中，2017年被评为沈阳市优质化高中，2018年被评为辽宁省示范性高中，是东三省唯一一所省级示范性女子高中。

学校围绕培养目标将德育工作整合“晨说巾帼”为四大课程。第一是理想信念课程：包括理论学习（青年党校、中外成功女性论坛等）、校会（升旗仪式、开学典礼、十八岁成人礼、毕业典礼等）和年级大会（道德阶段教育、心理讲座等）。第二是公共精神课程：包括行为规范（仪容仪表、文明礼仪、手机使用、学校纪律等），宿舍管理（寝室卫生、宿舍安全、作息、财物保管等），自习规范和公共劳动等。第三是德育素养课程：利用早课时间和“晨说巾帼”校本教材集中开展。教材以社会主义核心价值观为主线，设计爱国敬业、诚信友善、励志成才、感动中国、国际风范等五个篇章，收录40名巾帼人物。“晨说巾帼”课程的开发在学生的成长中起到了“润物无声带学风 ，循序渐进促进步”的重要作用。得到上级主管部门的充分肯定，在区、市、全国各项展示及比赛中广受到好评。 第四是社会实践课程：包括参加军事训练（国防教育），参观爱国基地（张氏帅府、“九·一八”历史博物馆等），学习校史，社区实践、举办读书节等。

第四章

多元发展：适合学生成长的课堂革命

第一节　站位适合的课堂，战略引领课堂方式深度变革

一、区域理念：为每个孩子提供适合的课堂

教育的本质是实现自我教育，教学的本质是教学生学会学习。办好让人民满意的教育，就是要提供适合学生成长的教育。课堂教学是学校教育教学的主阵地，也是最核心的关键环节，从时间、空间、环境角度来看，学生在学校教育中课堂学习生活的时间最长、占位空间最稳定、学习环境最适宜。从人的素质发展角度来看，课堂就像人的第二个“胚胎”，有什么样的课堂，就孕育什么样的素质。随着新时代我国基础教育改革和发展的不断深入，发展素质教育，深化课堂改革，培养新时代所需的具有自主创业能力的全面发展型人才是我国教育改革与发展的主要任务，也是新趋势、新方向。

沈河区积极推动基础教育课堂教学改革与发展，秉持素质教育思想，倡导“为每个学生提供适合的课堂”的理念，努力培养新时代所需的具有自主创业能力的全面发展型人才。这个课堂理念有以下几层含义：一是体现素质教育思想，面向全体学生，适合全体学生发展需要；二是体现以人为本的人文主义教育思想，尊重学生发展需要；三是体现学生主体意识，让学生真正成为课堂主人、学习主人，为将成为未来社会的主人奠定基础；四是体现终身教育思想，核心任务是培养学生学会自主合作探究学习能力，指导学生学会终身学习；五是教师教学方法、手段、管理、评价创新都以满足学生发展需要为出发点，一切为了促进学生全面发展。

二、推进策略：不仅关注“先进”，更要适合“本土”

沈河区利用中国教育科学研究院先进的、科学的课改项目“学校特色课程体系构建”和“课堂改革项目”（学本课堂、差异教学、选课走班和益智课堂），在沈河区中小学深入推广，实现学校特色课程体系构建实现区域全覆盖，为学生提供有趣的、丰富的、科学的校本课程，提升了学校的核心竞争力。利用“差异教学”“学本课堂”“选课走班”和“益智课堂”推动区域课堂变革转变教师的教学方式，成立差异教学指导小组和学本研学小组，提炼了本土化课堂技术，实现了全区所有中小学学校差异教学策略和方法的推广。

三、主导模式：学本课堂，差异教学，选课走班和自主创新课堂

1. 学本课堂的本土化模式。在实践中国教育科学研究院韩立福教授的

学本课堂过程中，逐渐掌握和运用其核心特点和技术，根据学生的特点和学校的办学理念，形成了学校特色的学本课堂模式。例如：沈阳市同泽女中的“优悦型”学本课堂、沈河区大南街第一小学的“养智型”学本课堂、万莲小学的“养润型”学本课堂，沈阳市143中学的“励志型”学本课堂、沈阳市82中学的“智达型”学本课堂等本土化的学本课堂模式。

2. 差异教学的本土化模式。我们在实践中国教育科学研究院华国栋教授的差异教学过程中，逐渐掌握和运用差异教学十五大策略和方法，根据学生的特点和学校的办学理念，形成了学校特色的差异教学课堂模式。例如：沈阳市第九十中学的“双轨五学”课堂模式、沈河区文萃小学的“差异四学”课堂模式、沈河区南塔小学的“三养三智”课堂模式、沈阳市岸英小学的“知行”课堂模式。

3. 选课走班的本土化模式。在中国教育科研究院“选课走班”指导专家的指导下，沈河区的六所高中开始根据学校的实际情况进行选课走班模式的探究和实践，逐渐形成了具有自身特色选课走班课堂模式。例如：沈阳市第二十七中学的“组合式”选课走班模式、沈阳市同泽高中的“固二走一”选课走班模式、沈阳市第九中学“两课六环节”走班模式。

4. 自主研发的课堂模式。沈河区课程改革起步很早，学校自主研发的课堂模式也是百花齐放，在2012年区域层面推出了小学“自主型”课堂模式、中学推出了“思维型”课堂模式。在这期间，有很多学校形成了自己的课堂模式。例如：沈阳市育源中学的“三环六步”课堂模式、沈河区热闹二的“结构化导学”课堂模式、沈河区一经二小学“向上”课堂的“五步20字”模式、沈河区莲花小学的“莲品”课堂、满族中学基于互联平台的“羽翼”课堂、泉园二校“绽放”课堂、方凌小学“悦动”课堂，等等。

5. 益智课堂与思维力培养。2019年沈河区引进中国教科院培训中心合作开展全国教育科学“十三五”教育部规划课题“益智课堂与思维力培养实验研究”课题，全区有实验学校小学部等8所小学和文化路小学幼儿园等8所幼儿园，以课题研究为载体，推进16项益智课堂与思维力培养实验研究。各实验学校和幼儿园在聚合、延展、共创、共享理念指导下，以益智课程为核心，以益智器具为载体，以探究发现为基本模式，以培养学生思维技能和思维品质为目标，从学校规划、课程建设、教师研究、课堂模式、学生发展等不同维度进行研究和探索，积极推进课程建设和课堂教学与思维融合，打造益智课堂教学新样态。

四、成效经验：抓住核心，深度融合，自主创新

“为每个孩子提供适合的课堂”理念在内涵上体现了以下关键词：尊重个体、满足需要、建构知识、发展能力。“尊重个体”是指我们在课堂教学中要尊重每一位学生人格、尊严，教师要认真研究每一个学生个体，要做到悦纳每一位学生、关注每一位学生、指导每一位学生、发展每一位学生；“满足需要”是指我们在课堂教学中研究每一位学生的发展需要，包括心理、情感、情绪、性格、兴趣、特长、弱点等，学科教师和班主任要根据学生学习特点、学习需要来进行针对性指导，满足学生德智体美劳等方面的发展需要；“建构知识”是指让学生学会建构知识，指导学生学习方法，培养学生自主获取知识信息能力、处理信息能力，培养自主探究、合作探究学习能力，让每一位学生成长为知识建构者；“发展能力”是指教师在课堂教学过程中让学生学会发现问题、解决问题，学会合作交

往，学会表达交流，学会多元思维，培养学生综合素质。使每一位学生的社会化能力和思维创新能力都得到发展。内涵是“神”，行为是“型”，有什么样的课堂内涵，就有什么样的课堂行为和效果。沈河区中小学课堂教学改革要追求教育本质，办好让人民满意的教育，我们就要在教学全过程中认真贯彻新时代教育改革精神，处处落实“为每个孩子提供适合的课堂”理念，创建体现沈河区特色的适合孩子成长的高品质课堂。

第二节　扎实建立“1+3”策略机制，制度推动适合个体成长的课堂革命

沈河区教育局在沈河区人民政府的智慧领导下，在中国教育科学研究院专家团队的专业引领下，顶层设计、统一部署、分层推进，构建了“1+3”推进策略机制，有效推动了沈河区中小学课程改革，取得了显著成效。沈河区教育局“1+3”推进策略机制示意图如下：

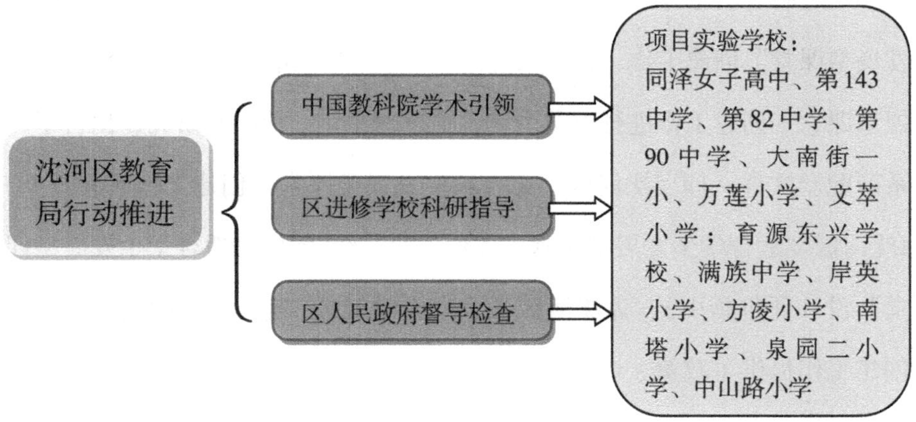

一、行政推进：搭建适合个体成长的课堂革命的有效平台

2016年下半年，沈河区教育局提出了区域整体创建“适合学生发展型课堂”的战略目标，制定了一年试点探索，二年整体推进，三年提升质量的分层推进目标。从教育行政管理层面，着手强化行政推动意识，坚持“四个策略”，着力整体推动，搭建了深度课改的有效平台。

一是领导高度重视、躬身实践引领。沈河区教育局金书革局长高度重视区域“适合学生发展型课堂”创建工作，亲自、多次深入项目学校的课堂改革第一线，召开座谈会，了解创建情况，重点抓校长和教师的观念转型、理念建构工作，鼓励一线教师树立信心。自2016年下半年到2020年上半年，先后亲自主持召开了25次中小学校长专题座谈会，全区大多数公办小学和绝大多数中学校长都参与了座谈。通过一系列专题座谈会，提升了深度课改意识，统一了行动思想，明确了创建方向。调动了广大校长和教师创建“适合学生发展课堂”的主动性和积极性。

二是制定实施方案，明确创建思路。为了全面推动沈河区“适合学生发展型课堂”创建工作，在政策与制度层面上，对整体推进“适合学生发展型课堂”创建工作进行顶层设计，经过专业化、前瞻性研究，出台了一系列配套文件，即《沈河区“适合学生发展型课堂”创建工作实施意见》《沈河区“适合学生发展型课堂”评价指引》《沈河区“适合学生发展型课堂”设计评价指引》，为沈河区各个中小学推进“适合学生发展型课堂”创建工作提供了政策、制度、规范层面上的“抓手”，为整体创建明确了工作思路，指明了工作方向。2016年5月初召开了全区推进大会，使“适合学生发展型课堂”创建工作走向规范而科学的轨道。

三是打造典型示范，分步分段推进。按照沈河区“学校实验+典型示范+区域推广”的实施计划和策略，2016年1月，沈河区教育局确定同泽女子高中、第143中学、第82中学、第90中学、大南街一校、万莲小学、文萃小学等7所学校为首期创建“适合学生发展型课堂”试点学校。到2017年下半年，沈河区教育局成立了“适合学生发展型课堂”创建工作办公室，在局课改中心许江伟主任的指导下，全面梳理和总结成功经验的基础上，向全区中小学稳步推进，逐步拓展育源东兴学校、满族中学、岸英小学、方凌小学、南塔小学、泉园二小学、中山路小学等7所学校。7所试点学校在稳步推进过程中发挥了十分重要的示范引领作用，有效推动了沈河区“适合学生发展型课堂”创建工作进程。如试点学校构建了具有沈河特色的新型课堂学习模式，并以此为范式，推动了其他学校卓越课堂文化建设。

四是健全评价激励，积极推动发展。沈河区教育局将“适合学生发展型课堂”创建工作作为学校发展性评价和校长年度考核的重要内容，并优先纳入教育改革创新奖的评选，发挥评价的导向与激励作用。如督导室的督导工作重点也加强了对“适合学生发展型课堂”创建工作的专项督查工作，对促进各中小学“适合学生发展型课堂”创建工作中发挥了重要作用，有力地推动了各中小学课堂教学的深度改革与发展。

二、专业引领：丰富适合学生成长的课堂革命的学术内涵

科研是提升教育内涵的第一要素，专业化科研引领有助于促进“适合学生发展型课堂”创建工作的内涵提升，在沈河区“适合学生发展型课堂”创建工作过程中，专业化的科研引领发挥了巨大作用，如中国教科院

赴沈河实验区专家指导组、沈河区教师进修学校教科室、沈河区名师工作室等学术团体都发挥了十分重要的引领作用，全区形成了“适合学生发展型课堂”创建工作研究、创新课堂教学的积极、浓郁的创建氛围。

一是高端学术指导，技术引领实验。2016年下半年起，中国教育科学研究院韩立福教授、华国栋教授、燕学敏博士等专家团队重点指导同泽女子高中、第143中学、第82中学、第90中学、大南街一小、万莲小学、文萃小学等7所实验学校，并对实验学校学科教师进行了系统而又有成效的培训。指导工作分为五个阶段：第一阶段：调研型指导阶段，全面了解各个学校的基本情况；第二阶段：通识型培训阶段，分别对小学、中学学科教师进行操作性培训；第三阶段：“临床式”操作指导阶段，外聘学本课堂成功学校校长、骨干教师团队分别到7所实验学校，深入课堂对学科教师进行“手把手”现场指导；第四阶段：“诊断式”指导阶段，韩立福博士专家团队分别到实验学校对学科实验教师的导学行为和问题工具设计进行规范指导，对实验学生课前、课中和课后的自主合作探究学习能力和习惯给予规范指导；第五阶段：总结性评价阶段，指导各个实验学校进行总结和提炼，并指明今后深度创建的方向。

二是建立“导”“督”机制，提升创建质量。沈河区教师进修学校郑军校长高度重视“适合学生发展型课堂”创建工作，以身作则，率先垂范，调动广大教研员的积极性和主动性，组织学科教研员与实验学校教师同步培训，建立了与实验学校教师合作研究、定期检查的有效机制，提高指导工作的针对性和实效性；沈河区人民政府督导室对“适合学生发展型课堂”创建工作情况进行专项督导，纳入年末学校考核体系，有效推动了区域教育质量整体提升。由于建立健全专业指导和质量督导的综合评价机制，从机制上保障了“适合学生发展型课堂”创建工作质量，有效推动了沈河区“适合学生发展型课堂”创建工作。

三是教研活动推进，促进整体发展。沈河区教育局项目中心、教师进修学校定期、不定期开展各种各类学本研讨活动，制定区域实验学校的学科研讨活动，组织各校积极开展校内课堂研讨活动、典型课例分析、集体观课评课、课后反思总结等行动研究。同泽女子高中、第143中学、第82中学、90中学、大南街一小、万莲小学、文萃小学等项目实验学校为现场校，先后组织了多次的“适合学生发展型课堂”创建工作推进会、现场会、工作会及研讨活动。据不完全统计，各种学科培训和大小型专题讲座达20多场；组织不同性质专题调研50多次；组织小课题论证会30多场；各学科专题教学研讨、集中听课评课活动520多次；专题沙龙、论坛等研究活动60多场；通过各种教研活动、科研活动、区本活动、校本活动，有效促进了学校之间的交流和研究，推动了各个学校的“适合学生发展型课堂”创建工作。

四是分片分层展示，提升研讨质量。沈河区教育局项目办成立了学科学研组，协同教师进修学校教研员采取了“分片分层展示，提升研讨质量”的有效策略，从2016年10月，组织了“适合学生发展型课堂”创建工作的阶段性片区交流展示活动，展示了来自5所学校的120节优质课及120份学习方案设计、10位校领导的经验介绍文本、120套问题学习工具单（含一案多单）。2017年下半年，教师进修学校教研室组织了中小学各学科的“适合学生发展型课堂”教学竞赛活动，全区中小学8个学科50名教师在赛课互动中获一等奖，集中展示了各校、各科“适合学生发展型课堂”创建工作的成果。通过这些成果展示活动，既肯定了广大教师的课改成果，又调动了广大教师推进“适合学生发展型课堂”创建工作的积极性和能动性。

第三节 学校行动：一线推进“适合课堂”的特色发展

各学校结合沈河区教育局关于沈河区推进“适合学生发展型课堂”的相关文件精神，结合本学校实际，个性化地制定了本学校实施“适合学生发展型课堂创建工作实施方案”。从此，拉开了全区整体创建适合学生发展型课堂创建工作的序幕。在“行政推动”“专家引领”“科研引领”的三轮驱动下，各学校开始了个性化、特色化的创建行动。

一、校长高度重视，亲力亲为亲导

沈河区14所中小学都十分重视适合学生发展型课堂创建工作，成立了由校长任组长、副校长任副组长的适合学生发展型课堂创建工作领导小组。做到全员参与，亲力亲为亲导。张雪梅、王士波、胡庆革、潘德坤、高占友、魏传民、闻波等大多数校长亲自在全校教师会上作动员报告、制定实施方案和研究报告。盛大江、田晶、林星、刘洪霞、刘娜、杜颖、刘琪臻等许多副校长和中层干部带头上示范课、作讲座、作调研考察报告。13所实验学校校长主持召开“观念转型”“理念建构”“小组合作团团队学习机制建设”“问题学习工具单开发”“学习方案设计”等专题研讨会，带领教师团队，躬身实践，重点攻关，突破难点。各位校长坚守课堂改革一线进行观课、研课、指导活动，使各个学校的“适合学生发展型课堂”创建工作质量得到明显提升。

二、完善实施制度，健全激励机制

各学校结合本校实际，根据沈河区教育局整体创建“适合学生发展型课堂”要求，进一步完善了学校各项管理制度，追求科学化、民主化和人文化。同泽女子高中制定了《沈阳市同泽女中学本课堂实施方案》；第一四三中学制定了《沈阳市第一四三中学学本课堂奖励制度》；第八十二中学制定了《沈阳市八十二中学学本课堂实施方案》；第九十中学制定了《沈阳市九十中学差异教学实施方案》；大南街一校制定了《大南街第一小学绩效工资分配方案》，《大南街第一小学优秀教师评选方案》；万莲小学制定了《万莲小学学本课堂实施方案》方案；文萃小学制定了《文萃小学差异教学实施方案》，从而从制度层面上保障了“适合学生发展型课堂”创建工作的顺利实施，激发了广大教师的积极性和主动性。

三、开展多元活动，积极探索实践

沈河区教育局积极引导各个项目实验学校大胆创新，勇于探索，鼓励各个学校“八仙过海、各显神通”，依托各种各样的活动，开展校际间教育研究活动，使“适合学生发展型课堂”创建工作得以深入开展。同泽女中开展学本课堂行政例会、学本课堂班级行政会等活动；第一四三中学开展了“学本课国优课心得交流会”“学本课堂观摩课”“学本课展示课”等活动；第八十二中学开展了“学本课堂”实践研讨座谈会、“学本课堂”实验教师活动观摩课、“学本课堂”深度培训、全校公开研讨课评优活动、教育教学表彰大会、“我与学本有个约会”、学本课堂同课异构交流等活动；第九十中学开展“差异教学项目研讨会”“差异教学教师观摩课”“差异教学理论与实践”的培训和交流活动；文萃小学开展了“差异教学”项目研讨会、“差异教学沙龙”“差异教学课堂观摩”“差异教学”讲座等活动；大南街一校开展了以“学习者学习为中心”的教学研究活动，建立以“三研两会”为主要途径的师生共研的教研体系，构建了不同层面以“师生共研”为特征的新型教研体系。万莲小学开展了学本课堂主题教研活动、《童心筑舞台，书香满校园》课本剧展演等活动，各校的教学开放日活动更成为展示“适合学生发展型课堂”文化、赢得家长全力支持的有效平台。有效促进了教师发展和学生成长。

四、省级交流互动，携手共建发展

沈河区教育局将“适合学生发展型课堂”定位在“课堂革命”视野下，积极推动基础教育课程改革与发展、全面提高沈河区教育质量的区域交流活动，有效地促进了“适合学生发展型课堂”创建工作，丰富了活动内容，提高了活动品位，提升了创建质量。具体采取了五点有效措施：一是沈河区教育局于2018年举办了“适合学生发展型课堂”创建工作研讨和展示活动，同泽女子高中、第一四三中学、第八十二中学、第九十中学、大南街一小、万莲小学、文萃小学作为分论坛承办校，展示了沈河区“适合学生发展型课堂”创建工作经验；二是积极参与中国教育科学研究院组织的专业化培训活动，为各个学校开展“适合学生发展型课堂”创建工作培养了骨干教师；三是邀请国内“学本课堂”和“差异教学课堂”创建成功学校的校长和学本名师到沈河区7所学校进行“手把手”指导，开展协同创建活动；四是多次派出学本骨干教师到福建省、河南省、山东省指导兄弟学校学本课堂的创建工作，既指导了其他学校的创建工作，又提升了自己的专业素质；五是积极参加中国教育科学研究院组织的全国学本课堂、差异教学课堂学校“同课异构”大赛活动，沈河区先后有25名教师获得了特等奖；有58名教师获得了一等奖；有21名教师获得了二等奖。

第四节　采取“一校一模”创建思路，构建了个性化课堂模式群

一、以学本课堂建设带动课堂模式改革

（一）“优悦型”学本课堂学习模式：让每位学生快乐学习、优雅多能

沈阳市同泽女子中学，始建于1928年3月1日，由爱国将领张学良将军出资创办，2003年恢复建校，为东三省仅有的公办女子重点高中。在推进教育改革的今天，学校充分认识到课堂教与学的模式决定着人才培养的模式，始终把“以学生为中心”放到首位，坚持素质优先理念，坚持教为学服务理念，围绕学校文化，以“学本课堂”实践为基础，逐步形成了“优悦”学本课堂教学模式，成为学校教学工作的品牌与特色。学本课堂为学校教学改革工作指明了方向，激发了课堂教学活力，实现了课堂改革从“以教师为中心—以学生为中心—以学习者为中心”的梯度推进。中国教育科学研究院韩立福博士16次到同泽女中进行系统培训和“手把手”指导，首先是从高三年级开始指导和创建学本课堂，然后，从第二年开始又指导高一、高二年级，形成了从高一到高三的学本课堂体系。在张雪梅校

长的智慧领导下，积极推动课堂改革，学生学会了自主合作探究学习方法，培养了学习能力，教师学会了智慧导学，全校教育教学质量得到全面提升。经过近4年的不断探索和研究，推进了学本课堂“校本化”进程，初步探索出富有学校特色的“优悦”学本课堂教学模式。具体内容如下：

1.“优悦”课堂模型理念的提出

（1）“立德树人”的教育任务

实施素质教育、实现课堂提质减负，落实学生主体地位，探究学习捷径。锻炼学生的探究能力，激发学生的创造性，深入挖掘先进理念和学情实际的契合点，使课堂教学模式和学校育人目标完美结合，实现教、学、做合一，促进学校的管理和谐发展。

（2）韩立福教授的“有效教学法”

“问题导学”的“问题”不只是来自于“教师结构化备课”，更是来自于“学生结构化学习”。“学”不只是师生对文本知识的结构化学习，还包括教师对学习工具的深度开发、学生对知识学习的意义建构。而“导”则是指对学生自主合作中尚未解决的“问题”进行“师生互导”“生生相导”和“生本联导”等形式的学习指导。

（3）切合学情实际为根本

学校是单性别教育群体，女生的服从意识较强，有较好的合作意识，充分发挥了女校女生擅长表达，师生关系亲和的特点，变“传统灌输”为“结构化预习”，完善了学生知识体系，提升了学生自主探究学习能力。

2.“优悦”课堂的操作体系

（1）课堂模型操作框架

优悦“五四三”课堂模型：

五步：问题导入—自律自学—合作交流—互动展示—应用提升

四优：课堂目标（因性施教）优化、问题设计优质、展讲语言优美、能力提升优秀

三体现：体现学生主体地位、体现问题导学模式、体现因性施教特色

同泽女中“优悦课堂”操作流程

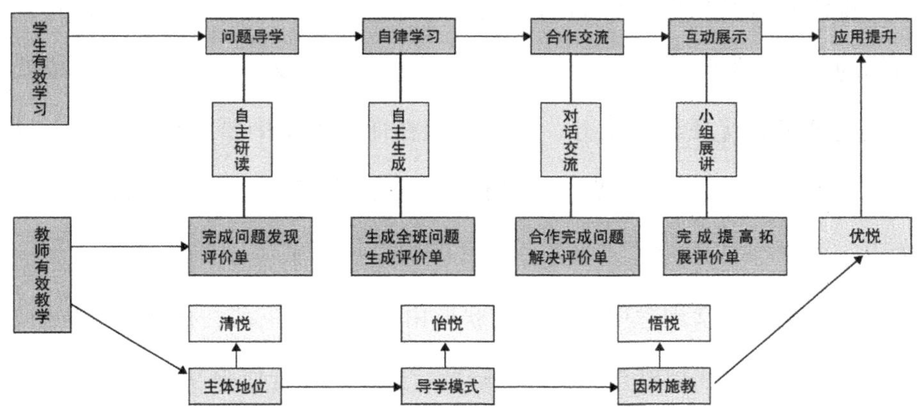

（2）学科课堂模型的形成

例如：生物学科：问题综合解决课

第一流程：创设情境，呈现目标（时间1—3分钟）

第二流程：预习评价，生成问题（时间5—8分钟）

第三流程：合作探究，展示交流（时间5—8分钟）

第四流程：问题训练，组间展评（时间5—12分钟）

第五流程：归纳概括，总结提升（时间1—3分钟）

例如：语文学科：问题拓展评价课

第一流程：创设情境，回归问题（时间1—3分钟）

第二流程：小组拓展，归纳展示（时间5—8分钟）

第三流程：拓展训练，合作评价（时间5—8分钟）

第四流程：共性研究，规范指导（时间5—12分钟）

第五流程：意义提升，体验成功（时间1—3分钟）

（3）“优悦”课堂的特点

优：优是课堂目标，悦是课堂效果，学校以培养“优雅、多能、成功、现代的知识女性”为目标，课堂教学是实现这一目标的主阵地，育人目标的指向性很明晰，为学生提供认知女性、塑造女性、提升女性、成就女性的渐近式优质教育服务。所以我们在课堂教学中要体现这一育人目标，学生定位的优越、问题导学的优化、展讲交流的优雅、知识和技能的优质。

悦：学本课堂理念中对知识的获取由被动变为主动，在这个过程中，通过合作研究，互相检查、质疑、解疑、共享，在合作中互相启发，思维碰撞，不但能解决自主学习中产生的问题，甚至会打破教材的局限，探索更高、更深的问题，学生的综合素养得到了提高，学生真正在学校里了解社会，在课堂上感悟人生，作为人在成长，而不是作为考试的机器在受教，学习过程是在轻松的氛围中，强化了主体的体验，获取精神和心灵的愉悦感。所以我们“优悦”渗透于整个课堂环节中，体现了学校育人目标和课堂教学的完美结合。

（4）“优悦”课堂的操作流程

3. 学本课堂取得的成绩

（1）经过探索和体验，学校课堂实现了由教本课堂向学本课堂的转型，构建了以“问题导学”和“因性施教”相契合的优悦学本课堂模式。

（2）近年来，学校学业水平通过率提高到95%，高考成绩稳步提升，深入推进课堂教学改革，促进了学生全面发展，在区里组织的各项比赛中，女中学生成绩优秀，在全国中小学艺术展演中多次取得第一名；推动了“校管、班管、生管并存，生管为主，校管班管为辅”的三管德育模式的构建。

（3）营造了以学风促教风、以教风促校风的良好氛围，带动学校整体发展，学校于2017年步入省示范性高中行列，在创建特色化高中过程中，成果显著。

学本课堂是撬动女中课堂教学改革的支点，教学改革只有起点，只有加油站，改革没有终点，创新就在路上。

（二）“养智型”学本课堂学习模式：让每位学生掌握技能、智慧学习

近年来，沈河区大南街第一小学在区品牌学校创建项目的引领下，学校从文化、管理、课程、课堂、教师、学生六个方面推进“品牌+特色”的创建工作。基于国学发展而来的“养正教育”作为学校的办学理念，形成“正心、正智、正行、正体”四大养正目标及“高尚德行、聪慧善学、良好习惯、健康体魄”四大核心素养，并贯穿到学校的课程、课堂、管理等各项工作中，形成学校的品牌+特色。

学校以课程教学改革为核心，紧紧围绕“以学习者学习为中心、改变教师角色、改变教学内涵、改变学习方式”的课改理念，依托“学本课堂”课改实验项目，不断完善“养智课堂”构建与实施。经过不断的实践与探索，“养智”课堂成为学校教学工作的品牌与特色。

1.“养智”课堂模式形成的历程

早在2006年学校就积极倡导“教学有效性、方法多样性”，力争使教学过程中关注学情、关注实效。2013年在区教研室的引领下，以“让学生经历有意义的学习过程”作为新一轮课改的主旨，开展小组合作学习，构建“自主型”课堂。

2016年依托教育综合改革实验区这一平台，学校主动承接中国教科院面向实验区的“学本课堂”这一课程改革项目，在专家的引领下学校采取“全员培训”“团队攻坚”“骨干引领”“分层渐进”“优先保障”等举措，全力推进学本课堂，构建了具有学校特色的“养智课堂”教学模式。

2.“养智”课堂理念的提出

《国家中长期教育改革和发展规划纲要》确定要基本实现学习型社会，党的十八大提出“完善终身教育体系，建设学习型社会”。终身教育和学习型社会建设给课堂教学改革发展提供了机遇和空间。构建学习型课堂，成为教学改革的发展方向，让课堂成为学生、教师及参与者学会学习、学会终身学习的课堂。

学校在“学本课堂”的课改实验项目引领下，提出课堂要关注能力，培养智慧，结合“养正教育”办学思想所追求的“聪慧善学”这一核心素养进行“学本课堂”本土化实施，逐步构建了“养智课堂”教学模式。在养智课堂中，教师的身份发生了本质的变化，教师变身“大同学”，共同围绕着核心问题开展自主探究式学习，通过生生对话、师生对话来解决问题，构建知识，培养能力，发展情感，创建人文、自由、开放、多元的学习氛围，在单位时间内，既完成了学习目标，又激活了学生的思维系统，最终实现能力的提升、智慧的开启。

3.“养智”课堂模式基本框架

“养智课堂”以学习者学习为中心，以素质教育、终身学习理论、建构主义学习理论为指导。

基本思路：以问题学习为主线、以合作学习为平台、以评价学习为手段、以能力培养为目标。

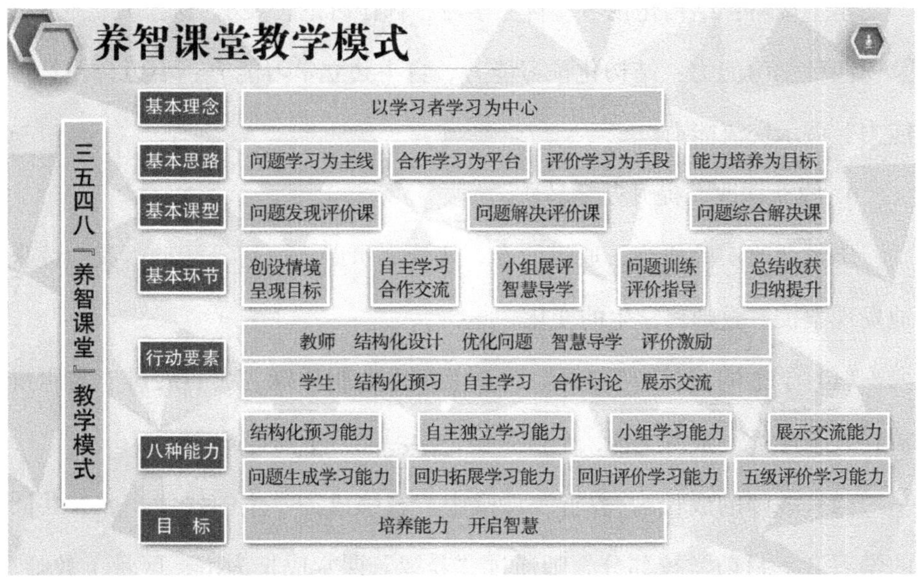

三五四四“养智课堂”教学模式包括三种基本课型，五个基本教学环节，四种教师、学生行动策略，四种学习能力的培养。

三种基本课型：问题发现评价课（第一课时）、问题解决评价课（第二课时）、问题综合解决课（一课时完成的教学内容）。

五个基本教学环节：

创设情境 呈现目标

自主学习 合作交流

小组展评 智慧导学

问题训练 评价指导

总结收获 归纳提升

四种行动策略：

教师策略：结构化设计、优化问题、智慧导学、评价激励。

学生策略：结构化预习、自主学习、合作讨论、展示交流。

四种学习能力：结构化预习能力、自主独立学习能力、小组合作学习能力、展示交流能力。

4. 收获课改，提升办学品质

历经课改实验研究，通过问卷、座谈、听课、研讨等活动，我们惊喜地发现学校、教师、学生的变化。

（1）学生的成长。“养智”课堂上学生大胆质疑、大胆展讲、大胆辨析、大胆评价，激情飞扬，个性张扬，学习能力不断提升。

（2）教师的成长。“养智”课堂中，教师成为学生的伙伴，成为共同的学习者。目前学校部分教师通过“养智”课堂成长为市、区骨干教师、优秀教师。五位教师在全国学本课堂同课异构活动中分别获得特等奖和一等奖，学校部分领导、教师组成专家团队多次到外省市指导学本课堂的创建。

（3）学校的发展。“养智课堂”的推进，使学校实现了跨越式发展。学校的创建工作受到上级领导及省内外同行的关注和认可，对于学校课堂模式的创建工作给予充分的认可。

“养智”课堂是一个在实践中不断深入、在学习中不断思考、在创新中不断发展的过程。我们有挫折后的困惑，有峰回路转的激动，有初尝成功的喜悦，有践行理念的思索。未来我们将继续与师生一路探索、一路实践，享受课改带给教育的完整与幸福！

（三）“养润型”学本课堂教学模式：让每位学生获得能力培养，润泽人生

沈河区万莲小学位于美丽的万泉河畔，是隶属于沈河区教育局的全日制小学，地处沈河、大东两区交界。学校占地面积8000余平方米，20个教学班，在校学生709人，60名教职工。在沈河区品牌学校创建项目引领下，依据《中国学生发展核心素养》总体要求，经过多年实践与探索，逐步形成万莲小学特色的“爱·责任”主题文化。围绕学校文化，依托“学本课堂”实践与完善，逐步形成了“养润”学本课堂教学模式，成为学校教学工作的品牌与特色。

1.“养润”学本课堂实施的理论与实践依据

在“教本课堂”向“学本课堂”的转型过程中，课堂理念也由以教师为本转向以学生文本，再由以学生为本转向以学习者学习为本，最终追求“一切为了学习者和谐成长、全面发展”的学本教育理念。

我们先从班级小组团队建设开始进入到学本课堂的学习中来。本着从个体接受走向合作发现，从少数成功走向团队成功的理念通过小组合作团队学习达到让学生学会自主合作学习，逐步缩小学生学习差异，大面积提高学业成就，并让学生学会合作交往，提高社会化能力的目的。在团队建设中首先从桌椅位置的摆放改变做起，桌椅走向与黑板垂直，在小组人员的确定上以4、6人为小组，小组成员按照学习水平、学习能力、行为习惯等多方面多角度多层次组成。每个小组都由较好、一般和稍差学生组成。各组实力尽量保持平均，组内成员努力做到各有所长，可以取长补短。小组团队建立后，各小组团队建立组名，写好组牌、组训、口号、愿景、目标、组歌等，落实角色及在小组内的职责。进行角色定位学术助理、学科长、小组长、大同学等，让孩子们在角色中发挥自己的职能和作用。从而完成角色的创新。通过愿景构建使得人人有愿景，组组有愿景，班级有愿景来增加团队的凝聚力和学习能力，学习的愿景化也激发和增长了学习的动力。实现个体学习的愿景化，同伴学习的合作化以及小组学习的承包化。使小组合作式的团队学习呈现多元、双向、开放、民主、和谐、促进、平等、互助关系的特征。

改革不是单纯形式上的“变脸”，最重要的是内在观念的“变心”。那么这种变化需要锤炼，需要感悟，需要引领，更需要教育改革大环境的阔步前行。在全校4—6年级实施学本课堂的基础上，学校带领1—3年级的教师也进行了大踏步的课堂改革，实现了全校、全学科的“学本化”。在这个基础上，提出了万莲小学“养润”学本课堂的理念。

2.“养润”学本课堂展示的教学特色

“学本课堂”具有科学创新、师生合学、和谐互导、前置学习、自主构建等特色，把课堂从教师的“单向控制”走向“多元民主”化的课堂氛围，建立起“大小同学式”合作关系，再合作机制下建立“小组合作团队”学习体系，在问题导学下科学地开发问题学习工具单，开展自主探究学习，形成人人愿学习、会学习、真学习的学习环境。

学校以四到六年级的语文、数学、英语学科为实验学科开展递进式的稳步推进研究。以问题为中心，以团队为中心，建立大小同学合作关系，以智慧导学为中心，借助学习单的开发实现自主合作探究学习；建立多元课型，使用多种问题学习工具单，基础课型、基本课型、拓展课型。学本课堂教师智慧导学对知识点把握好、运用到位，教师们在智慧导学中华丽转身，实现课堂教学学本化。在语文、数学、英语学科成功实践的基础上，学校将“学本”精髓思想，从四、五、六年段延伸到一、二、三年段和科学学科。结合我区教研室一、二、三年级“四学”课堂基础，升华课堂小组汇报的模式、从起始年级就开始训练学生语言表达，汇报的能力，为中高年段顺利实施“学本”课堂奠定基础。

在韩立福教授的指引下，内蒙古呼和浩特玉泉区小召小学校长李滨带领该校教导主任和骨干教师一行4人来万莲小学学习访问。搭建了校际之间相互学习、相互交流的平台。庞佳英、任百川、丛龙翔三位骨干教师两次走进福建省石狮市永宁镇中心小学进行 “学本课堂创建”工作的指导和诊断活动。四年组，在苏欣老师带领下，行政团队会议在全国学本课堂经验研讨会上作精彩展示，得到了来自全国各地教育同仁的赞誉，将学本课堂模式介绍给全国的教育同仁。

3. 创建“养润”学校课程体系，从教育边缘走向教育中心

在“养润”学本课堂模式实施过程中，我们也在逐步探索课程体系的建构。从课堂到课程，从单一到系统，让教育的核心力量绽放光彩，形成了学校独特的“养润”学本课堂模式和评价体系。“养润”学本课堂以学习者为中心，以问题学习为主线，以合作学习为平台，以评价学习为手段，以能力培养为目标。万莲小学提出了“五五四”“养润”学本课堂教学模式包括：五种基本课型，五个基本教学环节，实现四种学习能力。

五种基本课型：问题发现评价课、问题生成评价课、问题展示解决课、问题拓展训练课、问题综合解决课。

五个基本教学环节：

创设情境，问题呈现；

自主学习，合作讨论；

展示交流，规范评价；

问题训练，合作指导；

归纳概括，提升意义。

实现四种学习能力：结构化预习能力，自主独立学习能力，小组合作学习能力，展示交流能力。

4. 五五四“养润”学本课堂操作流程

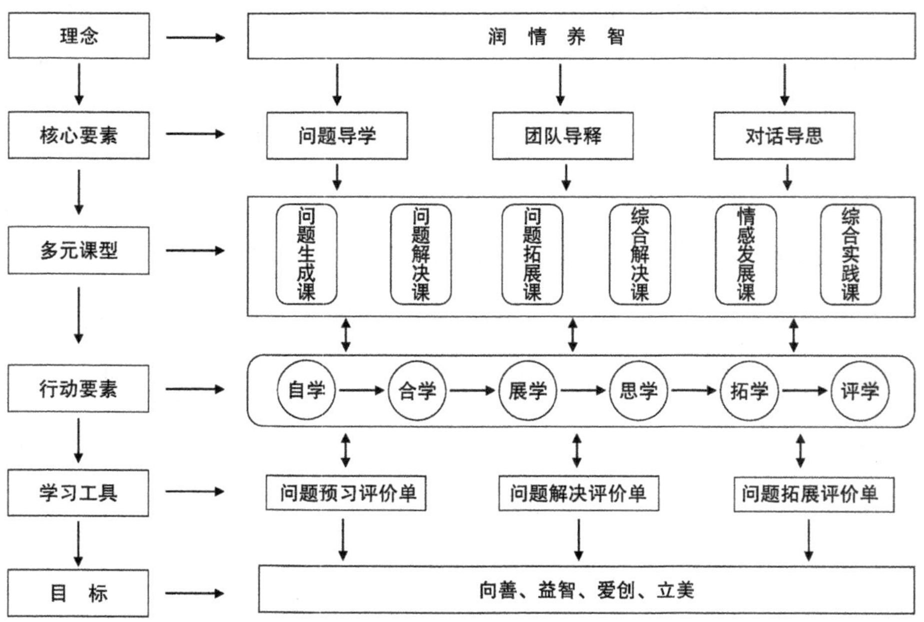

5. 深化“养润”学本课堂发展，从单一课堂走向文化提升

学校“养润”学本课堂主要特征为师生角色转换为平等、民主、和谐的同学关系，强调“问题导学”“先学后导”的学习思维，提倡自主构建式学习、合作构建式学习、对话构建式学习和体验构建式学习，更加体现出民主化、人文化、科学化的“爱”文化育人理念。也有利于培养学生自主学习能力、探究能力、问题解决能力，成为学习的主人，最终实现教师、学生、学校“爱·责任”文化的全面提升。

教师层面：“养润”学本课堂的实施，语文、数学、英语学科，都在全国赛课活动中获奖，推动了教学研究的氛围和层次，教师教研热情高涨，自信力明显增强。语数英三个学科的骨干教师，走进福建、山东、四川讲学；四年级的“行政团队会议”和学校拍摄的微电影在全国工作会议展示。

学生层面：学生语言表达能力的普遍提高，自信心的普遍增强，自学能力、积累能力、与人合作的能力飞跃式的进步。

学校层面：“养润”学本课堂的顺利开展，使学校实现了前所未有的飞跃发展。学校的创建过程，得到了上级领导的悉心指导，得到了同行的高度关注。对于学校形成的“养润”学本课堂模式给予充分肯定。

学本课堂实验项目实施以来万莲小学学生各科成绩显著提升，在沈阳市四年级学业水平测试中成绩变化尤为显著，语文、数学、英语学科评价分从低于区域平均分数线5—8分至今到超越区域评价分数线，整体平均分分别提高了5分至10分，特别是2019年更是创造了万莲小学历史最好纪录，语文学科取得平均分超区域评价分2.89分的好成绩！

“养润”学本课堂模式还需要不断实践，不断探索，不断完善。在学

习中思考，在思考中创新，在创新中为师生负责。这就是学校文化的精髓所在。相信在“养润”学本课堂的引领下，万莲小学的课改之路一定会满园春色，桃李芬芳！

二、以差异教学实施推进学习范式转型

（一）“双轨制五学”课堂：促进每个学生充分发展

沈阳市第九十中学位于沈河区北部的沈阳金融商贸开发区，始建于1963年，总占地面积为13514平方米，现有11个教学班，在校生339人，专任教师77人。近年来，学校积极通过开展课堂教学改革来应对解决上述的三个问题。学校在开展差异教学研究之前，一直以适合的教育为统领，开展“思维型课堂模式”研究和实践，在此模式下的小组合作也运用到了差异教学原理，所以对部分差异教学策略有一些了解。学校从2015年开展“差异教学”项目研究以来，经历了从最初的关注运用差异教学策略的课堂教学行为，到对不同学科差异教学课堂模式的研究，再到对同一学科不同课型差异教学模式的研究。随着研究的不断深入，学校探索出独具九十中学本土特色的基于差异教学理论的双轨制五学课堂模式。

1. 运用差异，提升学生的综合能力

法国杰出启蒙思想家卢梭曾说过“我们从来没有设身处地地揣摩过孩子的心理，我们不了解他们的思想，我们拿我们的思想当作他们的思想”。这段话给了父母们极大的育儿启示。换一个角度，我们也可以这样理解：孩子们相互之间的思维是相通、相容的，大人往往很难真正走进他们的认知世界，所以孩子之间的相互学习和激励的效果远胜于大人对孩子

们一味地灌输和要求。

差异教学课堂教育实践告诉我们，给予孩子自信和勇气的往往是他们的同伴，许多问题的迎刃而解往往就是来自于同龄人的鼓励和自我大胆的尝试。这就是与人交往、学会合作的真正意义所在。课堂上深度切合学情，广泛而高效的活动中的生生合作互助，潜移默化中增长了学生的活动经验，提升了学生的综合能力。

2. 注重差异，构建“五学”课堂模式

在对教学内容进行模块化设计的基础上，实施“预、自、互、展、拓”五学课堂模式。

（1）预先学，促进学生学习习惯养成

教师对潜力生，以培养自信，形成学习良性循环为目标，适时进行预学辅导，做好知识渗透和检验，并利用课堂反馈环节，积极搭建平台进行展示；对学优生，关注团队研学，反馈展示注重思维的缜密性，步骤的规范性，方法的引领性。

反馈形式：一是预习成果展示；二是课前测结果的总结与释疑。

教师作用：指导、组织。

（2）自主学，提高学生自学能力

教师科学调整教学内容，以文本为载体进行教学内容的重构。以教材例题、书上习题、教辅最基础习题作为问题的主要来源，设计易于学生自主学习的学案，通过学生自主探究，把握知识主线。

反馈形式：公布答案，学生自批。

教师作用：关注、指导、组织。

（3）互助学，提高学生合作沟通能力

教师依照当堂教学的核心问题，布置适合学情的学习任务，组织开展异质小组合作学习，运用学生间的差异资源，完成对教学内容完善结构、丰盈细节的深度学习。在此过程中，教师通过巡视对各组内异质成员角色定位，对话氛围、研学效果及时掌控。

反馈形式：教师组间巡视、倾听。

教师作用：组织、关注、参与、指导。

（4）展示学，提升学生自信力，语言及文字表达能力

各组对学习成果进行说明和分享，其他学生倾听、补充、自省，教师对各组展示情况及时评价。

反馈形式：小组展示。

教师作用：组织、指导、评价。

（5）拓展学，提高学生知识迁移和创新能力

设计适合不同层次学生最近发展区的星级挑战问题，有效激发学习兴趣和思考，通过达成挑战性学习目标来促进学生潜在发展水平向现实发展水平的过渡。先由学生自主探究，再同质分组讨论，对较高星级问题，教师给学生提供思维台阶。

反馈形式：学生展讲、教师评价，对于基础性达标问题，也可以采取教师抽测、学生互查等形式反馈。

教师作用：关注、组织、指导、评价。

五学	学生活动	反馈形式	能力培养	教师活动	差异原理
预学	课前预习先导，课上预习反馈，落实目标： 1. 学优生：思维缜密，条理清晰 2. 中等生：发现问题，互纠释疑 3. 潜力生：树立自信，养成习惯	预习成果展示课前测结果的总结与释疑	自学能力 思维能力 表达能力	指导、组织	导优补差
自学	依托文本、通过自主学习把握知识主线	公布答案 学生自批	自学能力 思维能力 阅读能力	关注、指导、组织	自主学习 动力提升
互学	学生小组合作，相互教，相互讲，完成学习任务		沟通能力 合作能力 表达能力	组织、关注、参与、指导教师巡视，及时掌控互学效果	互补合作 多元管理
展学	各组对学习成果进行展示和分享，其他学生倾听、补充、自省	小组展示	思维能力 表达能力 合作能力	组织、指导、对各组展示情况及时评价	互补合作 多元评价
拓学	不同学生完成星级挑战问题，先自主探究，再小组研学，小组代表展讲	学生展讲、教师评价： 教师抽测、学生互查完成基础性达标问题反馈	思维能力 创新能力	关注、组织、指导、评价、为学生提升思维台阶	动态分层 自主学习 互补合作 多元评价

（二）“差异四学”课堂：同生同长，异展异飞

文萃小学是一所洋溢着科学、人文精神的“学府式”学校。学校创建于1989年。2011年，城市改造，异地重建。2013年学校回迁。现有30个教学班，90名教职工，1077名学生。多年来，学校在“让师生与学校共同成长”的办学理念和创建“学府式”学校的办学目标引领下，走出了“挥

翰墨、沁书香、博器乐、乐球毽”的特色发展之路。2013年借新建契机，激活思想，聚焦“荟萃真知、磨练真能、陶冶真心、学做真人”的十六字校训，更新顶层设计。我们认为，十六字校训准确概括了文萃小学办学实践的特色，不仅是面对学生的励志箴言，也是教师专业发展和学校文化构建的指南，“真教育，育真人”正是学府之灵魂，文化之精髓。2015年，学校成为全国差异教学实验校，在华国栋教授及专家组的指导引领下，差异教学理念纳入学校新的发展战略中。“差异教学”一个课改符号，一个理念植入，刷新了课堂，精彩了学生，成就了教师。学校把“差异教学”作为文萃小学教育讨论的新坐标，本着“文化相融”“课程相生”“教学相长”的原则，凝练学校品牌，优化课程体系，推进课堂教学改革，培育学生核心素养，促进教师专业发展，提高教育教学质量。

1. 聚焦课堂，探索差异教学模式。

立足区域“四学”模式的引领，以“一个中心两个延伸三个环节四个学会”课堂模式为蓝本，构建起“差异教学”整合四学的“四学四异”教学模式。一个中心：以提高课堂教学效率为中心；两个延伸：向课前和课后延伸；三个环节：课前把脉，尊重差异：实施“提供认知前提的准备与激发学习动机的策略”，“预设与生成挑战性学习目标的策略”；课堂剖析，巧用差异：实施“多样化的教学方法和手段”，“隐形动态分层与互补合作相结合的策略”，“面上兼顾与个别指导相结合的策略”，“大面积及时反馈与调节教学的策略”；课后诊断，差异发展：实施“弹性作业的策略”和“扬优补缺的辅导与训练的策略”。

2. 四学四异，循环式“差异四学”模式

自学寻异——学会搜集和整理；

互学化异——学会倾听和表述；

助学诊异——学会记录和批注；

测学扬异——学会梳理和反思。

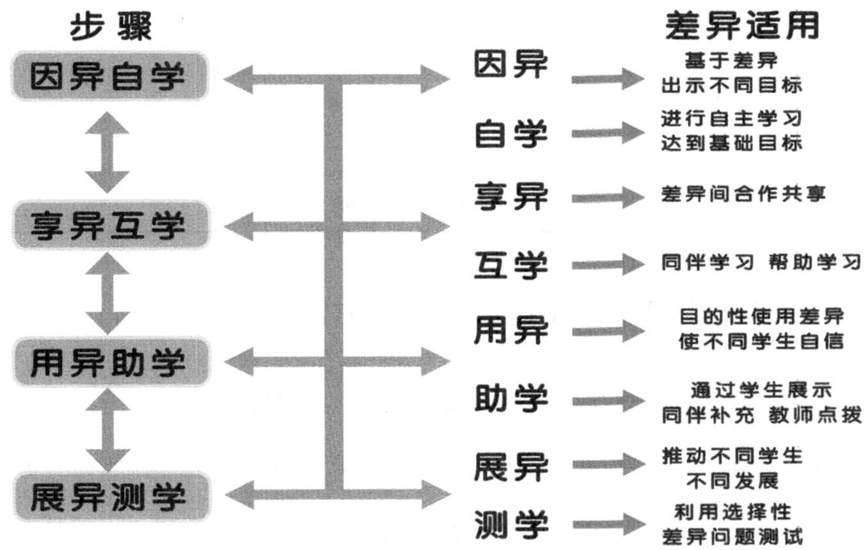

3.“四个学会”，细化目标要求

聚焦差异教学策略落实在课堂教学环节中，将“四个学会”细化成具体的操作目标，指导教学以“互学化异”为例。

一级	二级	三级	四级	具体要求
互学化异	学会倾听和表达	倾听	洗耳恭听	1. 集中注意力的聆听 2. 倾听时注视老师和同学的眼睛 3. 不打断对方的话，把对方的话听全
			声声入耳	1. 学会倾听老师的提问 2. 会听提问的要点 3. 会听小组分工的要求

续表

一级	二级	三级	四级	具体要求
互学化异	学会倾听和表达	倾听	耳听心授	1. 要能听懂对方的意思 2. 能与自己的观点进行比较 3. 等对方说完后再提出问题，质疑或纠正错误
		表达	规范得体	1. 挺胸抬头，站稳后再讲话 2. 声音洪亮，口齿清晰，字正腔圆
			语言精练	1. 表达清晰、连贯具有感染力 2. 语言简洁、概括生动
			观点鲜明	1. 抓住要点，能简明扼要地表达自己的观点 2. 表达是非清晰、褒贬明确

三、以选课走班提供适合学生学习样式

（一）“小走班”选课走班：为每个学生寻找优势发展

沈阳市第二十七中学在“人本教育”办学理念的指导下，坚持“办一所文化厚重，教育现代，优质特色普通高中”的办学目标和“培养具有家国情怀、国际视野的现代中国人”的育人目标，兼顾学生长身体、长思维、长品格，关注学生德智体美劳全面而有个性地发展，为生存增能，为生命增值，为生活增彩。应对新高考“3+1+2”的政策，我校秉持“以人为本，自主发展”的“人本教育”理念，尊重学生和家长的自主选择权，高二年级依据学生和家长的选课意愿，共开设11种组合。

1. 走班原则

• 力求稳定，便于管理

借鉴上海浙江以及山东新高考改革的经验教训，新高考分科选学后一个比较大的难题是管理问题，走班幅度越大越不利于管理，越不利于学生

成绩的提升。为此，我们的想法是在满足学生选科需求和利于教学评价的前提下，尽可能缩小走班的范围和频次。

● 公平竞争，利于评价

按照物理/历史两种不同科目进行大类分，物理班和历史班分别统计“语数外+物理/历史成绩”班与班之间要相对平衡，既要考虑语数外+物理/历史总分的平衡，还要考虑单科成绩以及各班之间学生结构的平衡（如尖子生、中等生、学困生的比例），这样考虑的目的是便于各班级学生学习和教师教学能够在一个起点，对于日后的教学评价也更加公平公正，利于调动教师教学的积极性。

2. 走班依据

为了全面动态地分析每名学生的各科成绩，年部按照一定的比例将学生高一入学后的五次考试成绩进行了折算（2018年10月月考10%、11月辽南期中考试10%、12月全省联考20%；2019年1月全市统考30%、2月开学考试30%）。这样折算的目的是突出学生学习相对稳定后半程的成绩，12月全省联考、1月全市统考统一命题统一阅卷成绩更有参考意义；2019年2月的开学考试经过学生一个假期的自主复习成绩也相对客观。

3. 走班模式

省级示范校班额要求，班级人数在35—45人之间（根据实际选科人数在范围内适当调整）。

小走班模式：

结合外省经验和我校实际情况，我们基本确立了“小走班”的模式，依据学生的选课结果，两门选考科目相同的学生组成行政班，语文、数学、外语三门必考科目，以及两门选考科目和其他科目在行政班上课，剩下一门选考科目在教学班上课。

可以满足大多数学生的选择进行走班；由于只有一门选考学科需要走班教学，可避免因走班过多导致教学秩序混乱，同时有利于在行政班中实施对五门学科的评价。成立的行政班需要重新组合，会增加走班的难度；按教学班教学的选考科目的学生作业收发、教师课后辅导较难；最好有单独的学科辅导教室，目前难度较大。

4. 走班成效

2021届学生是参加新高考的第一届学生，面临着很多挑战，但同时也会迎来新的机遇。“3+1+2”的分科选学，就给学生们提供了更多的选择空间，为有学科特长的孩子创造了有利条件。

尽管走班上课会出现走动上课带来的收发作业、课后辅导等不便之处，但是这种方式最大限度地促进了学生层级结构的合理性，为各学科的教学创造了良好的基础条件，避免了有些学校六十多人的大班型和二十多人的小班型并存的情况，更避免了很多学校因为学苗参差不齐导致各班级考试分数过度悬殊，进而造成教师授课和学生学习动力不足的巨大隐患。

学校高二分科选学后实现平稳过渡，从目前的学生成绩看，化学、生物、政治、地理四个走班上课的学科，年级成绩第一的班级无一例外地是走班的班级。而且无论是单科成绩还是总成绩，各班级之间都保持在合理差距的范围内，各班级班主任、任课教师和学生都坚信通过自身的努力完全可以实现进一步的提升和超越。

（二）“固二走一”选课走班：行走中学会自我提升的能力

同泽高中是具有深厚历史积淀的省示范高中，多年来取得了令人瞩目的教育成果。2018年9月，新高考改革的全面实施，对学校的教学硬件设施、师资提出了新的考验。为了贯彻落实辽宁省教育厅发布的《辽宁省深化考试招生制度改革实施方案》，推进新课程改革的全面实施，满足每一名学生成长的需求，学校在精研教学、生涯指导、选课模式、教学模式、课程管理等方面不断探索。

1. 遵循校情、合理设计

学校根据学生实际，确定最大限度固定行政班级的原则，即相同选择固定行政班，提高管理效果；不同选择科学设计，“固二走一”；这样有利于学校有效管理，有利于学生提升成绩。学校从德育管理、队伍建设、物品管理、教学要求、教师考核等几方面制定了选课走班方案，并且不断调整，不断完善。同时，引导学生正确对待每一学科的学习，顺利完成合格考试。指导学生根据自己的兴趣、能力和职业倾向，参照高校专业选考科目要求，认真思考，反复确认，最终确定选考科目。

2. 生涯规划，尊重差异

学校在高一年级开始职业生涯规划教育，正确引导学生了解自己的性格特征、兴趣特长、优点缺点等；正确看待个体差异，认识和发现自我价值，准确定位自身角色，了解学科之间联系，了解学科思维特点，正确看待选科；指导学生了解高中课程设计、学科知识体系和学习能力要求，明确个人学习目标。指导学生了解经济社会发展趋势和需求，了解不同职业的基本情况和行业前景，了解自身职业倾向。指导学生了解高等院校专业的基本信息和就业情况，了解高校专业选考科目要求，正确处理个人兴趣特长与社会需要的关系，科学合理地确定选考科目和专业志愿，让学生为自己选课走班、职业规划提供依据。

3. 发展成效

高二年级于2019年7月中旬、高一年级2019年11月初正式实行选课走班教学。绝大多数学生固定行政班，有少数学生进行“固二走一”，目前教学状态非常稳定。面对行政班固定教学和走班教学共存的实际情况，学校制定教学管理细则，明确了班主任与学科教师的职责，加强教学班的管理，保证课堂教学有效实施。

学校组织教师积极学习新高考改革的相关内容，加强新旧教材更替阶段的业务培训和理论提升，加强集体备课，开展同课同构公开课，促进教师专业发展和教学能力提升。2019年7月化学、生物、地理、历史学业水平测试，同泽高中全员全科通过。

四、以课堂创生研发适应学生全面发展

（一）“三环六步”课堂：构建适合学生发展的课堂

沈阳市育源中学经过10余年的探索，形成了“三环六步”课堂模式，注重“以学生为中心，注重学生的自学、合作、展示”，强调了教师的“点拨”作用，并且贯彻于整个“三环六步”中，发挥了城市教师的优势，正确引导学生、帮助学生学习，使学生在自学、合作、展示中锻炼表达能力、逻辑思维能力、沟通能力、明辨是非等综合能力。这种模式还具有易于复制的特点，容易模仿和实践操作。

1.“三环六步”课堂模式的目标

- 通过学生“展示”与“合作”，提高学生综合能力

在“展示”过程中让学生提高“表达能力、语言能力、逻辑思维能力、书写能力”，在“合作”过程中让学生提高“沟通能力、表达能力、

逻辑思维能力”。

● 强化教师的“点拨”作用，提升教师教学幸福感

教师相对于学生的优势就在于他拥有的知识储备和人生经验，把这些优势进行发挥，可以引导学生学会如何“自学”“合作”“交流”“探究”，帮助学生明辨是非（知识的正确、课堂学习的正确），使教师在教育教学中体验工作的成就感和幸福感。

● 调和主导与主体的关系，提高课堂效率（导演论）

“三环六步”课堂模式，需要教师运用自己的智慧调和课堂六个环节（自主学习、小组合作、课堂展示、互动探究、梳理点拨、当堂训练）的节奏，其实质是调节自身角色与学生角色之间的关系，教师主要是成为课堂的导演，有时也要担当演员，但不能是主角，只能是配角，也可以只导不演，也可以又导又演，不能只演不导，这样才能使课堂按照预先设计的目标有效的运转，来达到课堂效率最大化。

2. 建构“三环六步”课堂模式的理论依据

● 因材施教理论

“因材施教”就是根据学生的个性心理特点及知识、能力现状，从实际出发，采取不同的途径、措施和方法进行教育和教学。不同的人，因遗传、环境和教育等因素的影响，其个性也互不相同，知识、能力、情感、意志、性格等方面都表现出不同的特点和发展倾向。他们对某一学科知识的兴趣和接受能力也会有很大的差异。因此，在教学中，如都按统一的要求和进度进行，就不能让每个学生都得到充分的发展。这就给教师提出，在统一要求的基础上，要结合学生的个性、心理特点和发展倾向而“因材施教”。

“因材施教”是“三环六步”课堂模式的基础，也是新一轮课改“把学生当成课程建设的主体”的基础。

● 学习金字塔理论

学习金字塔是美国缅因州的国家训练实验室研究成果，阐述了七种不同的课堂教学（学习）方式，其结果各不相同。

第一种学习方式“讲授”，老师讲，学生听，这就是我们说的传统课堂模式，以教师为中心，教师为主体，这样的课堂学习效果最低，两周以后学习的内容保留率仅为5%。

第二种，通过“阅读”方式学到的内容（相当于自学），学习内容保留率为10%。

第三种，用“声音、图片”的方式学习（相当于多媒体教学），学习内容保留率达到20%。

第四种，“示范演示”（相当于带有实验的教学），学习内容保留率为30%。

第五种，“分组讨论”（小组讨论），学习内容可以记住50%的内容。

第六种，“做中学”或“实践练习”（实际操作），学习内容可以记住达到75%。

第七种，“相互教”并“快速使用”，可以记住90%的学习内容。

学习效果在30%以下的几种传统方式，都是个人学习或被动学习；而学习效果在50%以上的，都是团队学习、主动学习和参与式学习。也就是学生参与度越高，课堂效益就越好。

“三环六步”模式就是在课堂上充分运用了后面三种学习方式，充分让学生讨论、相互教、动手实践练习，以达到课堂学习的最大效率。

● 差异教学论

“差异教学”是指在班集体教学中立足于学生个性的差异，满足学生个别学习的需要，以促进每个学生在原有基础上得到充分发展的教学。差异教学就是要让每个学生都能认识自我，超越自我，挑战自我，让每位教师了解学生，贴近学生，培养学生。新课程标准的基本理念之一就是要让不同的学生在学习上得到不同的发展。

差异也是一种资源，我们把“差异教学”应用于学生的学习中，是小组之间合作、互助、相互教的基础，小组分组和讨论正是利用了学生之间的这种差异，运用和增加了若干个“小教师”，使“相互教”发挥最大作用，使课堂效率最大化。

3. 建构“三环六步”课堂模式的操作体系

经过近十年的探索和实践，我校形成了“142”的课改操作体系，即“一个基本模式，四个支撑体系，两个管理保障体系”。一个基本课堂模式“三环六步”，四个支撑体系是“四大辅助体系”，两个课改管理体系“三维研训体系”和“教学管理333模式”。

● 一个基本模式——“三环六步”

“三环六步”模式核心是发挥学生主体作用。课堂拥有三个环节，即“展示、合作、点拨”，通过六个基本步骤来完成，即“自主学习、小组合作、课堂展示、互动探究、梳理点拨、当堂训练”。三个环节相互独立，又相互作用，展示中体现合作、点拨，合作中有展示、点拨，点拨在展示、合作中体现。（“操作细节”处有具体论述）

● 四个支撑体系——四大辅助体系

为了更有利于学生综合能力的形成及未来发展，学校又提出了四大支撑辅助体系，即“阅读体系、学案体系、能力训练体系、综合评价体系”，以此弥补课堂模式的不足，构建一套优化育人的课改模式。

• 两个课改管理体系

在课改的摸索和创建过程中，教研、科研、培训是很重要的几个教学手段，单独进行都会有时间和空间的限制，效果会打折，为此我们创新了“研训一体化”备课模式，利用备课的时间，把教研、科研、培训一次性完成，提出了周周有课题，周周有培训，周周有教研。

课改的模式初步形成之后，也需要不断地创新，与时俱进，不断探索课程改革效益最大化。学校在原有的教学管理基础上逐渐形成了具有自身特色的教学精细化“333”管理模式，即“三查三跟三反馈”。“333”管理模式促进了“课改模式”精细化，提高课堂效率；促进“阅读体系”精细化，提高阅读能力；促进“研训一体”精细化，提高备课效率。

4.“三环六步”课堂的六个步骤

“三环六步”的三个环节是在六个步骤中完成，六个基本步骤为：自主学习、小组合作、课堂展示、互动探究、梳理点拨、当堂训练。

• 课前一练（课堂展示的前奏）

课前一练是“三环六步”课堂的一大特点，也是“展示”环节的一部分。其特点是集展示、合作、点拨为一身，既能复习旧知，又能预习新课，同时提高了学生的注意力，可以免去教师的导入环节，直接进入新课学习。

课前一练，我们安排了主持人，每节课都更换不同的学生，锻炼了学生的语言表达能力和逻辑思维能力。课前一练一般包括板答题、必答题、抢答题等三个环节，参与展示的学生能达到60%以上，极大提高了学生的参与率和学习兴趣，也能让教师及时发现学生存在的问题和点拨正确的方向。

● 自主学习

自学能力是贯穿学生一生的重要能力之一。自学是前提，也是我们非常重视的一个环节。学生按照教师的布置，提前或当堂完成《学案》及预习内容，预计80%学生解决60%问题，以此培养学生的自学能力。

● 小组合作

教师出示学习目标和内容，自主学习后再进行小组合作交流，可以是组内的两人合作、四人合作或全组合作，相互交流意见和想法，并选派展示的代表，合作学习中去解决20%的问题。合作内容要事先设计，适合讨论、探究，教师巡视各组的合作情况，提醒未进入状态的学生，掌握学情，也可以适时进行点拨。（根据实际和需要，可进行多次合作）

● 课堂展示

小组通过黑板或代表展示合作内容，小组互助补充，其他小组进行质疑或补充，教师进行点拨和评价。在这个步骤中，教师要做到“倾听、指导、纠正、表扬”四个方面，担起导演的重要作用，使学生在掌握知识、获得成功的同时，增强自信心，提高学习的积极性。

课堂展示可以是多次进行的，展示是培养学生实践能力、合作能力、思维能力和表达沟通能力的重要环节，同时集“合作、展示、点拨”三个环节为一体，是“三环六步”的精华所在。

“中国学生其实不缺少才华，更不缺少智慧，缺少的就是展示的机会”。给孩子们更多展示的机会，也就是给了孩子们创造自信和成功的机会，这也正契合新课改的精神。

● 互动探究

互动既是生生互动，又是师生互动；探究，可以是对小组合作问题的探究（浅层面），又可以是对生成问题或是教师预设问题的探究（深层面）。这里正是教师发挥其重要作用的地方，是引导学生正确学习方法和思维方式的关键点所在，也是解决课堂难点的好时机。

● 梳理点拨

点拨不是单独存在的一个步骤，是贯穿于其他所有步骤中，可以说"课前一练"有点拨和梳理，在"自主学习、小组合作、课堂展示、互动探究、当堂训练"中梳理点拨的重要作用贯穿于课堂内外，所以梳理点拨是"三环六步"课堂模式的一大特色，充分发挥了教师的主导作用。教师点拨去解决剩下的20%问题。

教师梳理之处既是重点所在，要在黑板上写板书；点拨是一不是二，纠正错误的并指导正确的，不能只有纠正，没有指点，更不能只有指点，没有纠正。

● 当堂训练

训练是实践，学了而不实践，等于吃了东西没有消化，当堂实践是最佳的时机，也是检验所学是否达到标准和解决实际问题的能力，正是课堂效率的显示。

当堂训练，不是课堂的最后一步，可以出现在"六步"中的任何一个环节中，随时进行训练，是为"当堂训练"，是培养学生实践和创新能力的最好时机。

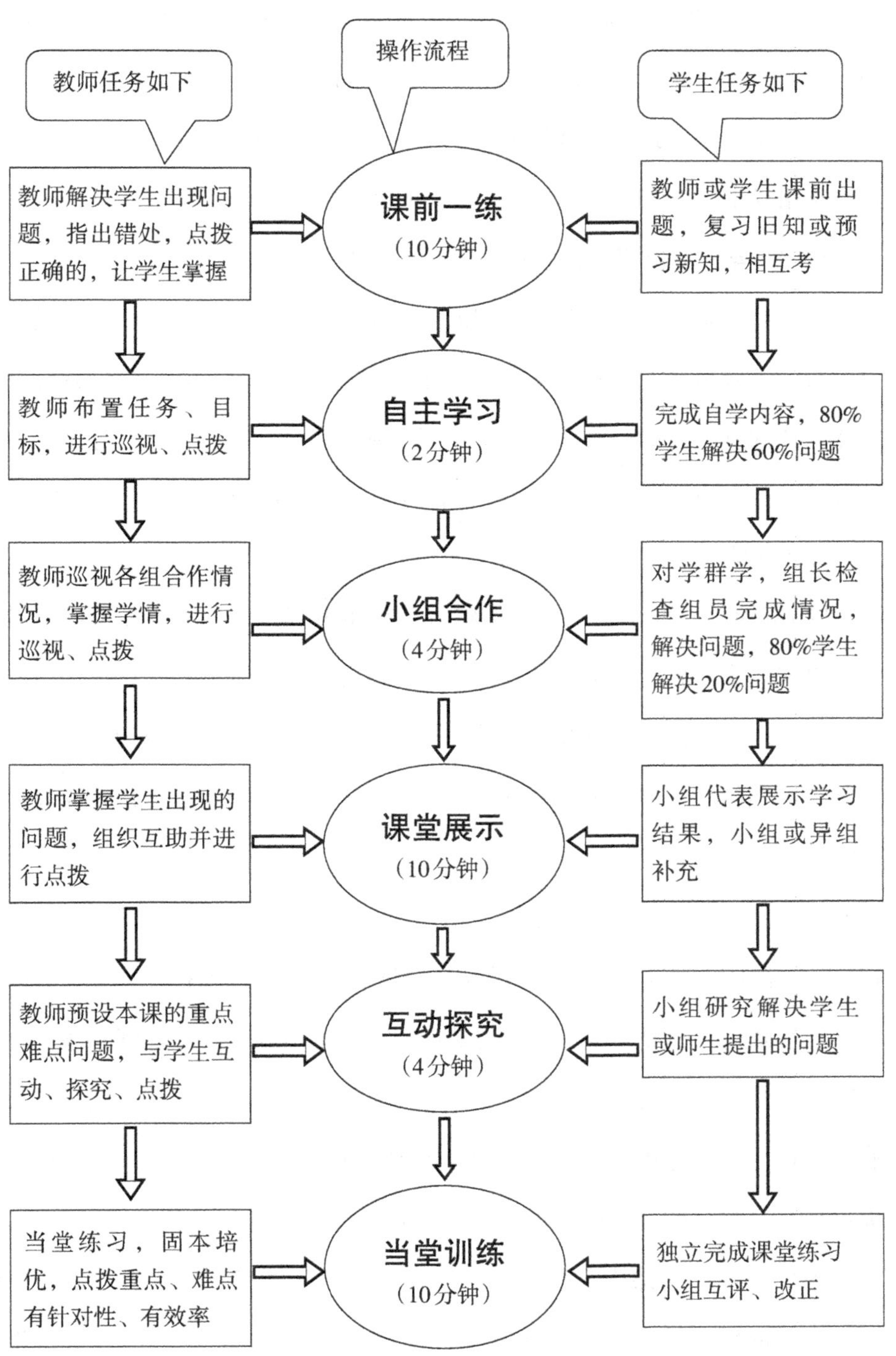
教师任务如下
操作流程
学生任务如下
教师解决学生出现问题，指出错处，点拨正确的，让学生掌握
课前一练
（10分钟）
教师或学生课前出题，复习旧知或预习新知，相互考
教师布置任务、目标，进行巡视、点拨
自主学习
（2分钟）
完成自学内容，80%学生解决60%问题
教师巡视各组合作情况，掌握学情，进行巡视、点拨
小组合作
（4分钟）
对学群学，组长检查组员完成情况，解决问题，80%学生解决20%问题
教师掌握学生出现的问题，组织互助并进行点拨
课堂展示
（10分钟）
小组代表展示学习结果，小组或异组补充
教师预设本课的重点难点问题，与学生互动、探究、点拨
互动探究
（4分钟）
小组研究解决学生或师生提出的问题
当堂练习，固本培优，点拨重点、难点有针对性、有效率
当堂训练
（10分钟）
独立完成课堂练习
小组互评、改正

“三环六步”不是必须顺次进行的，各个环节相互作用，相互包含，课型不同，各步骤的比重可以做相应的调整。

六个步骤是实现“在合作中成长，在展示中绽放”课堂理念的一个平台，是指导学生拥有一个正确价值取向的坚实载体。

（二）“结构化导学”课堂：智慧点亮心灵

课堂教学是教育教学普遍使用的一种手段。作为学校，课堂教学是实施教育、实现办学目标的主渠道，只有合理建构课堂教学的智慧型样态，才能发挥课堂教学的最大职能。沈河区热闹路第二小学以“结构导学”课堂教学新样态的建构为主要抓手，全面促进学校与师生综合素养的发展。

1. 重塑师生课堂角色，理清“导与学”的关系

“结构导学”课堂教学新样态将教学视角聚焦在学生思维品质的提升上，以“尊重差异、先学后导”为途径、以思想交融为核心、以方法引领为手段，以能力提升为目标，培养结构化思维，让课堂教学成为一种相互倾听、欣然接受、知识共享中实现“视界融合”、心灵互通、共同探究未知领域的活动。

“结构导学”提倡用“先学后导”代替“先学后教”教学思维，充分相信学生潜能，将学习活动有计划、有组织、有目的地前移。教师在传统备课的基础上，引导学生也在学习的前一天进入新知，自主发现问题、分析问题并合作解决问题，对那些合作解决不了的问题进行记录，完成学习前的准备活动。这里的先“学”，要求教师与学生事先对文本知识进行结构化预习，其目的是对所教学的内容尽可能做出结构化分析和学情预设，这样师生同步进入课堂，使教与学步调统一，实现课堂教学的高效能原则。这里的后“导”要求教师对学生自主合作中尚未解决的问题进行指

导，体现在三个层面："生本之间""生生之间"和"师生之间"。在"结构导学"课堂中，不存在谁先知和后知，问题解决不以单一一方的意见想法为主导，而是通过师生双方的合作对话来进行实践与探究，这里的"学"不单纯指学生学习，也包括教师成长。

2. 搭建课堂学习"结构"，明确"导与学"的方式

作为课程改革的重点也是落脚点应该是课堂教学，在学校"达雅"课程体系构建完善的基础上，聚焦课堂，把建构"结构导学"课堂教学作为学校的特色发展项目之一，全力研发与实践，从而助力学校在高品质办学轨道上的可持续发展。

首先我们来了解一下"结构导学"的定义。

"结构导学"的定义："结构"在《现代汉语词典》中的定义为：各个组成部分的搭配、排列、组织和安排，等等。皮亚杰认为，"结构"就是指一个由诸种转换规律组成的整体。简单地说，结构就是事物之间相互联系和组织的方式。"导学"包含两方面的内容：一是"导"教师立足于"主导"，所处的地位是创设教学情境，引导学生明确学习任务，组织合理评价；二是"学"，帮助学生扫除障碍，找出疑难问题，也包括对教学内容的梳理和理清重点目标之间的关系，这里的"导"是为学生的"学"服务的，学生的"学"是在教师的指导下进行的。

"结构导学"课堂教学法定义为在"建构主义理论"、哲学 "教与学"理论、教学"尝试学习"理论、有效教学论引导下建立起来的较为稳定的教学活动结构框架和活动程序。作为结构框架，"结构导学"教学法突出了课堂教学从宏观上把握教学活动整体与各要素之间的内在联系和功能；作为活动程序则突出了课堂教学的有序性和易操作性。

3. 具体操作步骤

“结构导学”课堂教学法的具体实施可以从课堂教学的两个关键要素教师与学生入手：即“教师导结构”与“学生学结构”。

步骤一：教师导结构

教师导结构就是为了让学生有目的地将碎片化的知识在头脑中形成网络化的管理与应用，最终集成化。这样学生将从整体把握主体结构与各部分、部分与部分之间的内在联系，从而使知识、方法、技能更加系统化、规范化、规律化。

从三方面入手：搭建基本结构，搭建结构行进阶梯，搭建结构关键台阶。

• 搭建基本结构：

由学科的独立单元内在逻辑体系构建框架。教师在学习初始阶段和学生共同搭建基本结构，使学生清楚地把握每个环节的流程，去实践“做”与“思考”过程，实现框架经验积累。

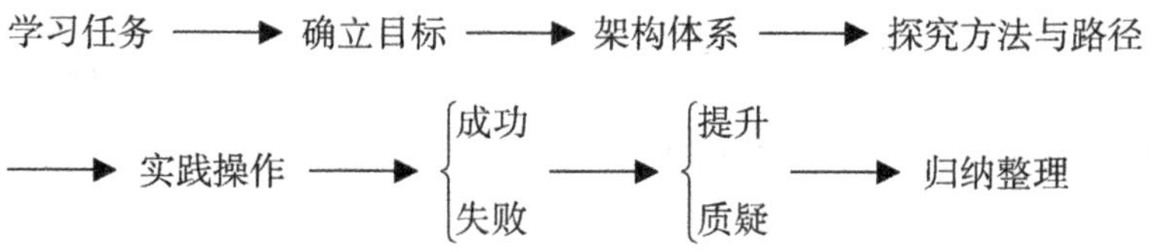

学习任务 ——→ 确立目标 ——→ 架构体系 ——→ 探究方法与路径

——→ 实践操作 ——→ {成功 / 失败} ——→ {提升 / 质疑} ——→ 归纳整理

• 搭建结构行进阶梯：如果把基本结构称为骨骼，那么行进阶梯就是附着在骨骼上的肌肉组织。而思维过程和知识体系则等同于骨骼上的肌肉，是构建行进阶梯的关键所在。

按知识体系将行进阶梯分为三级：

一级为初步建构课程。初次感知理解掌握，例如概念、定律等抽象知识，应用于低年级初步建立“结构”的课堂教学类型，从无结构到有结构的起始阶段。

二级为衔接用构课程。应用于联系紧密，逻辑性强的新旧知识间，以观察、分析、比较、概括为连续性的主感知思维，应用于中年段的使用“结构”的课堂教学类型，从建结构到用结构的衔接阶段。

三级为多元创构课程。应用于综合实践所掌握的学科经验和形成的基本技能，要求思维有方式，操作有方法，应用于高年段的丰富创新“结构”的课堂教学类型，从用结构到结构化思维形成的最终阶段。

● 搭建结构关键台阶：以学生的最近发展区设置核心问题搭建关键台阶，它相当于基本框架与行进阶梯的神经系统。具有统领性作用，对核心问题的要求要具有适合性、发散性、延伸性。

下面以语文学科为例，简单介绍一下教师导结构的操作流程。

以往的语文课堂教学是以一篇课文为一个整体，通过一课了解一法的学习，学生的思维属于点状接收；而现在我们以单元或者相同的知识类型为整体进行统筹思考，围绕单元训练重点整体布局，以结构方式整体呈现。通过多课习得一法、巩固一法的学习，既帮助学生架构起语文知识的框架，又让学生的思维得到了网状发展，凸显导与学的连续性。下面将具体介绍上面所提四种结构。

A：单元导读结构解读：用于每一单元的开始第一课，通过朗读—分析—明确学习方法，掌握本单元的训练要求，为单元文章的学习找准基点。

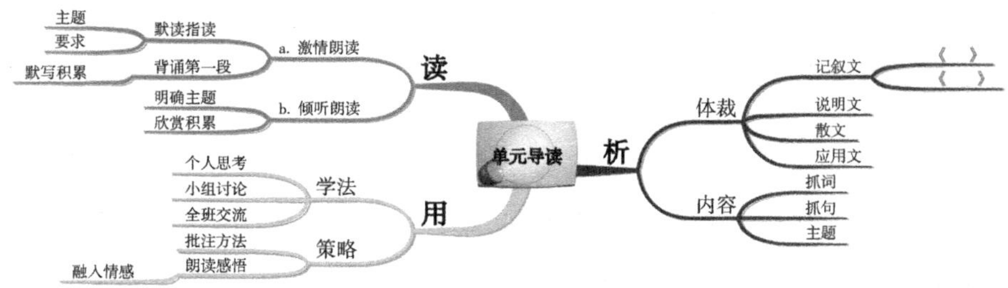

B：基础知识结构解读：用于每篇课文的第一课时，低年学生通过对结构的运用，掌握课前自主学习的内容，学会自主探究的方法；而高年级学生开始自己制作PPT，完成对基础知识的自学与自测。课堂看不到结构的痕迹，但是学生们却了然在胸。分别从字、词、句、音、形、义等方面将课文中的基础知识逐一进行梳理与汇报。

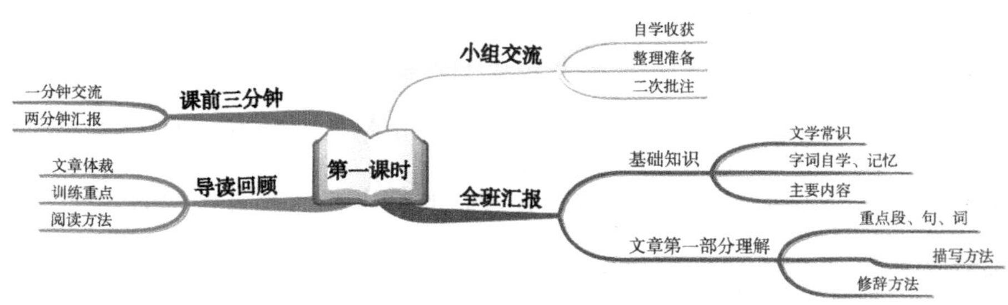

C：批注阅读结构解读：用于每篇课文的第二课时，学生在结构的引领下，通过对重点词、句、特殊标点符号、修辞方法、写作方法等体悟汇报对课文内容的理解及困惑，师生、生生在思维碰撞中理清学习的思路、把握文章的内涵、学会分析文章的方法。教师借助批注阅读结构完成教学内容，属于显性结构课，即在课上可以明显看到结构的引领。

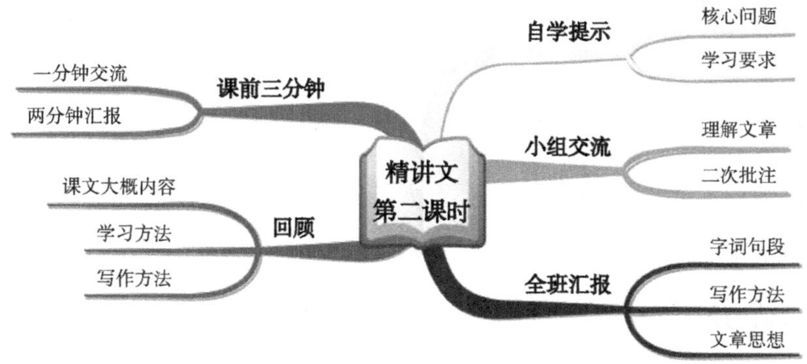

D：写作结构解读：用于每篇文章或整单元学习后，通过思维导图呈现单元训练重点、文章的结构图，写作的训练点等；分析写作要求，找准写作方向，选取具体事例；思维导图呈现写作思路，形成文章。

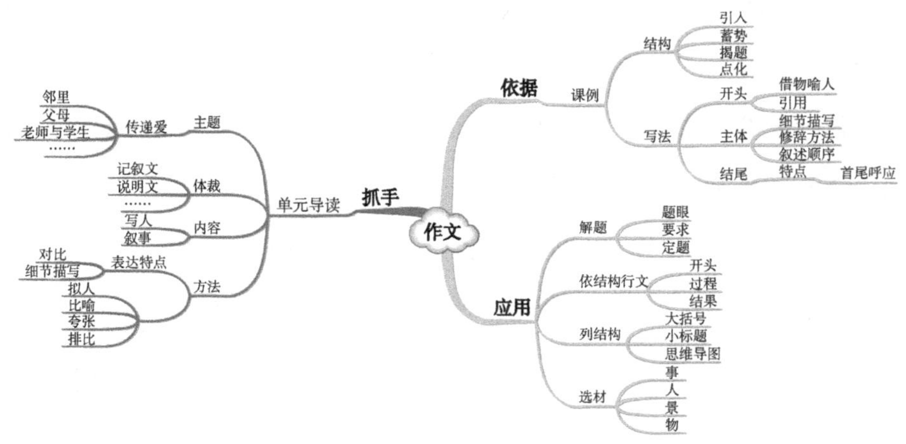

学生摒弃了枯燥乏味的教学过程，减轻学习过程中的负面心理体验，轻松地掌握学习的程序，形成学习自动化体系，将学习的隐性思考过程通过可视化的结构方式转变为显性的操作方式，学生自然学得明明白白。

步骤二：学生学结构

学生学结构主要体现在四个方面：结构引导、结构交流、结构连接、结构呈现。即为学生个性化的学、结构性的课、独立性的思，三者完美的整合。

具体可以体现在四个方面：

借结构引导——调动思维

借结构交流——内化思维

借结构链接——思维成网

借结构呈现——思维可视

教师“导”结构和学生“学”结构，使学生对知识结构、学习方式、思维方式有了清楚、明晰的判断，真正实现课堂学习的“形神合一”。

学校历时5年的研究与实践，“结构导学”课堂教学法得到了社会各界的关注和好评，并形成文字著作《智慧点亮心灵——“结构导学”课堂教学法》。

著作中讲将课堂教学的结构类型按照学科划分为：语文、数学、其他。每个学科又按照知识体系特点进行细化：

语文：导读、识字、古诗、阅读（第一、二课时）、习作……

数学：数与代数（数的认识、数的运算、式与方程）、空间与几何（图形认识、面积与体积推导）统计与概率（统计图、可能性）、综合与实践……

“结构导学”课堂教学法以“结构”为支架完成课堂教学中教师与学生“导与学”的全过程，构建教师导和学生学的全新方式，作为学校倾力打造的精品项目助力了学校高品质发展。

第五章
融合共生：优质均衡的集团化办学

第一节　构建全域集团化办学新理念

近年来，教育集团化办学在全国各地兴起，作为在新形势下促进义务教育均衡优质发展的一种有益探索，取得了显著成效。它利用规模效应促进教育资源在一定范围内实现优化配置，通过对内部机制的不断激活和优化，实现区域内或者跨区域的优质教育资源之间的优化。它能够在较短时间，以较快的速度，复制、移植、创生新的优质资源，很大程度上满足百姓对优质教育资源的渴求，创造性地解决义务教育领域优质教育均衡发展的现实问题，促进和推动义务教育领域里的公平和均衡，形成区域教育优质均衡发展的新格局。作为一种新型的教育治理模式，集团化办学的核心价值追求的是什么？集团要建立一种什么样的文化？集团化办学的体制机制如何优化？都需要我们进一步探究与思考。

2011年10月，沈河区率先在全国启动实施所有公办学校“全员纳入”

"全面覆盖"模式的集团化办学，采取"全员纳入、分步实施、因校制宜、质量并举"的原则，在基础教育阶段将54所中小学组建了10个教育集团，形成全面覆盖的集团化办学格局。2015年集团化办学又作为中国教科院沈河教育综合改革实验区建设的重点项目，引入专家智力支持，在教育集团化方面进行了多样化的探索实践。在适合的教育理念下，建立了区域优质均衡发展目标，构建起"紧密型""松散型""紧密+松散型""委托监管型"等多元化的集团治理模式，通过政府主导、专家引领、分类提升、分层帮扶等发展机制，盘活集团学校发展活力，形成了多元共治的区域集团化办学新机制，在教育集团化办学方面积累了丰富的经验，取得了显著的成效，带动了一批学校办学质量迅速提升，破解了教育集团化发展过程中的机制问题和专业引领问题。沈河区集团化办学的实践基于以下几个价值追求。

一、追求"有质量的教育公平"

公平与质量是教育现代化的主题词。教育现代化的基本要求是实现基本公共教育服务均等化，核心要求是提高质量。然而优质教育资源的稀缺，是我国以及世界各国教育领域面临的主要问题之一。教育资源分配的不均衡也是历年来造成"择校热"的根源。为了破解这一难题，国家层面不断推出相关政策和举措。2006年新修订的《义务教育法》将"促进义务教育均衡发展"纳入法制轨道；国家中长期教育改革和发展规划纲要（2010—2020年）》明确提出"把促进公平作为国家基本教育政策"，"把提高质量作为教育改革发展的核心任务"；习近平总书记在党的十九大报告中对教育提出了更高要求，指出中国特色社会主义进入新时代，我国社会的主要矛盾已经转化为人民日益增长的美好生活需要和不平衡不充分的发展之间的矛盾，教育要从“有学上”实现向“上好学”转变，努力让每个孩子都能享受公平而有质量的教育。这就要求我们既要在促进教育公平、缩小发展差距方面“补短板”，阻断贫困代际传递，又要在提高教育质量、优化教育结构方面“做加法”，满足群众多层次多样化教育需求。增加优质教育资源的供给，满足人民群众对子女接受优质教育的需求，追求“有质量的教育公平”是时代和国家赋予地方政府的教育使命与责任。

正是基于以上目标，沈河区切实承担起时代和国家赋予地方政府的“追求有质量的教育公平教育”的使命与责任，将区域教育均衡发展作为最大的民生工程予以全力推进。实施过程中，各集团“以教育公平为诉求、以优质均衡为目标、以适合的教育为理念、以综合改革为手段”，通过政府主导、科研引领、集团带动、学校联动的运行方式，依靠体制机制创新，努力缩小“三类差距”（地区差距、校际差距和人群差距）；促进“三种公平”（机会公平、过程公平和结果公平）；解决三个问题，一是如何扩大优质教育资源覆盖面的问题；二是如何促进集团内每所学校优质发展、共同发展的问题；三是如何为每一个孩子提供更加适合的教育。

二、坚持“适合”的策略方式

在区域“适合”的教育理念指导下，沈河区集团化办学实践从实施开始就基于自己的区情、校情，坚持走适合自己的特色发展之路。

沈河区一直是沈阳市的经济、文化和金融中心，也是沈阳市的教育大区。2010年沈阳市区划调整，沈河区区域面积由19.65平方公里增加到58平方公里，新划入的东部地区教育呈现“两少一小一低”现象，即现有学校数量少、优质学校少、学校规模小、办学质量低，和西部中心城区的教育发展水平呈现出较大的地区差距和校际差距。沈河区委、区政府面对东西部地区之间、学校之间发展水平不充分、不平衡的问题和现状，积极寻找适合区情和特点的成本最低、效率最高的推进区域教育均衡发展的路径。经过充分研究论证、缜密的顶层设计，依托沈阳市大学区建设成果和区内丰富的名校资源，采取全域集团化办学的方式，在义务阶段组建了沈河区文艺路第二小学教育集团、朝阳街第一小学教育集团、文化路小学教育集团、二经街第二小学教育集团、实验学校教育集团（含小学部和中学部）、第七中学教育集团、育源中学教育集团7个集团，高中阶段组建了沈阳市第二十七中学教育集团、同泽高中教育集团和第九中学教育集团3个集团，不留死角、不留余地对区域教育格局进行重设再造，在实践中探索一条能够最大限度地满足群众对优质教育需求的办学模式，让每一名学生都有机会均等享受优质教育资源。

全员纳入，意味着无“门面、后院”之分，无“窗口、角落”之别，充满挑战和机遇，虽在全国无先例可循，却基于沈河区适合的区情，有着坚实的实践基础。一是基于区域教育发展形势所趋，得益于推进教育均衡的改革成果。2009年之前，沈河区已经完成了四个方面的改革：全区民办公助学校全部转制为公办学校；义务教育学校全部按学区就近入学；教师按比例交流，“人走关系动”；以大学区为单位组建学校联盟。这些涉及办学体制、管理体制等方面的改革，带动了区域教育的大发展。到2010年，沈河区校际间差距不断缩小，教育生态发展势头良好，正加快向教育均衡发展的目标迈进。二是基于区划调整的城市动能，得益于区委、区政府的高度重视与综合协调推动。2010年，沈阳市进行区划调整，沈河区地域面积扩大了两倍，新划进来的东部城乡结合部与西部老城区出现了教育资源不均衡的现象。沈河区委、区政府高度重视，以集团化办学为抓手，将推进区域教育均衡发展、促进教育公平作为最大的民生工程予以全力推进。三是依托于早期集团化的实践经验，得益于我们对工作的充分研究论证。先期试点、反复调研论证、缜密的顶层设计和协同推进，是集团化办学顺利推进的一个有力保障。四是依托区内原有的名校资源，得益于学校的社会责任感与开拓精神。实施区域集团化办学，就是以优质学校为核心引领，把优质学校的教育理念、教育思想、课改成果、师资优势、社会影响力等教育资源配置到不同学校和不同学生，逐步实现公共教育资源效益的最大化。六是依托中国教科院专家资源，得益于理论与实践上的双重引领和创新。2015年以来，沈河区集团化办学作为中国教科院与沈河共建教育综合改革实验区的重点项目之一，由教师发展研究所副所长卿素兰博士、王文宝研究员的领衔指导，创新提出了集团化办学的“双优”机制和集团共同体建设行动纲领，极大丰富和完善了沈河集团化办学的理论和实践经验。

全员纳入，不是“一刀切”，而是根据学校的历史轨迹与现实方位、发展优势与比较差异、地理位置与硬件水平、社会环境与供需关系等要素，选取“紧密型”或“松散型”、“跨越型”或“渐进型”、“管理优先型”或“资源优先型”等不同模式或步骤，将学校中的强与弱、大与小、老与新整合为新的有机功能体。其中“紧密型”和“松散型”是两种基本模式。“紧密型”即集团总校通过对成员学校的兼并重组，使其成为总校的一个校区或校部，形成深度融合、整体发展的局面。“紧密型”采取“一套班子、多个校区，统一管理、资源共享，条块结合”的运作方式，实现“人事管理统一、经费管理统一、管理制度统一、业务管理统一、评估考核统一”的“一体化”管理。沈河区共有17所学校先后进入“紧密型”集团化框架。“松散型”即集团总校与各成员学校间相互独立，互为支撑，采取“多个法人、独立校区、完整建制、资源共享、自主管理”的运作方式，集团总校发挥引领作用，组建集团学习、研究、发展共同体，带动成员学校共同发展。

三、构建全域优质均衡的教育生态

沈河区在推进全域集团化办学过程中，坚持三个基本原则：一是坚持逐步推进，立足于区域经济社会发展的实际需求和各教育集团的优势、特点，遵循稳步实施、逐步推进、分类操作、循序渐进的策略，推进优质教育资源合理扩增。二是坚持因校制宜，依据集团学校不同发展阶段和特点，因校制宜，分类推进，确定适合的发展模式和运行机制，精准施策，推动集团学校共同发展。三是坚持改革创新，推进教育集团规范管理和内涵建设，着力破解体制障碍，构建长效机制，完善治理体系，推进改革创新，确保教育集团健康、可持续发展，全力构建全域优质均衡的教育生态。

1. 构建全域“多元共治”的发展格局

沈河区采取“全员纳入”的集团化办学，持续推进基于资源整合的“名校分校”模式、基于新建学校的“名校直属校”模式、基于共同体建设的“名校成员校”模式的多元化集团办学模式，构建了“扩优”和“创优”机制，在全区形成了全面覆盖的集团化办学格局。沈河区着力调动教育行政部门、教科院所业务单位、各集团总校和集团内成员学校等相关利益体的责任和积极性，通过政府主导、科研引领、集团带动、学校联动的运行方式，推进多元主体合力打造教育集团发展共同体，协同破解教育集团化发展过程中的机制问题和专业引领问题，推动全区基本形成“多元共治、协同创新、共创共享”的办学新生态，促进区域内每所学校都优质。

2. 打造“融合共生”的区域教育生态

在集团化办学过程中，区域和集团学校始终要直面的挑战，一是如何避免造成集团优质学校资源的稀释，避免出现名校集团的扩大化现象。二是如何避免催生集团内部成员学校同质化现象，要激发集团内部学校发展活力和集成创新，使教育集团获得持续发展力。缩小学校之间的差距，不是削峰填谷，不是消灭差异，而应是扬峰填谷。沈河区面对各种体制机制的困扰，坚持走专业发展之道，瞄准每一所学校的内涵发展，促进区域教育品质的大幅度提升。鉴于现实的体制问题和发展瓶颈，沈河区采取了“政府主导、专家引领、分类提升、分层帮扶”的深度变革举措，以集团

中国教科院教师发展研究所卿素兰副所长做集团化办学项目指导

共同体建设为牵动，促进区域教育集团化办学质量的内涵发展。

首先通过深度调研和专家论证，在区域层面顶层设计了学校分类分层发展目标，即品牌学校、品质学校、新优质学校的特征或标准。以专家团队领衔的品牌学校创建、品质学校创建、新优质学校创建项目为驱动，促进集团内集团长学校实施品牌升级和效益增值，发展较快的学校创建高品质学校，相对薄弱的学校创建新优质学校。

一是促进集团长学校的品牌增值发展。通过专家引领、学校行动，推动集团长学校从优秀走向卓越。教育行政部门和专家深度对话，构建区域内教育综合改革的统筹融合、深度融合的价值追求，深化与夯实集团长学校的品牌发展路径，凝练发展成果和经验，提升自我发展能力和专业领导力，在做强集团长学校的同时，为成员学校提供专业引领和发展服务，充分发挥集团长学校的品牌增值和品牌引领功能。

二是推动集团内的发展学校实现品质提升。集团内的中间层面的学校往往发展的体系还不够健全，特别是在文化理念、队伍建设、现代学校治理体系和能力建设等方面还有不足。仅仅依靠集团长学校的输血和资源共享，为这类学校提供发展支撑是不够的。我们通过专家介入，帮助成员学校梳理学校发展重要内容和任务，构建了以品质学校创建为载体的项目驱动模式。专家和集团项目团队引领这类学校做诊断、做规划、做标准、做交流、做评估，推动学校在理念文化、学校治理、课程体系、课堂教学、队伍建设、学生素养培养六个方面整体构建学校发展体系，打造学校质量、文化、风格的统一体。

三是助力潜力学校走向新优质。潜力学校是集团内比较薄弱的学校，往往从资源和学校硬件建设都是比较落后的。这类学校有一定的发展基础，但在支撑学校发展的核心领域缺少或者没有形成很强的支撑性项目，后续发展乏力。以往政府非常重视硬件扶持，但是随着优质均衡发展理念的推进，软件建设的需要更为凸显，尤其是教师队伍建设、课程建设、学校文化建设。我们通过外引扶持项目和向内挖潜，推动这类学校聚力打造重点建设项目，以项目为突破口，集聚资源形成发展优势，逐步夯实学校发展支柱项目。

借助集团共同体建设，沈河区大力推进集团化办学内涵发展，办好办优家门口的每所学校，使教育集团成为沈河区新一轮教育体制创新、管理优化、质量提升的强大引擎。

第二节　探索融合共生的集团化办学新模式

一、全域集团化办学的沈河模式

1.“紧密型”集团扩优模式：强化资源共享与资源优化

“紧密型”集团治理模式，是指一个法人下的多部制或者多个分校组成的集团模式，强调集团内的一体化管理和资源共享，包括学校硬件利用和师资队伍建设、交流与调整。一般采取名校兼并薄弱学校或者建立分校的方式组建。

首先，合理布局，抬高区域教育底板。沈河区先后将14所薄弱学校（包括八所小学、四所初中、两所高中）纳入优质的集团长学校的紧密型框架之内，对区域教育资源重新进行合理布局和调整，让优质学校的资源直接覆盖这些学校的服务学区。被兼并学校可以迅速改变落后面貌，优质学校也有了更大更多的发展空间；集团内成员学校也可通过互助共享，逐步拉近学校之间的差距。

其次，名校东进，辐射区域教育“洼地”。为了使优质教育资源辐射到薄弱的东部地区，沈河区积极推进集团总校在东部地区建分校或者领建小区配套学校，将优质教育资源进行复制或者移植，为东部新建学校提供高起点发展平台，使这些学校实现“建设标准化、设施现代化、师资优质化、发展同步化”，在短时间内迅速发展成为当地高水平、高质量的优质学校，在东部形成新的优质教育辐射中心，加快缩小东西部地区教育差距的进程。2012年以来，七中教育集团、文艺二校教育集团、实验学校教育集团等新建6所分校（其中含五里河小学和中学、实验东校小学和在建的中学），都已先后投入使用，做到“新建一所优质一所”。

2.“松散型”集团引领模式：发挥名校引领与示范效应

“松散型”集团治理模式，是一种多文化、多层次、多类别学校嫁接式的联合体，是多个独立法人学校组成的联盟方式。这种治理模式需要各成员校在教育理念、文化制度、精神追求上的认同。沈河区的具体做法是，由区域层面选拔集团长学校，以集团长学校为龙头与周边相邻的学校和1—2所东部学校组建“松散型”教育集团，成立集团管委会进行规范管理，建立合作、交流、共享机制，开展理念共融、资源共享、管理互通、研训联动、质量同进、文化共建、教师交流、项目合作等，推动名校的优质教育资源向集团成员学校输入。沈河区完全采取“松散型”治理模式的有沈河区二经街第二小学教育集团、沈阳市育源中学教育集团和三个高中教育集团。

3.“混合型”集团共同体建设模式：促进多元共治与协同发展

“紧密型”和“松散型”模式广泛分布在沈河区的各个教育集团中，由此形成了“紧密型+松散型”的“混合型”模式。一些集团学校如第七中学教育集团内既有紧密型成员学校，也有松散型成员学校。“混合型”模式变单一主体的“输血”为多元主体的“造血”，以学习、研究、发展型集团共同体建设为载体，以成员学校的需求为导向，以专家为引领，以集团长学校为示范和带动，在集团内建立分类提升、协同创新的运行机制，通过“存量盘活”的方式“做好蛋糕”。

4.“委托监管型”集团跨区域管理模式：孵化学校优秀文化与治理制度

“委托监管型”模式主要是将区内优质教育资源向外区辐射，为全市教育均衡发展贡献力量。实施集团化办学之后，沈河区的教育满意度一直在沈阳市名列前茅，在当地产生了良好的社会影响。沈阳市周边的于洪区、苏家屯区、沈北新区等纷纷采取委托管理的方式，与沈河区合作引进沈河区的教育集团在本区办分校。例如：苏家屯区与第七中学教育集团合作，成立了第七中学沈水实验学校。在具体管理中，学校和教师仍隶属于苏家屯区教育局，第七中学教育集团采取代管方式，派出干部按照集团学校的管理模式进行管理，并且负责对教师进行教育教学培训。学校建校仅两年，就已发展成为苏家屯区的教育品牌、龙头学校。目前沈河区共有四个教育集团在于洪区、苏家屯区、沈北新区对五所学校实施委托办学。

二、全域集团化办学的机制创新

沈河区一直坚持致力于教育集团发展机制建设，在加强各教育集团的组织建设、规范集团的治理保障机制、推进集团发展的激励机制的同时，不断进行多维度的机制创新，以撬动集团内外的治理，实现区域教育的深度变革。

1. 区域整体推进机制：提升区域集团治理能力。沈河区委、区政府逐年制订集团优质资源兼并和新建学校等发展计划，将集团化办学作为“为民办实事”的民生工程纳入全区经济社会发展总体战略予以强力推进。区域层面出台了《沈河区中小学集团化办学工作实施方案（试行）》《沈河区教育集团管理办法》等文件，对集团化办学的实施和教育集团的管理进行规范指导。此外，沈河区还以区教育局发展研究室作为牵头科室，建立集团化办学的常态化工作机制，在教研、科研、培训、学生活动以及重大教育教学改革项目推进等方面，建立了“区域提供保障和指导、集团提供协作和分享、学校提供实践和研究”的新路径，由此产生区域教育发展的叠加效应，并且不断形成新的生长点。

2. 多元共治机制：科学构建集团共同体。沈河区通过建立教育集团学习、研究和发展共同体，对集团内不同发展阶段的学校实施“精准扶持，分类提升，提质创牌”，从理念、机制和实践上为区域推动每所学校优质发展提供新思路，协调新资源，由此形成多元共治、共建共享的集团共同体建设体系。

区域层面，沈河区着力实施“内涵攻坚、专业引领、协同创新”的战略举措，将已往刚性为主的集团评价转为诊断，将管理转为指导，将考核转为展示，推动集团共享合作内容从共享外在资源走向共享内涵建设，合作方式从单边输出走向多边合作，构建起区域办优质教育的新模式。

教育集团层面，集团内各学校从资源共享走向发展责任共担，改善了学校的发展生态，推动了各类学校共同发展。例如：第七中学教育集团围绕“办学多元，质量卓越”的集团品牌特色，形成了“管理上互通、人才上交流、研训中联动、质量层同进”的多载体集团发展路径。育源中学教育集团与沈河东部地区的东兴学校，形成了管理上“西气东输”、培训上“西风东渐”、师资上“西水东调”的辐射方式，促使东兴学校的教学质量迅速崛起。

3. 项目驱动机制：撬动学校深度变革。沈河区在区域层面构建了四类服务项目，即集团共建项目、区域支持项目、中国教科院平台项目、专家引领项目，涵盖理念文化建设、学校课程整体构建、教师队伍建设、特色建设等方面。学校可以根据自己的需求申请项目，由项目团队进行点对点指导，结合学校自建项目，丰富、完善、打造自己的项目群，以此撬动学校变革和发展。以沈阳市实验学校小学教育集团为例，集团长学校输出了“学科建设研训一体”和“三百特色课程”（百个社会实践基地课程、百个社团课程、百个行业进校园课程）两个共建项目；各学校有自己的重点自建项目，如岸英小学的红色之旅项目、回族小学的民族团结教育品牌、泉源小学的主题阅读项目等。此外，还有中国教科院的菜单项目和区教育局课改中心、区教师进修学校等提供指导和扶持的区域共建项目等可供学校选择，如学本课堂、名师成长、差异教学、创客教育新模式探索等项目。

4. 协同创新机制：基于需求破解集团发展困境。协同创新机制是指针对成员学校有需求而又力不能及的项目，集团长学校调动所有成员学校的资源，组成相应的工作团队，共同攻坚，对其提供精准扶持。例如：沈阳市实验学校小学教育集团中的回族小学在打造“一班一品”民族特色课程过程中，遇到研发人才不足的问题，作为集团长学校的实验小学组织主管副校长、科研主任、项目骨干教师参与进来，为其提供培训、诊断指导、案例样本，通过组织专项论坛等方式分享集团校本课程研发资源。集团助力，加快了回族小学这一核心发展项目的实施进程。

5. 共创共享机制：有效促进区域教育优质均衡。实施集团化办学以来，沈河区以教育集团为单位，通过多种方式推动干部、教师流动。教育集团在东部建立分校，使西部的优秀干部、优秀师资自然向薄弱的东部地区学校流动；集团成员学校的结构性缺编，可以通过申请，在集团内学校调剂；建立交流机制，促进学校之间、东西部地区之间的教师柔性流动。以2018年为例，全区从集团长学校到成员校顺向输出的教师有121名，成员学校交流出去的教师有72名。与此同时，沈河区进一步推进供给侧结构改革，在集团内力推“名校分校”战略，深入推进“研训一体、优课同步、教师交流”三大支撑路径，以探索构建更加完善、有效的集团共同体管理制度和机制。

三、全域集团化办学的效果显著

沈河区集团化办学，是教育适应沈河新时期经济社会发展形势的需要，是区域实现创建教育强区及义务教育优质均衡发展目标的有效途径，也是贯彻党的十九大精神和全教会精神，加快区域教育现代化建设的有力支撑。九年来，沈河区围绕百姓和社会的焦点，始终坚持改革创新、先行先试、持续推进，积极探索集团化办学从理念到实践的科学路径，边实践，边总结，边改进。从实践来看，集团化办学取得了明显成效。

（一）集团化办学有效推动区域优质教育资源广覆盖

从实践效果来看，集团化办学快速推动了区域内优质教育资源的整合和配置，让更多的孩子在家门口就能享有优质教育。2011年以来，通过集团化办学，沈河区有53个社区、24.2万户居民子女新纳入集团名校服务半径，直接惠及9000名学生；集团化学校覆盖率100%，名校学区覆盖率小学占比34.8%，中学占比50%。文艺二校、第七中学等5个教育集团建立了6所分校，在东部教育洼地形成新的优质教育辐射中心；沈阳市第七中学、文艺二校、实验学校、朝阳一校4个集团积极推进区域外委托管理，与于洪区、苏家屯区、沈北新区、沈抚新区等5所学校开展合作办学，推进跨区域的优质资源辐射，为省、市教育均衡发展贡献沈河力量。集团化办学成为教育优质均衡发展的“神助攻”，沈河区义务教育均衡程度位居全省前列，通过了国家义务教育发展基本均衡区评估验收，在全市率先通过省、市两级教育强区及全面教育现代化建设准入评估验收。可以说，集团化办学是破解“上好学难”问题、推动区域教育均衡发展的一条成本最低、风险最小、成效最大的发展之路。

（二）集团化办学有效激活了各类学校科学发展活力

集团化办学实践证明，优质学校这杯“牛奶”不仅没被稀释，反而变得更加丰富和醇厚。以“创优”为主的集团化办学机制，推动了各类学校共同发展。集团共同体建设，改变了学校之间各自为营、相互竞争的格局，加强了学校间交流学习、互相渗透，集团内各学校从资源共享走向发展责任共担，改善了学校的发展生态，推动了各类学校共同发展。集团总校在承担“兼济”责任的同时，也获得了更大的发展空间，基于构建与集团发展相适应的新型管理范式的发展需要和现实倒逼，不断创新管理机制，完善治理体系，实现了学校品牌升级和效益增值，教育综合改革成效显著。如文艺二校教育集团抓住“法治、分权、共治”这三个“破与立”

的发力点，着力构建与集团化办学相匹配的学校制度体系、治理结构、运行方式以及创新发展模式，探索形成了“分权式”领导架构、“雁阵式”管理模式、“责任文化浸润式”队伍融合经验、“共治式家校联动”、“一强带四弱”等成功经验，为集团化办学提供了典型样本。七中教育集团围绕“办学多元，质量卓越”的集团品牌特色，因校制宜，逐渐形成了以“名校分部、名校直属校、名校分校、名校成员校、名校托管”为主体的“五元化集团办学模式”和“管理上互通、人才上交流、研训中联动、质量层同进”的多载体的集团发展路径，集团内各类学校办学质量和水平发展迅速，成效显著。育源中学教育集团与沈河东部地区薄弱的东兴学校，通过管理上“西气东输”、培训上“西风东渐”、师资上“西水东调”的辐射方式，东兴学校教学质量迅速提升，学校原来学生不足百人，两年时间学苗回流到近300人。优质学校对小校和相对薄弱学校的兼并，使被兼并学校迅速改变了落后面貌；名校领建使新建学校基本实现“建设标准化、设施现代化、师资优质化、发展同步化”，与优质学校齐头共进，有效垫高了教育“洼地”。干部教师的交流、软实力的共享共建，推动集团内成员学校互助共享优质资源，逐步拉近学校之间的差距。通过连续的布局优化和重点建设，区域东西部之间的教育差距不断缩小。

（三）集团化办学有效提高了沈河教育的社会影响力

全域集团化办学加快推动全区基本形成“多元共治、协同创新、共创共享”的教育发展新生态，推动了各类学校共同发展，激发学校内生创新发展活力，集团内合作内容从共享资源走向内涵共生，合作方式从单边输出走向多边合作，合作态度从被动接受走向责任共担，彼此关系从各自为营走向伙伴互助，守望相助，构建起区域办优质教育的新模式，促进区域公共教育服务均衡化、品质化水平明显提升，社会影响力不断扩大。

沈河区集团化办学已经成为辽宁省和沈阳市教育对外的一张名片。2015年《中国教育报》以题为《在集团里，各美其美》对沈河区集团化办学工作作了专题报道。2017年沈河区集团化办学的做法和经验在深圳南山区举办的“全国集团化办学研讨会”上做经验分享；2018年10月，沈河区教育局在辽宁省义务教育改革发展现场会上做集团化办学经验交流，文艺二校教育集团和七中教育集团在分论坛上做集团化办学经验分享；2019年3月，沈河区集团化办学经验成果入选《中小学管理》杂志集团化专刊向全国推广。2019年7月，在“开放合作看辽宁——义务教育优质均衡沈阳行”网络媒体采访中，沈河区作为沈阳市集团化办学典型，接受了来自人民网、新华网、中新网、凤凰网等20家网络媒体采访。累计接待全国各地的集团化办学专项考察500余人次。

第三节　多样态的集团化办学创新案例

学校是集团化办学的教育现场，实施区域集团化办学，就是把优质学校的教育理念、教育思想、课改成果、师资优势、社会影响力等教育资源配置到不同学校和不同学生，逐步实现公共教育资源效益的最大化，从这个意义上说，没有优质学校的担当，也就没有集团化办学。沈河区集团化办学源于政府决策，成于名校和学校的责任担当与创新实践。各教育集团总校、分校和成员学校在集团化办学中表现出令人惊叹的能量，创造性地盘活闲置的教育资源、促进新老教师多元文化的融合、进行体制和机制的重构、兼容并蓄形成和而不同的集团特色。他们在回应教育变革时代的种种教育难题的同时，也在不断地推进教育集团管理体制和机制的改革和完善，涌现了一批典型案例。

案例一：打造“多元共治”的现代集团管理范式

沈河区文艺路第二小学教育集团

沈河区文艺路第二小学1964年建校，是区内较早开展集团化办学试点的一所小学名校。2009年以来，文艺二校先后与四所薄弱学校合并重组，逐步形成了“一校五部三园四成员两托管”的集团办学格局。其中“一校五部三园”包含顺通部、行知部、文艺一校部、总校部、东校区、五爱幼儿园、顺通幼儿园、行知幼儿园，采取“紧密型”运行模式。集团内采取“松散型”运行模式的有大南一校、师校附小、泉园小学、六一小学四所成员学校；此外还为沈北新区托管了文艺二校沈北分校，为沈抚新区托管了文艺二校沈抚分校。文艺二校教育集团在推进集团化办学过程中，不断寻找与集团发展相适应的新型管理范式，持续对集团发展进行管理重构，创新管理机制，完善治理体系，实现了学校品牌升级和效益增值，教育综合改革成效显著，成功打造了“多元共治”的现代集团管理范式。

1. 多元共治，实现集团转型发展的治理升级

面对集团办学规模增长、校区分散、机构重复、文化杂糅等一系列崭新问题，文艺二校教育集团积极推进“共享共治”的现代学校管理范式的三个转变：

一是对原有管理机制进行废改立，重塑与集团办学相匹配的全新制度体系，变“人治”为“法治”。完善集团章程，作为依法治校的准绳。确立集团教育价值观，作为学校法治管理的文化基础。依章建制，通过废、

改、立，形成了一套与集团发展相适应的学校制度体系，破解新问题。如：引导集团内部560名教师应集团需求、有序流动的《教师赴东部校区交流制度》，预防消极怠工、盘活人力资源的《教师岗位双向聘任制度》，全面还原过程、清晰分清责任的集团化庞大财务工作的战略性管理《电子记账制度》，各方力量介入、提升民主管理程度的《校部仲裁制度》等。

二是构建决策层和执行层“条块相辅”的雁阵管理架构，变“集权”为系统开放式“分权”。依据雁阵原理，构建决策层和执行层“条块相辅”的管理架构，达成系统贯通、各担其责、快速响应、同频共振效能。充分授权，将权力进一步下放给教师、学生、家长等主体，重塑各方治理主体的教育角色，划分责权边界，真正使“权力放到位，角色定好位，关系理顺位”。

三是探索学校与家长、社区、社会组织等力量共有、共享、共管学校的模式，实现从“自治”到“共治”的转变。集团搭建了“学术委员会”“督导顾问委员会”“仲裁委员会”“家校社共育委员会”“学生自治委员会”等九大委员会工作平台。各治理主体权责明确，相互支撑，做到位，不越位、不缺位，也不错位，达成整个集团的规范与活力的平衡。

2. 共创共赢，促进集团发展共同体的共享增值

文艺二校教育集团4所采取“松散型”治理模式的学校，其实质是基于平等合作关系建立的发展共同体。文艺二校通过管理方式借鉴、教师共同培训、加强校际交流等多种方式与途径，与成员学校抱团发展，充分发挥名校的资源优势，既注重核心学校优质基因的注入，又保持成员学校原本定位和特色，实现共同体成员的共生、共赢、共长。

一是打破校际间的“资源墙”，重整资源体系，让“新校好场馆+名校

好课程=集团活动新时空”。集聚集团内各成员学校以及社区等单位的课程资源，建设具有集团特点和地域特色的优质课程开发、共享、配送机制，丰富学生学习经历、培养学生基础素养，如文艺二校将东校区的体育馆、足球场以及顺通校区的乒乓球馆与优质课程结合起来，开发了羽毛球、篮球、乒乓球、足球、排球等多项体育特色课程；师校附小凭借师资优势开设了橄榄球课程；六一学校毗邻沈阳炮兵学院，开展了学军特色项目建设；文艺二校东校区与沈阳农业大学共建，成立了学农基地；大南一校因地制宜，确定并坚持了十余年的国学经典教育。同时，文艺二校将自己研发的“四叶草大综合”课程普及到集团内各成员校。无论是课程设置，还是项目建设，都让集团内各校的孩子们获得了更高品质的教育，实现了资源共享。

二是打破头脑中的“理念墙”，借助信息技术，让“名师好课例+网络云技术=集团教研新平台”。在政府的资金扶持下，集团内所有学校均实现了千兆光纤全接入、录播教室及视频互联互动系统全覆盖。借助信息技术，将收录示范性教学资源包上传到网络云盘，集团内各校教师可以随时随地下载学习使用，实现了名师资源、课例资源、教学资源的异地共享。利用大数据实现集体备课、集体讨论、集体命题，拓展教师教学、学生学习时空，真正发挥了集团化作战的优势。

三是打开学校之间的“人才围栏”，实施教师交流和业务培训，将“学校人”改为“集团人”。加大集团内部干部交流，激活人力资源让总校的“老副手”与“准干部”在分校找到施展才华的空间，使“名校好品牌+集团潜力校”成为“人才培养新天地”。探索建立了“骨干教师流动蓄水池”，每年按15%的比例进行集团内部的教师交流，盘活集团内骨干教师资源。探索建立集团内弱校教师单向流动机制，安排弱校教师到核心校联合备课，学习取经，教研共建；通过新晋优秀教师补给和原生教师提升双管齐下，使得弱校师资队伍素质快速提升，从外援式支持过渡到内生性发展。通过集团的骨干教师带着自己的品牌项目到其他校区任教，群体性地带动参与项目教师的专业提升，让集团总校品牌项目在各校区“生根”。集团建立了优秀教师引领下的教研一体化的集团培训制度，通过实施内容丰富、形式多样的专业培训，采用“主动邀请、全息开放、资源分享、学术支持”的“联合教研”运行方式，形成以教学为重点的集团成员校联片教研共同体，通过联合教研平台，促进教师发展，在最大程度上激活各成员校自身“造血”功能。

3. 联动共建，促进跨区域共同体的联动增值

为切实发挥城区义务教育优质资源的辐射、引领和示范作用，文艺二校集团与法库东二台子小学牵手，同时“联姻”康平东关九年一贯制学校、本溪草河掌镇中心校。2016年以来，为沈北新区代管了文艺二校沈北分校及其附属幼儿园，为沈抚新区代管了文艺二校沈抚分校，通过“四个同步”开展跨区域学校发展共同体建设，丰富了名校集团化办学的内涵。一是教育资源交流同步。构建了资源共享信息平台，打造网络资源库，向共同体学校全面开放学科课程资源、校本教研成果、教科研成果、学校特色发展项目等有形成果。二是教育教学研讨同步。共同举办、参与大型教学研讨会、专家讲座、名师示范等活动，开展“学科疑难问题”主题教研活动、以问题解决为导向的小课题研究活动、以提升育人水平的德育研讨活动、以提升教材解读能力的集体备课活动等，切实解决共同体学校自身教育教学研究能力薄弱的问题。文艺二校名师利用5G远程视频系统“零

距离”开展课堂教学观摩、教学反思研讨等活动，将文艺二校构建的“责任学堂”课堂教学模式在共同体学校中推广。三是教师素质提升同步。构建“教研员+基地+学校”的教研共同体，文艺二校作为教师培养的“孵化基地”，通过跟岗实践、加盟名师（名班主任）工作室、定期支教、结对帮扶等形式，积极承担起共同体学校中层、教师的培养任务，有效解决共同体学校教师成长缓慢的难题。四是优势项目研究同步。以文艺二校田冬校长的“名校长工作坊”为载体，以重点建设项目为抓手，以课题研究为引领，推动共同体学校校长办学思想凝练、实践建构、风格形成和学校品牌增值。文艺二校“基于学校内部治理体系现代化的路径研究”“基于核心素养的学校课程体系建构”等优势项目在多个共同体学校中推广应用。

文艺二校集团化办学实践逐渐得到社会各界的认可与好评。学校集团化办学经验在国家、省、市、区推广；新华网对学校的集团化办学实践进行了专题采访。阶段研究成果《规模与质量双赢：集团化学校的平稳重组与品牌增值》一文在《中小学管理》发表；学校先后出版了《校本课程的实践》《责任教育》《集团化办学的实践与思考》3本专著，《集团化办学的实践与思考》被评为辽宁省“十二五”科研成果出版类一等奖，《集团化办学品牌增值的实践研究》获得国家社会科学基金“十三五”规划立项课题。学校接待全国各地集团化办学专项考察千余次。

经验与反思：文艺二校教育集团在集团化办学过程中，不仅没有因为“量增”而“质减”，反而致力于集团管理体制和机制改革创新，抓住“法治、分权、共治”这三个“破与立”的发力点，着力构建与集团化办学相匹配的学校制度体系、治理结构、运行方式以及创新发展模式，探索形成了“分权式”领导架构、“雁阵式”管理模式、“责任文化浸润式”队伍融合经验、“共治式家校联动”、“一强带四弱”等成功经验，稳妥处理好融合与稳定、发展与改革、自我发展与协同并进之间的关系，将一所优质学校办成一家同样优质的名校集团，取得了规模与质量的双赢，促进了集团教育品牌的增值发展，为区域内集团管理范式改革提供了典型样本。

案例二：一点共生，多点联动，构建活力发展共同体

朝阳一校教育集团

朝阳一校教育集团成立于2010年，以朝阳街第一小学为集团总校，朝阳一校东安小学为独立分校，喜良小学、大南街第二小学、莲花小学、万莲小学、育鹏小学、泉园街第二小学及马官桥小学为成员校。朝阳一校集团充分发挥名校活力教育优势，在大力打造自身活力教育品牌的同时，以朝阳一校为中心校，辐射带动集团内九所学校以内涵挖掘为路径，以创学校特色文化为目标，采取“一点共生，多点联动”的共建方式，通过“总体驱动”“资源共享”“文化共建”的科研思路，全力构建优质的教科研共同体，共创共美，打造活力教育集团。

一是总体驱动。以教育发展的目标均衡化、集团协同化为指向，由集团总校统筹管理，构建教科研工作的总体目标及基本思路，通过层级管理落实到集团内的各校区之间，各校围绕“活力理念”构建教科研工作的整体思路，结合各自传统特色，找准生长点，在传承创新中找准生长坐标，为教育集团的科研工作开枝散叶，努力探寻活力的生机。

二是资源共享。确立“一师一品”科研骨干的培养目标，以区域教育科研“十百千工程”为契机，以课题研究为载体，开始融“学、研、做、享”为一体的微型课题研究的探索与实践，有效促进了教师能力和教育质量的均衡发展。借助名师工作坊，发挥集团内研究型教师的引领和辐射作用，带动一线教师的课题研究和“十百千工程”。集团内现有的赵梦洁、韩盈盈等多个“名师工作室”，均邀请各校区的相关学科骨干教师共同参与，以点及面，实现了人才资源的合理共享。在课题推广方面，发挥好龙头课题的主导作用，打开校际界线，优秀课题跨校申报，使不同校区的教师通过共研共教等方式，共同提高。同时通过打造资源共享平台，设置资源共享机制，如课题共研、材料共建、活动共赛等，在集团内定期开展科研专题讲座、骨干培训，发挥集团长校的牵引和带动作用，培养集团内的科研骨干梯队。

三是文化共建。学校文化就是学校的立校之本。一所教育集团的持久发展与繁荣，必须依赖优秀的文化共建。朝阳一校以其活力教育理念贯穿教育行为的始终，并引领集团内其他几所学校共建活力文化，以此为核心，完成教育集团发展的新定位。以朝阳一校东安小学为例，学校的教科研定位以“1+X 主题式”教研模式为主，植入了集团的活力文化理念之后，依托主校的活力课程设置思路，开展了符合东校特色的系列活力课程探究，融合中创新，并以此作为龙头课题，推进全员参与校本课程研究，落实常态研训，促进了校际间的科研文化共建及文化共荣。

一点共生，多点联动，在集团共研机制的影响和带动下，各校科研工作起势明显，9所学校各有风格特色，在市区产生了广泛的影响。集团以“活力”为中心，以构建“活力科研”为总体目标，打造出具有朝阳一校教育集团特色的活力科研团队，形成了以大南二校“动态打造式”；马官桥、莲花小学“自主发展式”；朝阳一校东安小学“研磨创新式”；朝阳一校、喜良小学“自身挖掘式”；育鹏小学、莲花小学、泉园二校“取点突破式”为特点的“活力科研模式”，融合共建形成了集团内科研工作百家争鸣、百花齐放的活力态势。其中，朝阳一校《简单阅读凝练厚重人生》、泉园二校的《推动中国武术进校园，培养中华民族好少年》、莲花小学的《莲文化在学校管理中的应用》先后获得“沈阳市教育科研‘十百千工程’百项办学成果”。

经验与反思：朝阳一校教育集团根据集团以“松散型”成员校为主的组建特色，充分发挥集团总校活力教育品牌优势，采取“一点共生，多点联动”的共建方式，通过“总体驱动”“资源共享”“文化共建”的实施路径，全力构建优质的教科研共同体，促进集团内各校内涵提升，共创共美，打造活力特色的教育集团。

案例三：依托“创+”管理，打造创造教育集团特色

文化路小学教育集团

沈河区文化路小学教育集团成立于2011年，以文化路小学为集团总校，现有“一校三部一园四成员校”。集团采取“松散型”运行模式的有四所成员学校，即大南街第三小学、长青小学、文化路第二小学、南塔街小学，与集团总校共同形成文化路小学集团发展共同体。主要采用“紧密+松散型”管理模式，以“创造课程研究”为依托，打造优质特色的文小集团办学品牌。

1. 依托“创+”管理，打造集团“紧密型”校部创造教育品牌

文化路小学集团先后兼并整合了二经三校、二经四校两所学校，与总校一部形成“紧密型”校部，实行“干部统一调配、师资统一分配、教研统一活动、财务统一归口、绩效统一考核”的“一体化管理”。集团着力在塑造集团品格、打通创造通道、形成集团样态、体验职业生涯四个方面开展深度融合，推动集团办学走向幼小一体、多校部共进全面推进创造教

育品牌的新境界。

（1）打造“创+”集团文化，塑造“创造”集团品格。集团秉承文化路小学历经三十年凝练成的创造教育的学校精神和文化品牌，坚持“以文化人、以心创新”的办学理念，把“办一所有创造品质和精神的文化学园，即：培养有创造力的学生，成就有思考力的教师，打造有发展力的学校”作为办学目标，依托“创+”课程，引领创造教育逐渐涵盖集团各校部每个学科、每个岗位，从以“打造成果”为基本特征的发展特色逐渐向以“塑造行为”为基本特征的特色发展演变，创新地推动集团改革和发展。

（2）实施“创+”集团课程，形成“创造”集团样态。实施“创+”课程体系整体构建，形成了基于“四学”+创造力培养的基本模式、与学科特征有机结合的学科变式和由知识建构课型、实践体验课型、整理评价课型组成的类别变式来表达的“创+”课堂，将课程按功能重构为“创+”基础课程、“创+”拓展课程、“创+”综合课程，推进“紧密型”集团在“三部一园”全面铺开。其中《小学教育戏剧课程的开发与应用研究》已经通过国家教育科研规划课题结题，编创的校园剧连续四届获全国中小学艺术展演一等奖及优秀剧本创作奖。

2. 依托“创造+课程”研究，助力集团共同体优质发展

文化路小学集团着力在业务范式、协力探索、百花齐放三个方面深度开展合作，促进集团共同体内成员学校优质发展。

（1）建立共建机制，打造共同体背景下的集团业务发展范式。文化路小学教育集团构建了研训、共享、评价三个集团共建机制，以区“四学”模式自主型课堂为蓝本，将创造教育与学校办学相结合，依托课程构建与

课堂实施，积极构建各校的特色课程体系。通过名优校长、名优教师工作室开展创造性研训，不仅有效推动了课程体系的构建，还形成与集团办学思想统一、满足成员校发展需求的业务范式，对其他业务工作的开展产生积极影响。一是构建集团研训机制，通过名师工作室打造集团师训的崭新模式。如金鹏名师工作室围绕教育戏剧及小乐器进课堂的教法与学法，进行观摩、讲座等互动形式共享有效方法；通过统一开展教师交流、教研活动、诊断培训等途径，打造有思辨精神和创新意识的课程研究型教师团队。二是构建集团共享机制，借助王丽名优校长工作坊，形成校长研训团队，以课程建设和课题研究为抓手，通过开展办学思想研讨、教育经验分享、实践观摩、读书漂流、教学开放、道德大讲堂等活动，与成员校开展基于共同关注问题的行动研究和实践，让集团优质教育资源在集团内各校得以传播、扎根和生发。三是构建集团评价机制，通过统一实施学业评价、创造能力评价和综合评价，促进学生综合素养提升。

（2）采取三个途径，协力探索创造教育。为推进创造教育在集团校际间、师生间、家校间有效地实施，让具有不同禀赋的学生的个性和潜能得到更为充分和自由的发展，文化路小学集团面向各成员校全体学生进行创造力培养。一是理念上达成，通过“四会”即集团管理委员会、书记例会、副校长例会、中层主任会，立足学生创造力培养，形成思想统一、通力合作的管理链条，加强校际间生生合作、师生合作、师师合作和家校合作等多种方式，促进“人人参与、人人受益”，使得创造课程由小众参与转为面向全体学生的常态的教学，推进创造教育落地实施。二是方法上推动，立足课堂，引领集团教师注重研究项目的实践和反思，提炼好经验、推广好方法，共同探索出“四学”+学生创造力培养的课堂教学模式及

“学科+专项训练”策略，形成集团各校富有特色的课程体系。三是活动上提升，集团构建起“一轴、两面、多点”的活动构架，一轴即以这个课程体系构建与实施为轴，递进发展；两面即向内通过教科研、师训促提升，向外通过教学开放、成果展示促实践；多点就是通过丰富多彩的德育、体育、艺术、科技等活动，培养孩子们的创造思维能力。

集团聚合各成员校资源和力量，在“创造教育”的理念框架下，开展课程实践，打造各自特色品牌，集团内各校形成了富有特色的课程体系。文化路小学构建“创+”课程，走出一条以“创+”课程为抓手，成就学生审美能力与创造能力双提升的发展之路。大南三校构建节能减排特色课程，培养师生的环保意识，推进“节约型校园”的建设。文化路二小构建“同心同德”亲子手工坊课程，在动手实践中，增进亲子关系，激发孩子内在潜能。南塔小学构建梦想课程，让学生们成为真正的“求真、有爱”的追梦人，大胆、自信地探索世界与未知。长青小学构建阳光体育——快乐足球课程，培养学生足球兴趣，提升学生的体育能力和创造能力。集团协力共创“创造”教育取得了显著成效。文化路小学获得辽宁省义务教育改革示范校，辽宁省《小学生创造力开发》优秀校本课程一等奖，辽宁省基础教育教学成果二等奖，沈阳市课程改革研究基地学校，沈阳市教育科研“十百千工程”百项办学特色成果奖。《创+课程的六大特征》的成果经验在全国第四届“学校文化内生和课程再造”现场会暨学校课程新样态研讨会上做交流；文化路小学集团在沈阳市小乐器进课堂的观摩推进会上做集团协力探索的经验介绍；成功举办“科研引领行动　智慧孕育创造”沈河区中小学教育集团科研开放周活动；文化路第二小学参与的《“戏剧+”系列课程的开发与实践》研究获得省教育教学成果二等奖。

经验与反思：文化路小学教育集团深入挖掘集团总校“创造”教育优势资源，在全力打造集团总校自身创造教育品牌的同时，以“创造课程研究”为依托，通过研训、共享、评价三个共建机制建立，理念达成、方法推动、活动提升三条路径，从业务范式、协力探索、百花齐放三个方面，带领集团共同体成员校聚力打造优质特色的文小集团创造教育品牌，在集团优质理念文化输出、特色课程共建方面为区域集团化办学提供了样本案例。

案例四：抓优校长，办优每一所学校

二经二校教育集团

沈河区二经街第二小学教育集团成立于2011年9月，集团以二经二校为总校，一经二校、二经三校、北一经小学、中山路小学和方凌小学共同组成“松散型”的集团管理模式。集团本着“专家引领、党建依托、教研核心、活动搭台、项目链接”的发展策略，积极构建“四位一体”运行机制，构筑集团“抓优校长，办优每一所学校”同频共进的成长共同体，有效推进集团内部的均衡发展。

1. 专家引领，高位发展。2012年集团成立以来，集团总校张岩校长带领集团管理委员会，积极完善组织机构，建章立制，共同制定集团发展规划。充分发挥沈阳市教育专家工作坊主持人优势，先后邀请了国家总督学、教育专家、中国教育学会副会长郭振友先生、辽宁省基础教育研究中心小教部李晓梅主任等国家和地方教育专家开展高端讲座，为集团内各校教育科学理论注入了源头活水，提供高规格的“文化盛宴”。张岩校长也通过《校长价值领导力与学生多元发展的实践探索》《适合学生个性发展的几点学校实践》等经验交流，将二经二校幸福教育品牌的文化、管理、课程、课堂以及队伍建设等经验与成员学校分享，在推进集团内每名校长自身专业发展和学校办学品质提升的同时，促进各学校的协同发展。

2. 党建依托，和谐共融。二经二教育集团特别重视人才建设和教师队伍发展，坚持以集团党建为依托引领教师发展，凝聚教师人心。每学期召开两次的集团季度书记例会，重点交流支部特色亮点工作，结合岗位大练兵、教师演讲比赛等活动研究制定改进工作作风的措施。联合举办“寻梦·追梦·圆梦，同心共筑中国梦”党建活动。集团各成员校先后成立了教工俱乐部，共同举办教工排球比赛、跳长绳比赛、趣味运动会、广场舞比赛等活动，促进共同体教师和谐共融。

3. 教研核心，共炼内功。2012年以来，集团共同体合力开展自主型课堂教学模式的教学改革，通过“三维教研”，大力推动集团各校课程与教学改革实现变学科局限为学科融合、变知识传授为知识探索、变共性思考为个性思辨、变单一技能为综合能力、变个体发展为整体提升的“五个转变”。一是以名师工作室为“点”辐射榜样力量，二经二校教育集团充分挖掘和发挥内部优势，发挥集团内名师工作室优势资源，通过支援型送教、主题教研课研讨、同题同测与质量分析、校际抽查检测等系列活动，引领各成员校强化自主教研水平和能力。二是以集团学科大练兵为“面”全员投入课改实践。2013年3月起，二经二校教育集团开展了五届教育集团大练兵比赛，以赛代训，涵盖品社、科学、美术、综合、音乐等多个学科。三是以集团研训互动为“体”深入总结课改进程。二经二校教育集团通过落实“三训、双研、多元互动”将课程改革的步子走实。三训是包括课改理念培训、课改案例分析和课改技能三项内容培训，以及教学领导双向培训、骨干教师践行反馈、课改成果的常态化推广与落实三个层面培训。双研是指教育集团建立了科研工作协作体，以“小学生学习力的培养研究”和“十商的培养研究”为两大核心研究点，以科研助力教研。多元指集团各校对课程改革的推动与落实评价多元、载体多元、方式多元、活动多元。梳理课程体系、搭建课程框架、建构课程模型等成为集团各校教研工作的重点。二经二校“2+2+X”幸福教育课程体系的顶层设计到具体铺展经验，经过理性加工，提供范式，强劲助力成员校的课程构建。一经二校“一基双群”课程体系，北一经小学“至善”课程体系，中山路小学“诚洁”课程体系，方凌小学“养智课程体系”特色彰显，课程成为每所学校实现育人目标的最佳载体。2015年3月，二经二校教育集团成功承办了辽宁省规划课题《幸福教育课程体系的架构研究》中期成果汇报暨科研主任及骨干培训会。

4. 项目链接，打造精品。二经二校集团将成员校一经二校率先推广实施“小灰象互联网+”学生综合素质评价项目，打造成集团的共建精品项目，以“互联网+”为依托，从“人文素养”“健康素养”“科学素养”“艺术素养”“实践素养”五个评价维度，对学生发展进行综合评价，为学校提升学生“核心素养”提供了重要手段。共建项目促进了各校聚焦评价，协力攻关，实现学生评价的横纵向对比。以一点触发、带动整个集团学生评价水平和能力的品质飞跃。

二经二集团打造“抓优校长，办优每一所学校”同频共进的成长共同体的策略取得了明显成效，集团内学校校长都快速成为各级名优校长。集团总校张岩校长是沈阳市三八红旗手、沈阳市劳动模范、沈阳市教育专家、沈阳市第五届优秀专家、沈阳市第二届创新型领军人才、沈阳市第七届优秀专家、辽宁省教育工作者、辽宁省骨干校长、辽宁省专家型校长，辽宁省拔尖人才，省市区三级专家型校长工作室（坊）主持人，教育部农村校长助力工程小学校长培训项目实践指导专家。北一经小学王丹校长成长为沈阳市骨干校长、市优秀教育工作者。一经二校沈健校长成长为沈阳市优秀专家、市优秀校长、市优秀教育工作者，市五一劳动奖章和市五四奖章获得者。中山路小学邓玮昕校长是沈阳市骨干校长、沈阳市优秀校长。方凌小学王娟校长是辽宁省中小学德育工作先进个人、区名校长、区优秀校长。集团内成员校办学成效显著，各校齐头并进，各具特色，基本实现了高速发展、均衡发展。作为集团总校，二经二校以“幸福教育”为办学品牌，以“2+2+X”幸福课程体系为特色项目，坚持“双高办学、特色兴校、示范一方”的学校总体发展思路，着力打造“人人发展、幸福人人”的现代品牌学校。一经二校以“十商教育”为依托，构建出学校的“十商课程体系”，一跃成为辽沈地区“十商教育协作体”的龙头学校。北一经小学在“始于人文，止于至善”的办学思想引领下，“六维一体的人文素养教育发展体系”践行人文素养教育。中山路小学是一所百年老校，校训“诚洁”是学校的精神和灵魂；书法特色是学校内涵发展、卓越发展的重要举措。方凌小学的“国学教育”“体育与科技”成为学校发展的特色。

经验与反思：二经二校教育集团抓住人这个关键要素，打造“抓优校长，办优每一所学校”同频共进的成长共同体，着力培养集团和学校发展领军人才，并形成了“专家引领、党建依托、教研核心、活动搭台、项目链接”的共同体发展路径，促进了共同体学校同建、同优，形成了鲜明的集团发展特色。

案例五：基于集团共建项目的资源共享与学校创生

实验学校教育集团

沈阳市实验学校教育集团是沈河区一所集学前部、小学部和中学部于一体的现代化教育集团。其中以紧密型模式运行的有10个校区，以“松散型”模式运行的小学集团内有岸英小学、回族小学、热闹路第二小学3所成员校；中学集团内有沈阳市第一六五中学、沈阳市第九十中学和沈阳市回族初级中学3所成员校。集团确立了“以人的发展为本，办人民满意的优质教育”的办学理念，以集团长学校“和谐、扬长、互动、发展”的优质教育模式为集团发展模式，以集团长学校“追求卓越”的精神为集团精神，共同打造“全市一流、省内示范、国内领先、国际接轨”的现代化教育集团。实验学校集团在推进集团化办学过程中，充分发挥名校优势，深入梳理挖掘总校多年积淀的教科研训优质资源，梳理打造成集团共建项目，在德育、教科研、师训、体艺等多个工作维度实现了资源共享、项目联动、统筹实践，协同推进，引领集团成员校借输血来造血，有效提升了集团共同体学校内涵发展。

基于共建项目的生成与输出。实验学校小学部基于成员校的需求，将“三百特色课程”与“研训一体模式”两个项目，梳理形成具有可操作性的项目模型，作为集团共建项目，向集团内3所成员学校输出，成员校结合自身实际情况，经过吸纳、整合，创生的循环过程，结合自身办学思想、课程架构、研训风格进行课程再造。“三百特色课程”是“以培养学生家国情怀、社会关爱为主要指向的百个社会实践基地课程”“以培养学生核心素养为主要指向的百个社团课程”“以生涯教育为主要指向的百个行业进校园课程”。集团共建项目的落实与发展主要采取了方案梳理、理论培训、影子跟岗、课程讨论、校际展示等方式。第一，针对成员校在教育实践过程中的不完善、不系统等情况，制定了“三步走”操作方案，使集团共建项目实施有章可循，有法可依。第二，面向集团各校的校级到中层，骨干班主任到骨干学科教师，将“三百特色课程”相关理论基础与实验（小学部）多年积累的此课程实施的浸润模式以“集团科研开放周、名班主任工作室、草根研究工作室、青年教师培养琢玉工程”等培训载体倾囊相授，在“意识、思维、方法、技巧”等多方面进行有效注入。第三，邀请集团内骨干教师进行影子跟岗，将课程实施中的优秀教师与集团内教师结成对子，在实践操作层面开展多次一对一的直观互动，通过最短的路径掌握操作方法。第四，通过课程研讨活动，将教师们在实践中的思与悟进行思维碰撞。根据本校的培养目标向“三百特色课程”注入校本化内涵，将其改造成符合学校实际的本土课程。如，岸英小学结合本校“英雄文化”，开展“红色之旅课程”，热闹二小学以“达雅教育”为框架，创造性地架构快乐学农课程，回族小学从社区教育角度出发，提出“社区六小员”课程。各校将确定的共建项目子项目以课题的形式又进行了深入探究，新的课程融入学校原有课程框架。第五，具有校本化特征的共建项目纳入集团各校三年与年度工作计划中，以“家长开放周”等多个平台进行集团内实施成果展示，展示促发展，发展求创新。集团共建项目的输出使集团特色课程发生了结构性变化，显现出新样态，集团内各校分散的点状活动成为具有高度聚合性的交互式课程。几年来，集团内各校新增实践基地66个，社团52个，每年开展社会实践活动182次，社团课程授课近2000课时、百个行业课程150课时。量的变化促使着质的提升，岸英小学红色之旅特色课程将学校原有零散的阅读红色书籍、学唱红色歌曲等六项活动，以新添入的“参观红色实践基地”为主线，通过红色文化中的“人、物、事、魂”有机融合，形成岸英小学独有的特色文化实践基地课程，使活动课程化、系统化。回族小学组织学生到福陵社区参观劳模纪念馆，在满族风情馆进行探究性自主学习，学生的学习方式发生了根本改变，促进了学生核心素养的提升。共建项目的探究与实施是一个相互促进，彼此融合的过程。通过资源相连共享，解决了因多方原因课程目标无法达成的问题。既把龙头学校的先进经验输出，又在共融共和中对校本化课程进行填补、滋润，在螺旋式上升中实现突破与完善。实验学校小学部集团也正在迈入以“集团课程群”为特征的巢状课程探索，为师生搭建更多成长的平台。

基于精准扶持的共建共享。实验学校集团中学部从集团共同体成员校发展需要出发，积极构建多种机制，促进集团内优质资源共建共享。一是建立教师交流机制，让优秀师资在集团内流动起来。2018年以来集团内教师交流20余人次。二是建立研训一体共研机制，实验学校集团总校诚邀国内教育名家学者开展教科研、课堂教学、课程改革以及班主任队伍建设等方面培训，集团内所有学校教师共享资源，全员参与。三是建立常态开展“同课异构”教学研讨活动机制，为成员学校学科教师进行课堂教学改革引领。四是建立学生融合活动平台，如共同开展七年级建队日纪念活动、举办集团主题读书节系列活动大赛等。五是建立集团党建工作交流平台，以实验学校党建体验中心“红色讲习所”为集团党建和“红色基因”课程的重要载体和资源，组织集团内党员三百余人、学生千余人参观学习，深入了解中国共产党的发展历程和伟大成就。这些共建共享机制的建立，有效促进了共同体学校之间的合作交流，为各成员学校的发展提供了精准扶持，得到了集团内成员学校的认可和赞誉。尤其是促进集团科研特色的提升发展。2019年实验学校教育集团成功举办了集团科研开放周展示活动，通过视频短片、访谈、演讲、成果汇报等不同形式展示了各自学校的科研特色：实验学校的实验创新、165中学的泛在学习、90中学的差异教学和回族初中的校本研修，充分展示了集团聚力，特色发展，各美其美的集团发展特色。集团获得了沈河区党建工作先进教育集团、沈河区教育集团优秀组织奖、沈河区教育系统跳绳比赛团体优秀奖、沈河区教育系统首届职工广场舞大赛特等奖等荣誉。

经验与反思：实验学校教育集团充分发挥总校教科研训的优势，通过建立集团共建项目和共建共享机制，在教研培训、监测分析、学生活动等业务领域坚持开展常态化的合作与分享，实现了区域“精准扶持、分类提升、创牌提质”的集团共同体发展策略落地。

案例六：打造多元化模式发展的卓越教育品牌

沈阳市第七中学集团

沈阳市第七中学始建于1907年，是一所以卓越教育享誉省市的知名学校，是沈河区教育改革的旗帜学校。在推进区域集团化办学促进优质均衡发展过程中，第七中学责无旁贷地承担起名校的责任与使命，于2011年组建第七中学教育集团。九年间，七中教育集团经历了兼并、领建、连锁、嫁接、移植等发展模式及阶段，现以沈阳市第七中学为总校，以七中东新学校、沈阳市七中五里河学校（含附属小学及附属幼儿园）为直属分校，七中文艺路学校、一四五中学为成员校，苏家屯区沈水实验学校、沈阳七中沈北分校为委托代管学校，形成“一校四区+两成员校+两代管校”的办学格局。七中教育集团以“卓越教育”为核心，强化四个载体即“管理上互通、人才上交流、研训中联动、质量层同进”，逐渐形成了以“名校分部、名校直属校、名校分校、名校成员校、名校委托管理”为主体的“五元化集团办学模式”，发展成为以“办学多元、质量卓越”为特色的区域示范、全市领先、省内一流、全国知名的优质名校教育集团。主要发展模式有：

1. 兼并试点，整体纳入。2010年沈阳市第七中学先行试点，对区域内相对薄弱的第八十六中学实施校舍、教师、学生、学区的全纳式兼并。沈阳七中总校坚持环境升级和队伍融合两手抓，仅用一年的时间，实现了学生回流入学率翻了一番。9年间，该学区7个社区近2000户居民子女享受到了七中的优质教育资源，85%以上的孩子升入了省级重点高中，300余名学生考入省实验等三所名校。原八十六中学有2人已经成长为校级干部，4人成为学校中层干部，4人成为区优秀班主任，20人被评为市区优秀教师。优质教育真正走进了寻常百姓家。

2. 领建新校，直属管理。2012年，沈河区委区政府在教育发展薄弱的东部地区布局一所新建学校沈阳七中东新学校投入使用，采取“高端引领、高端助力、高速发展”的办学策略，由沈阳七中总校领建，选派优秀的管理干部、经验丰富的名师骨干教师团队，制定了干部教师交流制度，全面复制七中优质的办学理念和资源，与总校“一体化”管理。东新学校办学效果迅速显现，2015年，第一届毕业生在第一次中考的省重点录取率就达到了50%以上，随后几年更是以86%、87%、90%的录取率不断攀升。目前该校中考成绩已经连续数年进入了全市前五名，既有百年七中的精神传承和文化底蕴，又有七中东校独有的社会声誉和办学特色，真正成为一所沈阳市优质教育学校，成为沈河区东部地区优质教育的“制高点”。

3. 创建连锁，丰富学段。2018年第七中学教育集团又倾力打造一所高标准、高起点、特色化的现代化学校“七中五里河学校（含中学、附属小学和附属幼儿园）”，实施名校“幼小联动、小初衔接”办学实验，将七中的优质教育实施进一步的延伸。学校依托七中“母体校”的先进管理、教育、教学、师资、招生、培训等方面优质资源，与母体校保持“五统一”，通过资源共享、管理互动、教师互派、文化共建，带动新建学校（园）高起点发展、高水平办学，满足更多群众对优质教育资源的需求，实现了高开高走、稳中求进的良好开端，成为沈河区公办教育的又一个“领跑者”。

4. 建共同体，促成员校。沈阳市第七中学文艺路学校和沈阳市第145中学是七中教育集团的成员校。总校采用“嫁接”的方式，因校制宜实施精准扶持与合作，促进成员学校内涵发展。七中坚持四个输出：一是输出干部，七中文艺路学校的校长、教学副学校、德育副校长，145中学校长、副校长均为总校派出，通过这种方式向该学校输出总校的管理经验与模式。二是输出文化理念，参照七中卓越教育文化，对学校办学文化进行全面梳理，重构学校核心价值体系。三是输出教研培训，这两所成员校每年从校长到中层干部、一线教师都会到七中集中跟岗研修，集备、听课、参与研讨，全方位跟岗学习。四是输出教师，每年开展集团内教师交流，促进骨干教师在总校和成员校之间流动。几年来两所学校办学特色凸显，教学质量逐年提升。七中文艺路学校省重点及同批次录取率从2017年的64.3%，攀升到2019年的86.8%，学校“博雅”文化、“生本课堂”和艺术教育特色的学校办学特色获得了广泛赞誉。145中学省重点达标率从2011年的29.3%到2019年度的71.6%，达线率逐年升高。学校书法、体育等特色项目成绩突出，成为沈河东部名校之一。

5. 品牌输出，整体代管。2016年沈阳七中教育集团受沈阳市苏家屯区委托代管了苏家屯区沈水实验学校，2019年受沈阳市沈北新区委托代管了沈阳七中沈北分校。七中总校采取“移植”的管理方法，选派优秀管理干部和团队，输出管理，整体代管。一是层层把关，筛选优质人才，全程组织首批新教师招聘工作，从源头确保了师资的优质性。二是实习培训，感受名校风采。总校为新教师们开展专业化定制培训，一对一安排师傅，进行跟班教学德育全方面学习。三是教研活动，碰撞智慧火花。所有教师定期参与总校集体备课、公开课等教研活动，与总校教师学习教学经验，结对子，拜师傅，让青年教师得以迅速成长。四是倾情送课，助力圆梦一方。每学期总校派各学科优秀的教师开展送课活动，尤其在中考前为初三尖子生点播授课。五是资源共享，沐浴教育恩泽。同授课内容、同授课进度、同卷纸反馈，实现了教育资源共享最大化。沈水校区建校三年，三个年级在历次统一考试中全部取得了平均分、优秀率、及格率全区第一的好成绩。2019年首次参加中考，三校录取率、总平均分、总及格率、总优秀率均全区排名第一，约81.9%以上的学生被省重点高中录取，100%的学生超过普通高中录取分数线。

经验与反思：沈阳市第七中学教育集团，兼具了各种形式的集团化办学模式，七中总校因校制宜，量身定制适合的管理模式，提供精准扶持，全方位打造育人环境，形成了多元化集团管理模式，既发挥了集团长学校在办学理念、管理经验等方面的资源优势，同时因校制宜，兼顾了每一所学校和校区的自身优势，做到了集团内“既天下大同，又各美其美”，成为区域卓越教育品牌输出的典型样本。

案例七：众筹智慧 共赢未来 构建集团发展共同体

育源中学教育集团

沈河区育源教育集团属于“松散型”中学集团，以育源中学为集团总校，共由五所学校组成，育源中学东兴学校（以下简称育源东校）、第八中学、一四三中学、满族中学4所成员学校组成集团发展共同体。自2011年8月组建以来，集团始终坚持“和而不同，形散神凝”的原则，以章程为统领，以制度为保障，以管理机构为牵动，创新机制，创优实践，实现了群体带动个体提升、个体促进群体发展的良性循环。

1. 党建为魂，形成集团融合的动力源。为发挥名校成员校的集团机制优势，育源教育集团确立了“1+X”的集团大党建模式。在育源中学党总支（1）的牵头带动下，在集团内各校党支部（X）积极参与下，集团党建以思想建设为主线，以质量提升为目标，以项目推进为抓手，以“七联”（即党课联教、课题联动、文化联谊、先锋联创、活动联办、资源联享、信息联通）“五合”（即思想契合、行动配合、优势整合、力量聚合、策略适合）为特征，实现了从活动覆盖到内涵覆盖的转化。党建工作的推动和党员教师的引领，使集团化工作由形式相加走向思维相通、行动相融。

2. 研训为本，建立集团学习的互联网。育源中学教育集团把研训一体化作为集团共同体实现整体创优和转型升级的战略选择。一是构建队伍专业成长的共同体。组建名校长工作室，打造集团管理的能量舱。2014年集团总校长李敏的名校长工作室正式挂牌，成为集团内校长合作发展的共同体。工作室成员相互学习借鉴学校办学经验，为思维充电，为行动赋能。目前集团内五名校长中，沈阳市优秀校长3人，沈河区优秀校长4人。在优秀校长的引领下，五所学校多元发展，稳步提升。成立青年教师学校，建设集团教师专业成长的孵化器。鉴于各校青年教师人数少、不成规模的现实情况，集团统一组建了青年教师发展学校，开展专题讲座、典型引领、读书会、主题交流等各种培训活动，实现了青年教师的整体提升，为集团内学校的可持续发展保障了动力。二是构建学科研修提升的共同体。以育源中学各学科集备组为牵动，定期组织学年教学传承、学科主题教研以及学期质量分析等活动。集团内组建了二十多个教研QQ群和微信群，随时开展教研互动。每学期由集团总校承办，组织开展教学传承和学科主题教研。如2018年3月进行的主题教研历时一个月，涉及15个学科，参与400多人次。2018年9月的教学传承在通过QQ会议的技术手段向集团内学校进行网上直播。这样既节省了教师参会往返路程的时间，又保障了参会人数，实现了集团内的全覆盖。集团开展了由集团内各校承办的学期质量分析，有针对性开展成绩数据分析、学情诊断及对策、经验介绍、问题研讨等。2019年4月分析会分别由集团三所学校承办，共有十五个分会场，涉及三个年级所有考试学科，参与教师120余人，为教师“智慧地教”提供了具体的诠释。

3. 提升为要，打通集团均衡的纵贯线。2016年149中学更名为育源中学东兴学校，成为育源中学教育集团的共同体成员校，育源中学以需求为导向，启动了对东校的精准帮扶。一是“西气东输”——送管理。育源中学选派党总支书记李萍担任育源东校校长。李萍校长参加每周五的育源中学班子会，与育源班子成员沟通东校情况，制定发展规划；两校班子成员按职务分工实现无缝对接，共享资源，共谋发展；实现了把育源中学的管理理念与东校办学实际的深度融合。二是“西风东渐”——送培训。育源中学采取请进来和送出去的方式，向东校输出培训。请进来，就是把东校教师和学生请到育源，进行听课、教研、开展活动等，实现东校师生与育源工作的零距离接触。送出去，就是育源中学选派优秀的集备组、学科教师、班主任去东校做现场展示或经验介绍，发挥榜样的引领示范作用。同时两校还借助信息技术手段，进行线上交流和同步视频教研。两年来，育源中学接待东校教师60多人次，学生300多人次；派出教师100多人次。随着沟通的深入，培训由单向的输出，变成了双向的交流。三是“西水东调”——送教师。为了解决育源东校教师队伍老化，人数缺编困难，育源中学先后派出语文、数学、政治三个学科的四名市区骨干教师前往东校任教，并担任集备组长，以他们的敬业精神和教学技能感染和带动了东校教师，为东校教学质量的提升提供了助力。三年来，育源东校办学质量提升明显，生源总数由2016年的440人递增为现在的700人；中考成绩连续攀升，2017年中考600分以上的人数由2016年的3人增加到30人，2018年中考排进区内前2000名人数是2017年的4倍；学校办学特色也日益凸显。育源东校获得沈河区先进学校的政府表彰，李萍校长也被评为沈河区优秀校长。

经验与反思：育源中学教育集团通过集团化办学，众筹智慧，通过构建集团发展共同体，把“我”变成了“我们”；通过研训一体、精准扶持的创优机制，把“平庸的我们”变成了“优秀的我们”，凝心聚力共同打造公平而有质量的学校教育，是集团松散型共同体建设的又一典范。

上述这些是沈河区域集团化办学的几个经典案例，它们用事实回答了在教育均衡的背景下，如何处理好融合与稳定、发展与改革、提高质量与特色办学、自我发展与共同发展之间的关系，将一所优质学校办成一所同样优质的集团名校，实现“规模与质量双赢”的可持续发展，成功规避急剧扩张容易带来的种种风险。在这背后，我们可以看到这些教育集团的校长们，在区域集团化办学改革过程中，勇做先锋，放弃了名校“独善其身”的小日子，担负起了“兼济区域”的大责任。用他们对教育的忠诚、锐意改革、勇挑重担和远见卓识支撑区域集团化办学改革和发展。

第六章

提质创牌：打造轻负高质的教育品牌

第一节 品牌学校创建的重要战略意义

崇尚品牌、消费品牌越来越成为新时代人们生活的必需品。反映在教育上，则是人们对教育品牌的热衷和追求。特别是随着中国教育供给侧的日趋多元和家长对优质学校需求的增强，教育品牌的竞争力已不容忽视。

一、品牌学校创建的必要性与可行性

品牌学校的创建是国家发展的需要、经济发展的必然趋势。区域经济的社会发展迫切要求提高区域居民的整体素质。这就需要在国际视野下提供高端教育服务，深化教育改革，创新人才培养模式，加大品牌学校创建力度。

品牌学校的创建是突破学校发展的高原期和瓶颈期的重要手段。区域学校的办学条件已经得到明显改善，校园布局日趋合理，教师校本课程开

发能力和教学科研水平不断提升，学校核心竞争力显著增强。在此条件下，创建品牌特色成为各学校度过发展“高原期”、突破发展“瓶颈”的新动力。

品牌学校的创建是满足人民不断增长的优质教育的需求。随着公众对优质教育需求的增长，以品牌学校建设为突破口，走科学、优质、协调发展之路，发挥品牌带动辐射功能，扎扎实实地推进教育优质化建设，是提升区域教育软实力的核心价值诉求。

沈河区学校发展现状决定了创建品牌学校的必要性。目前，沈河区已形成了一定数量的优质学校，但从整体上看，沈河区大多数学校的品牌意识不强，宣传力度不够，品牌效应尚未形成，品牌学校数量较少。特别是高中，急需树立具有典型示范作用的品牌学校。区内部分具有旗帜性质的优质学校，办学理念有待进一步提升，办学特色有待进一步梳理，办学影响力有待进一步扩大。另外，沈河区经过多年的积淀和发展，区内每所学校都确立了至少一项特色发展项目，部分学校已初显办学特色。但区内学校普遍存在办学特色不鲜明，特色项目个性化不突出，围绕学校特色发展的体系尚未确立。

沈河区教育教学质量强势崛起决定了品牌学校创建的可行性。沈河区共有高中6所，其中3所省级示范高中，3所市级重点高中。近年来，随着高中教育教学改革的不断深入推进，高中办学质量稳步提升，连续多年高考平均分位居市内五区领先，入出口增值评估排名靠前，区内高中基本实现了标准化、精细化、特色化发展。

义务教育阶段，沈河区共有初中12所，小学30所，九年一贯制学校1所。近几年，沈河区义务教育快速发展，在全市率先实现了辽宁省教育强区创建目标，在全省城区义务教育均衡程度与发展水平监测中，沈河区位居全省前列，特别是小学均衡程度与发展水平位列全省第一。连续多年全区中考成绩始终保持全市领先优势，第七中学中考成绩23年蝉联全市第一。

沈河区品牌学校增值明显品牌效益外溢。沈河区委区政府经过充分论证和周密的顶层设计，依托沈河区丰富的名校资源，于2011年10月开始实施全区学校“全员纳入”集团化办学模式，组建了10个教育集团。通过调整学校的布局结构，实现优质学校的资源直接覆盖薄弱学校。集团化办学受到社会的高度赞誉和广泛认可，沈河区周边的于洪区、苏家屯区、沈北新区等纷纷采取委托管理的方式，引进沈河区的教育集团在本区办分校。优质学校的品牌效益外溢，在当地产生了良好的社会影响，实现了品牌的增值，扩大了优质教育资源，增强了教育发展活力，为打造品牌学校奠定了基础。

特色学校以及特色项目的建设是品牌学校创建的基础和前提。科学定位学校特色，对优势项目认真分析，探寻既能凸显本校优势、在一定范围内独树一帜，又具有长久发展潜力、带动学校整体发展的项目，使其做大做强，进而成为品牌学校建设的突破口。在此基础上，集中学校的人力、物力和财力，强力推进特色项目建设，充分发挥特色项目的孵化作用，进而推动学校品牌的创建工作。

近几年，沈河区积极推进特色化办学，全区中小学已初步形成了多样、特色、优质的办学特色。组织七所学校梳理提炼办学思想，深挖办学内涵并组织学校开展办学思想巡礼系列活动。第九中学和同泽高中女中部被评为沈阳市首批特色普通高中实验学校，第九中学因特色办学理念先进，办学成效显著，被评为辽宁省特色普通高中示范校，成为全省仅有的28所辽宁省特色普通高中示范校之一；初中除第八中学外，每所学校至少有一项市级认定的特色项目。如143中学以美术教育为办学特色，开发了以普及为目的的校本课程，培养学生欣赏美、创造美、评价美的能力。满族中学积极发展民族特色，打造了珍珠球品牌项目。该项目已被列为沈阳市非物质文化遗产，并由国家教育部体卫艺司拍摄成录像片向全国推广。特色学校的建设和特色项目的形成为品牌学校的创建奠定了良好的实践基础。

二、品牌学校建设的基本原则

品牌学校的建设是一个系统工程，需要我们对学校教育的方方面面做周密的思考和分析，构建品牌学校时应该遵循一定的基本原则，才能实现品牌的生成。

（一）教育性原则

学校是培养人的地方，正如夸美纽斯所言，“学校是造就人的工场”，品牌学校的构建也应该紧紧围绕教育性这一基本原则。品牌学校的建设与其他品牌的建设存在本质的不同，学校作为教书育人的重要场所，为国家建设培育全面发展的合格人才是其根本任务。所以，构建品牌学校的要素是教育效益，而不是经济效益或其他事情，这是由学校的职能决定的。品牌学校的构建要从教育人、培养人出发，创造一个教书育人、管理育人、服务育人的良好学校氛围。

（二）特色化原则

一所学校要成为品牌学校，亦要有其个性，这也是构建品牌学校需要遵循的一个重要原则。

特色化的实质就是创造性。品牌学校的特征是在继承、吸收和内化学校文化传统的基础上，遵循办学规律，从学校实际出发，顺应社会发展的过程中逐步形成的。一所学校的独特性具体表现为独特的办学理念、办学策略、办学内容、管理思路，最终表现为一种“人无我有、人有我优、人优我特”的独特风格。

因此，品牌学校在具有一般学校共性的基础上，又应具有与众不同的个性。品牌学校的构建应基于普通学校的基础，并形成独特的品牌文化。

（三）发展性原则

任何事物都处于发展变化之中，都不是一成不变的，品牌学校的构建也应与时俱进，随具体情况而发生改变，要不断创新发展，不能抱残守缺、因循守旧，要想使品牌学校立于不败之地，就必须使其具有发展性。发展性是品牌魅力永驻的前提。品牌学校的特性应“固化”在学校的教育教学活动中，但“固化”并非“僵化”，而是一个持续发展、不断成长、日益成熟的过程。

（四）区域性原则

品牌学校的构建首先需要继承国家、地区和本校的优秀传统，而这些传统文化往往就是形成独特学校精神的来源。不管在什么时代，学校都应大力弘扬区域优秀的文化。品牌学校首先是区域内的品牌学校，其次才能在更大范围内显示品牌魅力。品牌学校立足于区域经济社会、人文环境、文化特色的实际，是特定区域教育改革创新的先行者和示范者，一定意义上能够反映特定区域的教育文化特征和教育发展水平。

（五）开放性原则

学术没有疆界，创新没有禁忌，高深知识活动必需的科学精神和创新精神要求品牌学校的构建保持开放性：向时代开放，向实践开放，向进步开放，向需求开放，向国家开放，向社会开放，向学术同行开放。个体的力量总是有限的，因此不能闭门造车，而要以开放的胸怀容纳各种社会力量，如专家、智囊团等，集合成无限的集体智慧，才能产生“几何级数增长”的效果。

三、品牌学校建设的途径与方法

品牌学校是一个长期积淀的结果，是一个持续不断的努力过程，更是一个综合各种因素的整体推进的过程需要准确定位和精心策划，才能打造一所知名的教育品牌。

以文化内生撬动学校发展。一所学校的发展需要的是持久的战略、稳健的发展速度与有效的质量提升规划，这些都需要文化的建设以及文化的力量。沈河区在品牌学校创建的过程中，逐渐探索出以文化内生撬动学校整体发展的区域发展模式。

在推进沈河区品牌学校建设项目中，项目组对品牌学校的内涵进行深入的整理和分析，构建了品牌学校发展的“六要素”——学校文化、课程体系、课堂教学、管理创新、教师队伍、学生素养。并通过学校文化将所有要素串联在一起，学校文化建设是一种创造，也是一种继承和发扬，研究学校文化创造的规律，思考学校的办学理念、办学目标、学风、校风等内涵，是对学校灵魂的唤醒和精神的再次叩问。追寻与探索学校的文化，从根本上说就是追求有个性、有品牌的学校。在品牌构建中，运用Swot分析方法深入分析各个要素的优势、劣势、威胁、机遇和挑战。在实际操作中，项目组从整体认识论的角度对品牌学校进行整体的设计和策划。

梳理学校历史。总结和凝练候选学校的办学理念和办学特色。学校的历史积淀是品牌创建的基础和前提。全面梳理学校的历史即对学校发展，尤其是学校课程发展的文化之根和现实基础进行全面梳理，认真总结学校的办学特色、办学历史、成功经验和存在的困难与问题。

提炼办学理念。学校发展内涵和学校发展特色的集中体现，是学校办学过程中产生的一系列教育思想、教育观念以及教育价值追求的总和，是学校自主建构起来的总的办学指导思想。

明确发展主题。学校发展主题就是学校在一定发展阶段提出的思想主张，是学校发展内容的主体和核心，是校（园）长和教师对学校发展的思路、途径、手段和策略的综合思考和统一主张。主题规定了学校发展的核心内容，主题的来源较为广泛，按照主体、内容、手段等三要素划分法，可以提炼出很多主题。学生、教师；德育、课程、教学、管理；学校文化、教育环境主题决定了学校的发展方向。主题显示了明确的教育价值取向，特别是在涉及学校发展定位和培养目标时更为明显。项目组、沈河区教育局以及种子学校共同协商和确定学校的发展主题。在充分综合提炼学校历史积淀的基础上，从高位和宏观的视角思考学校的发展主题。通过三方会诊，共同确定学校的发展主题。

构建顶层设计。“顶层设计”就是自顶层到底层展开设计的理念与方法。明确了学校的办学理念和教育主题后，自上而下地对学校发展的各层次、各环节、各方面和各要素进行统筹规划，经过相互融合和优化组合而产生聚集效应，以最大限度地提升学校的办学质量。项目组、教育局和种子学校在充分整合学校的物质和人文环境、课程、教学、制度管理、教师团队等各个教育要素的基础上，围绕学校发展主题，形成具有内在逻辑联系的框架体系。

探索实践载体。为了更好地落实品牌学校发展的框架体系，需要各个学校在实践层面积极探索实践的具体载体，查漏补缺，进而在实践中大胆尝试、改革创新，积极落实框架体系的方方面面。

第二节　品牌学校创建的沈河模式

随着品牌学校创建的不断深化，特色学校的进一步涌现，以不断满足人民群众对优质教育资源的新需求。近年来，区教育局逐步实现了品牌+特色模式的梯次发展。

一、完善“品牌校带动”模式，巩固品牌学校创建成果

首批创建单位的经验积累是学校自身的财富，更是区域教育发展的精华。品牌创建项目成果集中体现着沈河区办学优势，具有不可忽略的区域引领价值。故沈河区通过嫁接区内品牌学校的管理、师资，使新建校迅速进入优质发展的快车道。同时，加大调研力度，针对名校进驻模式所衍生出来管理、师资等问题，明晰症结所在，建章立制妥善解决。截至目前，文艺二东校区、朝阳一东校区、实验学校东校区、七中东校区、七中五里河学校、育源中学东校区等6所新建校在发展初期就形成了在全市甚至全省、全国具有品牌知名度的特色学校的态势，这得益于品牌学校输入的先

进管理与雄厚师资，也成为区域优质教育资源新的增长点。

二、探索“集群式发展”模式，扩充品牌学校建设范围

安排集团长品牌学校作龙头，分别带领1或2所集团内发展较为缓慢的学校建立“教育品牌创建联盟校”。在联盟中，一方面要求集团长学校不仅要当学校发展的领跑者，更要从办学理念、常规管理、教育科研等方面发挥带动作用，成为区域教育发展的助推器；另一方面使联盟中发展较为缓慢的学校充分借鉴首批创建单位经验，结合学校实际发展需求，挖掘优质教育资源，增加多种发展机会，探索多向发展渠道，拓宽多维发展空间，将外力拉动和内力突破相结合。实现了“发展有方向”“学习有方法”“推进有策略”“追赶有目标”“提升有效果”的目标。同时沈河区的“集群式发展”模式激发了联盟校际间的内驱力，强化了各层次学校的竞争意识，整体提升了创建单位的综合实力，促进了区域教育整体发展水平。

三、优化“梯次化升级”模式，打造区域品牌学校建设体系

沈河区定期召开品牌创建成果推广会议，从打造品牌影响力、增加辐射度的角度，宣传已有成果的创建单位成绩，以点带面，推广创建经验，增强品牌创建项目的探索和实践力度，扎实落实后续品牌创建工作。引导全区各校在现有“集群式发展”基础上进一步整合教育资源，梳理学校文化，提升学校内涵，使更多的学校完成了从“标准学校”向“特色项目校”，再向“品牌学校”跨越的梯次化升级。区教育局逐年筛选3—5所学校作为目标学校重点关注、全力提升。每所目标学校由教育局指定党组成

员包挂帮扶，整合局机关各科室的力量，调动全系统的资源，通过互结对子、集团带动、座谈报告、体验实践等方式，从制度建设、教育教学、科学管理、队伍培养、人事安排等方面给予全方位的指导和关注，帮助目标学校在短期内实现大发展。

沈河区品牌+特色模式梯次发展，推动各层次学校螺旋式上升，新的竞争态势不断生成。其间，“老品牌”进一步得到巩固、“新品牌”梯次性生成，全区优质教育资源总量不断拓展，有效保障了区域教育的高位、优质、均衡、健康发展，让更多百姓享受到家门口的优质教育资源。

第三节　精彩纷呈的学校品牌特色

一、擦亮学校的特色品牌

在“品牌+特色”项目创建的这五年间，沈河区32所小学，14所中学，6所高中全部参加了此项工作的创建。项目实施过程中，项目组与各学校密切配合，共同开发、共同研究不同学段的特点，不断挖掘学校发展内涵，既注重与区域教育发展实际和愿景相结合，着重以“适合的教育”的核心指标和教育现代化的核心素养为基本发展元素，又突出学校的发展特色，优化教育生态，形成具备可操作性的品牌学校（幼儿园）创建架构。

目前，沈河区已有8所中学、10所小学以及3所幼儿园顺利完成特色鲜明的“品牌学校”创建，后续我区将着力“特色学校”项目的推进。在教科院专家的引领下，在“品牌+特色”创建项目组成员单位的共同努力下，培育出了众多的品牌学校、特色学校，实现了区域教育的优质均衡发展。

（一）“大爱至诚”——沈阳市同泽高级中学

同泽高中秉承张学良将军建校之初提出的“诚”字校训，基于校名“同泽”（《诗经》：岂曰无衣，与子同泽）内涵的挖掘，将品牌学校建设项目的特色发展主题定为“大爱至诚”。诚为校训，爱为校魂，与子同泽，知行合一。“大爱至诚”教育是同泽教育发展主题，以学校“崇人文精神、尚科学思维、抱家国情怀、做合格公民、成有用之才”的培养目标为原点；以“诚”和“爱”为基石；以真、善、美即崇尚科学、尊重公理、注重美育教育为着力点构建和丰富“大爱至诚”教育内涵。

学校依据核心素养，着力在文化基础、自主发展、社会参与三个方面建设校本课程体系。立足核心素养，树立“以人为本”的现代教育理念，以“深备、精讲、细练、勤考、粗判、详评”为教学环节，以“课堂八问”——“教什么、怎么教、教会没、不会怎么办、学什么、怎么学、学会没、不会怎么办”为课堂教学模式。

学校努力培育和践行社会主义核心价值观，提出诚实做人、诚信做事、诚恳待人、忠诚祖国。树立教师“至诚至人”典范，将“大爱至诚”品质培养、学科建设与学校日常教育教学活动有机结合，以诚信校园、诚信班级、诚信考场、诚信水站、诚信书苑、诚信教育活动等提升学生诚信自觉意识，“地铁好少年”孙冠儒同学的事迹成为“大爱至诚”品牌建设成果的最好代言，“诚”与“爱”成为今天同泽师生共同遵循的德育思想。

（二）“卓越”前行——沈阳市第七中学

沈阳七中根植于百年历史的积淀，结合学校实际，将“卓越”作为学校文化的核心，把办学理念确定为：追求卓越，缔造幸福。意为以卓越之梦，塑造完善之人；凭幸福之心，缔造幸福人生。卓越教育是以追求学生身心健康、素质全面、成为卓越人才、能够创造幸福人生为目标的教育；卓越教育是帮助师生提升生命价值、体验生命快乐、提高生活质量的教育；卓越教育是在“立足基础—传承创新—多元开放—多维发展”过程中不断追求进取的教育。卓越教育指向全面育人、全面发展和面向未来，既培养学生卓越的学识也培养学生卓越的人格，既充分发挥学生特长又注重发展均衡，既强调学生阶段性发展又为学生终身发展奠基。

研磨出以精细化为纲要的卓越管理体系。以“人本管理、长效管理、科学管理”为基础，形成“精心是态度，精细是过程，精品是结果”的管理理念和“事事有人管，时时有人管，处处有人管，人人用心管”的管理方法。

实施“一主两翼六维”为特色的“卓越课程”体系，同时辅以德育特色小微工程：涵盖学校、家庭、社会公德培养的“七中七德、七微养德”德育实践内容，特色鲜明、成效显著。2017年第七中学连续25年中考成绩位居沈阳市公办学校之首，沈阳七中“卓越”品牌的价值影响力与日俱增，独树一帜。

（三）“友善”润心——沈阳市育源中学

育源中学凝聚学校文化共识，将“友善”文化确定为学校文化的核心内容，将育人目标总结为“培养悦纳自己，友爱他人，善待环境的全面发展的合格学生”，建立友善文化价值体系。实行“友善管理”、锻造“友善教师”、培养“友善学生”、实施“友善教学”，紧扣时代脉搏，稳定持续发展。

（四）“责任”至上——沈河区文艺二校

文艺二校坚持以理念支撑品牌，确立“责任至上”为学校价值核心，责任育师、责任兴校。

学校课程的整体架构与实施，与学校责任育人的主张精准匹配，通过课程的一度开发——“破壁整合”激活学科基础课程，二度开发——“丰富开放”发展实践拓展课程，三度开发——“跨界借力”凝练心智发展课程，实现了跨学科、跨教材、跨教室、跨认知的深度整合学习，成为学校责任教育品牌系统中的重要组成部分，研制了“责任自主学堂”教学模式。“责任教育”成为学校品牌创建体系的基石。

（五）“活力”四射——沈河区朝阳一校

朝阳一校将办学理念定位于“教育如朝，学子逐阳”。充分诠释了“朝阳”的内涵，也凝练出“活力教育”的主题。学校依据“活力教育”这一主题设置“活力课程”，设定学科基础课程、主题实践课程、个性发展课程、学校文化课程四大类课程框架；构建和实施活力课堂，研发了《活力教育思与行》，对“活力课堂”的基本特征、课堂目标、教学流程，以及“活力课堂”的近、远景的设计进行具体描述；构建了“自学中感悟—互学中交流—助学中深化—测学中提高”的基本的“活力课堂”教学模式。

学校实行以学生活动部、教学研究部、后勤保障部三部门为主导的“四维空间”坐标式“活力管理”，是群体活力的重要保障。在对活力教师的培养上，学校始终遵循“骨干引领激活力—团队共进研活力—全员参与展活力”的模式。为全方位实现培养“活力学生”的核心育人目标不懈努力。

（六）“和谐　扬长”——沈阳市实验学校

实验学校是区域内唯一一所九年一贯制学校，学校始终秉承“和谐扬长”教育思想，以“培养具有创新精神的阳光少年”为育人目标，通过“和扬”课程体系，培养学生核心素养，促进学生主动地、生动活泼地发展。

结合“一校多部”的特点，实验学校采取整体上集权式金字塔管理、授权式扁平化项目管理、条块管理的“和谐管理体系”。学校基于课程文化的传承和满足学生不断发展的需求，设置了适合实验学生九年发展“和扬”课程体系。通过“和扬”办学理念的贯彻落实，充分体现九年一贯制的“贯”字，努力创建独具特色的品牌，目前已经形成了一定的品牌效应。

（七）“菁彩”绽放——沈河区教育局第三幼儿园

教育局第三幼儿园确立了“菁彩教育”发展主题，以“多彩课程”为主渠道，以“四季活动”为载体，在“乐育团队”的呵护下，在“菁彩文化”的陪伴下，在“生态管理”的润泽下，努力培养有活力、有色彩、有梦想的健康儿童，打造乐观向上、和谐现代的幼儿教育团队，与菁彩为伴，成就师幼未来，构成一幅诲人不倦的多彩画卷。

（八）“融爱”教育——文艺路第二小学五爱幼儿园

文艺路第二小学五爱幼儿园秉承“多元启迪　自然天成”的办园理念，努力打造一所具有金色童年记忆的幼儿园，在发展中逐渐形成了“融爱”教育主张。注重内涵发展，将“融爱于心、践责于动”的高品质融于精细化管理，本着尊重、平等合作的原则，探索家园联动，打造“融爱”家园，争取家长的理解和主动参与。并提出“遵循自然　静待成长”的课程理念，在实践过程中逐渐形成由“基础课程、混龄课程、爱自然课程”三大系列课程构成的“融爱”课程体系，努力培养具有多元能力、创新思维的儿童，为每一个儿童创造一个舒适的、温暖的、适宜的、高质量的成长生态环境。

（九）“和扬”教育——沈阳市实验学校幼儿园

沈阳市实验学校幼儿园“和扬”品牌的核心理念是“和谐育人、育和谐人”。幼儿园围绕“和扬”品牌发展建设，打造和雅环境、和扬课程、和美团队、和谐管理、和乐家园，围绕“和而不同，阳光幸福”的育人目标，追求各领域、各区域、各角色的融合和互通，以开放的心态和眼光鼓励师生敢于创新，为师生的成长提供更多更丰富的体验机会，培养健康、文明、乐学、善思的阳光幸福的儿童。

二、品牌学校建设促进教育品质的增值

品牌项目是实验区总体设计中的重点项目，在项目实施过程中，中国教科院品牌建设项目的两位专家注入大量的心血与智慧。2019年，沈河教育面对新形势、新挑战，更是发挥沈河教育强区优势，建设良好的教育生态，实现教育优质均衡发展，不断加大品牌学校辐射力度，将品牌创建项目上升为区域教育协同发展战略，指导、督促各中小学、幼儿园，逐步梳理、建立、完善、巩固自己的教育品牌，更在项目推进过程中得到实惠，各校质量得到了整体提升，带来了积极的社会影响。

（一）管理理念的进一步优化

从学校管理者管理主体上看，“品牌+特色”项目让办学主体和管理者真正把握了办学的基本方向。一是统一了思想。品牌学校的创树，既是亮点的呈现，也是全面提升的过程，这就需要全区每所学校的积极参与，无形中形成了全区学校思想追求的统一，形成了沈河教育积极进取的新风尚。二是确定理念。在创树品牌的过程中，我们确定了工作的准确方向和理念，引导全区学校明确品牌创建的正确做法及品牌的支撑要素，更使此项工作的开展有章可循。三是理清关系。通过实际操作使基层学校理清办学理念、学风、特色活动等办学要素与品牌创建之间的关系，指导下一步工作方向。四是优化选择。经过以上的过程，每所学校都会优化梳理出符合自身特色的品牌创建思路，避免了绕路与弯路，更提升自身品牌竞争力，而此类的经验更能指导并提高区域内其他学校的品牌创建工作。

（二）学校文化的实现再提升

品牌项目创建以来，沈河区坚持以社会主义核心价值观为导向，植入传统文化的基因，以“品牌文化、互联网+、人文精神”为理念，提出“因地制宜、深挖内涵、观点鲜明、特色凸显”的校园文化建设思路，沈河区各中小学、幼儿园依托各自历史文化积淀，在继承传统优秀文化的基础上，以卫生校园建设、绿色校园建设、书香校园建设为抓手，结合学校特色化创建和校本课程开发，逐步形成具有区域特点、“一校一品、一校一特”、主题鲜明、形式多样的校园文化风景线，进一步提升了学校的整体教育水平。

如：沈河区文艺路第二小学将责任思想、融合文化、创新行动归纳为学校品牌发展的三个要素，引领学校实现品牌升级；沈阳市第七中学根植于百年历史传承所积淀下来的深厚文化底蕴，结合学校实际，将“卓越”作为学校文化价值观的核心，逐步建立起了一套比较完备的、适合学校实际的理念文化系统；沈阳市第一六五中学深入挖掘自身校风朴实的特点，主动拥抱互联网+时代，放大优势，自我求新，坚持“明德”以固本，“砺新”求发展，开启了探索“初中学校泛在学习”的实践之路；沈阳市第二十七中学通过关注、尊重和推动师生双主体，使师生教学相长和谐发展，共同营造同学情同手足、师生亦师亦友、学校兼容并包的富有人文情怀的人本文化氛围。在此文化影响下，形成“和而不同，各美其美”的教师文化，构建“博闻多学，刚毅坚卓”的学生文化。

（三）育人方式进一步转变

以品牌+特色项目创建为载体，深入推进教育教学改革。加快建设教育强区步伐，建立人才培养的长效机制，充分利用各种条件，深入挖掘，在人才培养的广度和厚度上多下真实力、苦功夫。深入推进高中的小班化教学改革、探索推广同泽女中的“学本课堂”、沈阳市第九十中学的“差异教学”等多种课堂教学模式，通过在管理模式、课程模式和教学模式三个维度积极引导、精准发力，丰富和完善“适合的教育”体系。2018年4月27日，沈河区教育局四项教育教学成果，即沈河区教育局“小微德育成长工程”、沈河区文化路小学“戏剧+系列课程的开发与实践”、沈河区文艺路第二小学“四叶草综合课程的开发与实施”、沈阳市育源中学“‘三环六步’课堂教学模式”，在“辽宁省基础教育教学成果奖评选”工作中获得优异成绩，并报送至教育部参评国家级教育教学成果奖评审，获奖数量在辽宁省区县居首。此外，沈河区教育局第三幼儿园、沈阳市育源中学、沈河区朝阳街第一小学、沈阳市同泽高级中学等多所品牌项目学校的课程、课堂教学改革经验成果在国家省市会议上进行宣讲和推介。

（四）教育现代化进程不断加快

以数字化校园建设为契机，区内所有学校信息化基础环境全面优化，应用能力显著提升。开展了交互式电子白板在教学中的普及应用，全体任课教师都能够在信息化环境下开展教研交流活动，学科教学信息技术应用率达到100%。部分学校已经开始了微课程和翻转课堂的探索和实践。如，沈阳市第一六五中学顺应“互联网+”时代发展，逐渐梳理出具有信息化时代特色的“云”课程体系，不但指向了学校的育人目标和学生核心素养的培养，更体现了服务学生的多元发展，助力学生广泛互动与释放潜能的适合教育本质，该校推出的“基于项目式”学习模式正是依托学校的STEAM创客课程的一种学习方式，强调实践、跨界与创造，培养学生的自主协作学习、获取知识和信息处理的能力；沈河区育鹏小学将建筑面积6380平方米的悦动楼命名为“创客大楼”，推出的“书法+信息技术”课堂上，教师利用Apple TV设备，与自己的手机或pad无线连接，使之成为可移动的展台。不但可随时随处将学生的作品拍下来，并把影像传输到一体机的屏幕上，供大家品评、赏析。还可以将学生动态的书写过程记录并展示出来，为其他学生提供学习或借鉴的资源。甚至可以把大师写的字变成中空的字体，与学生书写的字进行重叠对照，根据相似度发现学生书写的字体结构或基本笔画存在的问题，极大提升学生的临摹能力。

（五）学生核心素养提升载体不断丰富

品牌项目的创建的过程，也是全面深化素质教育的过程。沈河区依托品牌项目，加快艺术节、体育节、读书节等个性特色发展平台建设，进一步凝练乐团、合唱团、课本剧、足球、体操等区域优秀品牌，进一步培育精品社团，推进社团文化建设，深入打造“绿色校园、活力校园、科技校园、幸福校园”。

如：文艺二五爱幼儿园开设创意DIY、色彩地带、泥塑乐、名曲赏析等艺术领域课程，组建了“舞角星”艺术队，“小麻雀”木偶团，“果宝宝”时装队，为幼儿提供全方位的支持，给他们一个自我展示的平台，带领他们走进、享受、创造艺术。

沈阳市第八十二中学在“博雅”理念引领下，以“小视频·大视野”小微德育项目建设为工作抓手，引导学生争做“儒雅男生”和“优雅女生”，不断“博汲智慧，雅润心灵”，学生们变得阳光自信，善于沟通、乐于交流，会学习、会表达，学生核心素养进一步提升。

沈阳市实验学校打破常规的课程界限，打通学校与家庭、学校与社区、社会的壁垒，组建安全普法、国防科技、绿色环保、城市建设、敬老助残、历史名胜、文化风情、行业技能八大类百余个社会实践基地，更将家长和社会资源纳入到学校课程建设的全程，通过百个行业进校园、百个社团，使之助力课程的开发、资源的共享、课程的评价的多重维度。

三、品牌学校建设促进品牌效应外溢

从品牌创建具体操作实施来看，小微项目基于立德树人的基本立场，在一定范围内和一定程度上，对整体品牌学校建设起到了拉动和发力作用，让品牌学校变得更加璀璨。因为“小微德育成长”工程的操作理念就是将“小和微”作为形式，开发“微课程”，创设“微组织”，搭建“微平台”，聚焦一点做文章，立柱子，寻突破，通过一条明晰的价值线，最终指向立德树人培养目标，固化为可操作、可复制、可宣传、可推广的小微项目工作成果。该项目被教育部评为社会主义核心价值观教育的优秀案例，教育部“十二五”重点课题，2016年被辽宁省委评为思想政治工作研究成果二等奖，辽宁省德育工作会议经验介绍项目。

沈河区所有学校均参加了“小微德育”项目的构建，并在多年的探索与实践中，形成典型的学校“小微德育”项目案例。

沈阳市岸英小学以榜样引领为项目，充分利用学校岸英文化馆教育资源，将德育展室作为德育小微成长工程的道场，有计划有组织地引导学生认领学习讲解展室中的一张照片或一个实物，形成了“一种榜样，一个展馆，一张照片，一个故事，一个行动”的学生成长印记。

沈阳市同泽女中，利用晨检10分钟时间，以爱国主义教育为引领，开展了“晨说巾帼”项目，形成了“一段历史，一个时段，一名巾帼，一个感悟，一个价值”的学生成长模式。

沈阳市育源中学，以“小团队，微管理”为学生小微成长项目，把原本出现在课改课堂上的学习小组作为班级管理的基本单位，建设友善团队，发挥德育功能，形成了“一组团队，一个主题，一次合作，一次评价，一个价值”的班集体建设模式。

品牌项目有机融入品牌学校创建，使品牌创建工作更加精准，扎实推进了品牌创建工作。

沈河区品牌创建之路历经了意识阶段到实践阶段的探索，激发了首创学校挖掘品牌效应原动力的同时，也为后续创建学校积累了经验和借鉴，这些都将成为沈河区品牌学校建设项目的共享资源和宝贵财富。从“一校一情”发展为“一校一品牌”，需要忠于教育的情怀，更需要踏实、坚韧的品格和创新、开拓的科学精神。

党的十九大报告中提出："目前我国社会主要矛盾已经转化为人民日益增长的美好生活需要和不平衡不充分的发展之间的矛盾。"今后教育发展的任务就是进一步促进教育均衡发展，满足人民日益增长的享受更公平更高质量教育的需求。这就要求我们振奋精神、坚定信心、勇于开拓、敢于担当。我们将在教科院专家的引领下，在品牌创建项目组成员单位的共同努力下，努力培育出众多的品牌学校、品牌项目，实现区域教育的优质均衡发展，营造一方沃土，造福沈河人民。

第四节　品牌特色的扩张与输出

近年来，沈阳市大力倡导区际间教育均衡发展，沈河区提高站位，着眼大局，积极响应，依托品牌+特色学校创建成果，充分发挥沈河区优质教育资源优势，加大特色品牌的扩张与输出力度，先后与于洪区、苏家屯区、沈北新区等区域签订了合作办学协议，满足各区域人民群众对优质教育日益增长的需求，促进区域间教育事业共同发展，推动区域间经济整体发展。

一、品牌特色资源输出，助力于洪区教育成长

2013年，沈河区与于洪区开展合作办学，将品牌项目校沈阳实验学校（小学部）优质教育资源输出至沈阳市实验中海城小学（2013年9月成立，隶属于洪区教育局，学校占地面积17972.53平方米，建筑面积12931.26平方米，27个班级，1063名学生，69位教师）。现已完成第一轮6年合作

（2013年9月至2019年7月）。

合作办学期间，沈阳市实验中海城小学在继承校本部“和谐扬长”教育理念的基础上，结合新校区自身的现实情况和成长需求，不断探寻适合自己的发展新路径，在继承与发展、开拓与创新的思考与实践中逐渐凝练。市实验中海城小学在教育理念、管理制度、教师成长、学生培养、家校合作方面已经形成了“和合教育”理念体系。并衍生为五个方面，即契合，“和”教育是对母校“和谐扬长”教育的传承。“合”教育是市实验中海城学校在母校“和”教育基础上的创新。闭合，学校采用“闭合式管理”的模式，实现“起则迅，收则圆”闭合管理理念。谐合，学校以“和谐　融洽”为根本，为教师的成长打造一个有温度的学校。仁合，用习惯为学生成长铺路，用活动为学生成长助力，用课程为学生成长增翼，用评价为学生成长引航，让每个孩子都有收获，都有成长。融合，本着“家校联动、和谐育人”的宗旨，搭建起学校与家庭之间的桥梁，发挥了家长的作用。

建校六年来，教师队伍迅速成长，区级优秀课47节、市级优秀课11节、省级优秀课6节。区级观摩课29节、市级观摩课6节。“一师一优课”部级7节省级10节市级22节。于洪区骨干教师4名。学校成果显著，先后获得市联合视导检查全区最高分、沈阳市首批中小学学校课程研究联盟校、于洪区先进单位、于洪区教学质量提升先进单位、沈阳市教育科研百项办学特色优秀成果、市级平安校园、辽宁省艺术教育特色学校、于洪区优秀食堂等荣誉称号。

二、品牌特色经验输出，提升苏家屯区教育质量

2016年，沈河区与苏家屯区合作办学，再次将品牌项目校沈阳市第七中学和沈河区朝阳一校优质教育资源输出至沈阳市沈水实验学校（九年一贯制公办学校，2016年9月学校正式开学，隶属于苏家屯区教育局，学校占地面积8万平方米，建筑面积5.2万平方米。整体规划60个班级，现有班级46个，小学部1—6年级32个班，初中部初一、初二、初三14个班。共有学生1805人，教师131人）。

学校秉承沈阳七中的“卓越”精神，结合朝阳一校的“活力”宗旨，确定“幸福教育”为学校的特色品牌，让学校的每一名师生都工作幸福、学习幸福、生活幸福。建校三年来，学校蓬勃发展，现已成为沈阳市教育新秀，在各方面均取得优异成绩，得到社会各界的高度关注与认可。

三年来，沈水分校师生团结奋进，砥砺前行，积极参加各级各项比赛，均斩获佳绩。沈水分校初中部借助主校之力全力抓课堂质量，初中各年级一直在苏区的历次统一考试中均取得了平均分、优秀率、及格率全区第一的好成绩。有10名教师在沈阳市及全国课堂教学比赛中获得名次，有22名教师获得市区优秀工作者、优秀指导教师等荣誉。

小学部在各级论文比赛中，共计13人获得国家级、省、市、区级论文科研大赛奖项；2人获得省级优秀课奖项；3人获得市级优秀课；13人获得区级优秀课；5人次被评为区级优秀教师；3人被评为区骨干教师；1人次获市级微课大赛特等奖，6人次获市、区级教育技术大赛一二等奖。学生参加各级各类比赛20余次，获奖人数达100余人次。

学校2017年、2018年、2019年被苏家屯区教育局授予教育工作先进

单位，成为北京师范大学授予全国学校体育联盟实验校，被中国STEM教育联盟授予全国STEM实验学校，评为沈阳市绿色校园、平安校园、优秀德育工作先进单位等称号。

三、品牌特色成果输出，促进沈北新区教育发展

自2017年起，沈河区与沈北新区合作办学，先后将品牌项目校沈阳市第七中学、沈河区文艺二校和沈河区朝阳一校优质教育资源输出至沈北新区三所学校，即沈河区朝阳一校沈北道义分校、沈河区文艺二校沈北分校和沈阳市第七中学沈北分校。

朝阳一校沈北道义分校实施委托管理的模式，委托我区朝阳一校管理。朝阳一校沈北道义分校隶属于沈北区教育局，占地25333平方米，建筑面积18799平方米，现有教学班16个，学生人数425人，教职工40人，(合作期限10年，2017年3月至2026年2月)。

2017年9月开学以来，从办学思想、办学理念、办学模式、办学特色、学校管理、教学研究等方面全方位地传承朝阳一校的教育智慧，现已初步形成具有分校特色的“用爱打造活力教育，为学生的完美人生奠基”的办学思想，有效提升了教师教育教学能力、学生综合素质，学校办学水平。其中四年级在全市统考中取得全区第一的好成绩，语文、数学、英语三科均列全区第一名。五年级在全区统考中荣获第一名，获得了家长们的一致好评。

沈河区文艺二校沈北分校采用合作办学模式，与我区文艺二校合作。文艺二校沈北分校隶属于沈北新区教育局，学校总占地面积约21000平方米，是一所集小学、幼儿教育为一体的公办学校。

小学建筑面积约12000平方米，于2018年9月正式落成开学，现有一至三年级教学班15个，学生540人，教职工53人。开学一年以来，在市区两级政府及教育行政部门的大力支持下，学校传承“责任”校训，坚持以开放、创新的工作思路，以科学、严谨的工作态度规范办学。在省市县域义务教育均衡检查中，家长满意率调查为100%，全年零投诉。学校课程建设丰富多彩，教师研训注重实效，以信息技术为依托，以教育科研为抓手，学校多项活动在辽宁电视台、沈阳电视台等新闻媒体播出。本年度学校获评“辽宁省基础教育创新创客教育联盟实验学校”；一项市级规划办课题立项，26人参与市级小课题研究；15人在市区级优秀课及各项教育教学大赛中获奖；2人分别获得“区优秀教育工作者”及“区优秀教师”称号。

幼儿园建筑面积约3550平方米，于2018年12月完成建设，2019年1月正式开园，现有托小中大四个规模12个教学班，幼儿315名，保教人员41人，目前是沈北新区规模第二的公办园，已成功晋级三星，深受社会各界及家长们的关注，在区域内享有极高声誉。

沈阳市第七中学沈北分校采取合作+委托的模式，与我区七中合作办学。沈阳七中沈北校区2019年9月开始首批招生运行。学校占地面积40002平方米，使用面积27755平方米。学校整体规划36个班级，现有初一年级6个班，学生252人，教师22人。

四、品牌特色持续输出，推动多区域经济社会发展

目前沈河区与沈抚新区的合作，通过前期洽谈已达成框架协议，具体项目推进也在跟进中，涉及两个地产项目，两所品牌项目学校，即沈阳市

第七中学和沈河区文艺二校。

沈河区特色品牌的扩张与输出，持续助力了社会的发展，这是沈河教育义不容辞的责任。在合作中，沈河区不断总结合作办学经验，积极推广新的合作区域，让更多百姓受益，满足百姓需求，更是兑现了合作办学之初我们的承诺——让更多百姓家的孩子在家门口上名校。用行动证明了沈河教育的实力，赢得了各区域政府及教育局的高度认可，产生良好的社会反响。

第七章
区校联动：助力教师卓越成长

百年大计，教育为本；教育大计，教师为本。习近平总书记指出："我们要大力培养造就一支师德高尚、业务精湛、结构合理、充满活力的高素质专业化教师队伍。"教师作为一种专业化程度极高的职业，需要不断更新和完善其专业理念、专业知识和专业技能。教师的专业发展既需要教师作为个体的持续努力与不断反思，更需要组织层面的引领和保障，特别是作为最贴近教师专业一线实践的区域教师培训体系，需要给予教师引领发展。经过近几年的顶层设计和实践探索，沈河区教师专业发展体系从区校两级发力，既健全区域教师培训课程体系、强化名师工作室建设，又注重发挥和挖掘学校层面的特色和资源，全面助力沈河区教师队伍整体进阶。

第一节　健全区域发展支撑体系

教师质量决定区域教育长远发展的质量，沈河区在健全教师专业发展的区域层面，从理论和实践层面开展全方位、深层次、宽领域的有益探索，打造“一体两翼”的教师专业发展模式，着力从区域培训体系、课程体系和名师工作室建设三个方面为区域教师发展提供有效支撑。

一、以建立健全教师培训体系为统领

教师培训体系的建立健全需要顺应政策趋势要求、依赖理论依据并满足实践需求，方可使之科学、合理、可行且有效。

（一）教师培训政策的趋势要求

2010年《国家中长期教育改革与发展规划纲要（2010—2020年）》颁布以来，教师培训工作驶入快速发展的道路。特别是以“国培计划”为引领的国家级、省级、地市级、区县级和校级教师培训体系不断健全。教育部从多个方面加强教师培训体系建设、改革教师培训模式和提高教师培训质量，如2011年颁布《教育部关于大力加强中小学教师培训工作的意见》，2013年颁布《教育部关于深化中小学教师培训模式改革全面提升培训质量的指导意见》《教育部关于进一步加强中小学校长培训工作的意见》到2017年教育部办公厅关于印发《中小学幼儿园教师培训课程指导标准（义务教育语文学科教学）》等，教师培训专项政策不断健全。特别是明确提出“充分发挥区县教师培训机构的服务与支撑作用。积极推进区县级教师培训机构改革建设，促进县级教师进修学校与相关机构的整合和联合，加强县级教师培训机构基础能力建设，促进资源整合，形成上联高校、下联中小学的区域性教师学习与资源中心，在集中培训、远程培训和校本研修的组织协调、服务支持等方面发挥重要作用”。《中国教育现代化2035》也明确提出“夯实教师专业发展体系，推动教师终身学习和专业自主发展”。2018年,《中共中央　国务院关于全面深化新时代教师队伍建设改革的意见》指出:“建立健全地方教师发展机构和专业培训者队伍,依托现有资源,结合各地实际,逐步推进县级教师发展机构建设与改革,实现培训、教研、电教、科研部门有机整合。”由此可见,县级教师培训亟须加强和完善。

(二)教师专业发展的理论指导

众多研究表明,教师专业发展既需要教师自身的努力、实践和反思,又需要外界的引领、支持和保障。而区域一级教师培训是最贴近教师教育教学实践制度化、体系化的培训构成,区域一级教师培训又有一定的培训制度、经费保障和实践经验,从这个意义上来看,区域教师培训是最应该直接服务于教师专业发展。此外,从教师发展专业理论层面看,一般有四个阶段:形成阶段,教师开始形成简单的教育观念,初步了解教育教学工作;成长阶段,教师增加了对教育教学工作的理解和相关知识;成熟阶段,教师对教育工作产生了强烈的使命感,并开始形成自我反思,检讨已有的教育理念;专业化阶段,教师努力超越自我,尝试、重建并形成自己独特的教育教学观。从一个阶段发展到更高阶段均需要外力的支持和引领。

从成人学习理论层面看,成人学习具有自我导向、关联经验、强调实践、聚焦解决实际问题、内在驱动五大特点。教师群体自我导向性强,能够参与诊断自身的学习需求、规划、实施和评估自身的学习经验。具有丰富的经验,能够作为学习资源被应用。这意味着在教师培训的形式上要倾向于实用。

（三）教师专业发展的现实需求

教师专业发展的要素主要集中在教师的理想信念、知识技能、实践能力三个方面，而沈河教师专业发展存着以下现状和不足。

理想信念方面，教师职业倦怠现象普遍存在，专业发展观念淡薄，重课堂实践操作，轻自身专业成长，难以产生教学行为变革。教师的教育理念与新课程还有相当大的距离，缺乏专业理想信念的有效引领和有力支撑。

知识技能方面，专业化知识水平不高，缺乏学生特征分析、教学情境创设、学习资源设计等研究性技能。知识技能结构单一，重视学科知识的积累和更新，忽视教育学、心理学知识的学习与应用。教育理念和教学理论更新缓慢，不能及时更新加强自身的专业知识。

实践能力方面，教师课堂细节把控力度不强，在教学内容的组织、结构的调整、层次的衔接、方法的选择、时间的把握以及氛围的营造等方面有较大提升空间。

综合以上，为回应国家政策关于加强区域教师培训的方向和要求，遵循教师专业发展基本理论和主要规律，有效针对区域教师专业发展存在的问题和不足，特别是与区域教育改革发展要求之间的距离，需要区域层面不断提高教师培训能力，建立健全培训课程体系，全面提升区域教师培训质量。

二、以完善培训课程体系为抓手

培训课程体系是决定区县教师培训机构核心竞争力和区县教师培训质量的关键。2018年，《中小学幼儿园教师培训课程指导标准》系列文件的下发，为教师培训课程体系的建立提供了依托，文件从师德修养、学科教学、班级管理、学习与发展四个维度建立完善的标准体系，分科出台学科教学教师培训课程指导标准，是各级教师培训机构、教研机构开发和选择教师培训课程资源的基本依据，也是中小学教师规划个人专业发展的根本指南。依此，沈河区开发引航式教师专业发展三维培训课程体系。本体系是由一定关联度的系列课程相互作用、相互联系而形成的有机整体，旨在通过动态性的课程服务区域教育战略目标，通过系统的课程保障教师的专业发展，确保教师递进性持续发展。

（一）确立教师培训课程体系框架

依据教师专业发展实践的三个现实维度，构建培训课程体系框架。首先，根据基础教育阶段教师的岗位特征把教师划分为学校管理者、班主任、学科教师、教师培训师四类。其次，根据教师专业发展阶段对教师的素质要求把教师划分成新入职、成熟、骨干、专家四个课程类型层级。最后，根据《中小学教师专业标准》和《中小学教师培训课程标准》将教师

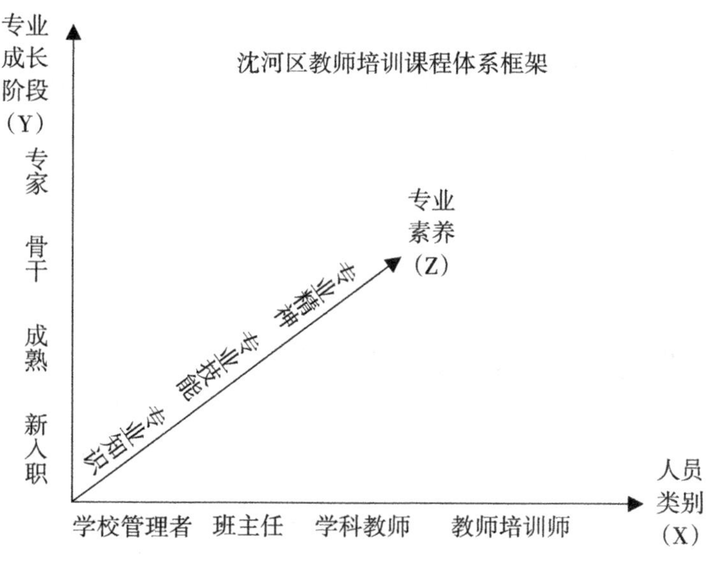

专业素养的知识与能力结构划分为专业知识、专业能力和专业精神三个方面。将三方面要素进行组合之后构成了一个三维体系，即沈河区引航式教师专业发展三维培训课程体系的基本框架。

（二）开发教师培训课程内容

课程作为教师培训的载体，是提高培训质量，丰富教师教育内涵的重要内容。教师培训课程体系的内容是体系落实的关键。沈河区引航式教师专业发展三维培训课程体系本着引领教师专业发展的理念，收集和整理教师真实需求，遵循教师专业素养发展的客观规律，从专业知识、专业能力和专业精神三个方面进行归纳整理。将教师岗位应具备的知识和能力要素转化为胜任本岗位应具备能力。具备内容界定以及分类见表：

沈河区引航式教师专业发展三维培训课程体系分类与界定

课程分类		内容界定
专业知识类课程	通识性知识	开展有效教学所需的普通文化知识。包括自然科学、人文社会科学知识、艺术欣赏与表现知识、现代信息技术知识、中国教育基本情况、学生成长等内容。
	学科类知识	学科的专业知识。包括学科相关的知识点、相关性质以及逻辑关系；发展历史和趋势，学科所提供的独特的认识世界的视角、层次及思维的工具与方法，与学科相关的技能、技巧等内容。
	教育学类知识	有效进行教育教学活动应具备的知识。包括教育学知识，心理学知识，学科教学法知识等内容。
	实践类知识	教师处理教育问题时的个人特征。以教学实践中的反思为基础，借助有关教育理论指导开展教学实践活动，并解决实践中的问题。

续表

课程分类		内容界定
相关课程		课程一：如何创编小学生喜欢的体育游戏 课程二：轻松几步掌握低年小组合作学习 课程三："拆书帮"读书方法的应用与实践操作 课程四：如何阅读一本书 课程五："思维导图"（Mindmap）在中学教学中的设计与应用 课程六：如何成为有深度的教师——图钉研读法
专业能力类课程	教学组织能力	施教能力（实施教案的能力）、控制能力（驾驭课堂形势的能力）、应变能力（随机处置课堂"突发事件"的能力）。
	言语表达能力	口头语言（说话、演讲、作报告）及书面语言的过程中运用字、词、句、段的能力。
	教学设计能力	教师在上课前对教学过程中的各要素进行最佳优化组合的能力。其基本内容包括课堂教学目标设计的能力、教学内容设计能力、课堂教学方法手段设计的能力、教学模式和教学策略设计的能力。
	教育信息化能力	硬件操作技能、软件使用技能、信息化教学素养，比如利用信息技术和网络环境开展教学交流和活动。
	教学监控能力	教学的计划与准备，课堂的组织与管理，教材的呈现，言语和非言语的沟通，评估学生的进步、反省与评价。
	教育科研能力	积极研究、潜心捕捉的科研意识，课题选题、搜集资料、社会调查、实验研究。统计处理、总结研究成果、撰写研究报告等具体方法和经验。
相关课程		课程一：有效情境创设的策略及应用 课程二：希沃软件应用 课程三：我与学生共舞——如何上小学作文指导课 课程四："ARET"口语教学法提升小学英语教师口语教学能力 课程五：轻松几步掌握低年小组合作学习 课程六：教育叙事如何写作

续表

课程分类		内容界定
专业精神类课程	专业理想和情操	教师的专业情操包括专业理智感、专业道德感和专业美感。专业理智感是指在教学、科研等理智活动过程中产生的主观情感体验。专业道德是教师职业道德规范和行为准则。专业美感是根据自身的审美标准，对教师的专业活动等进行评价时产生的情感体验。
	教师仪态仪表	教师在从事教育教学活动、履行职务时所必须遵守的礼仪规范。
	自我认知	教师在职业发展中规划制定、生命教育体验、进行心理健康教育等能力。
相关课程		课程一：做智慧教师　绽放你的风采 课程二：爱要怎么说——管好自己的情绪 课程三：阳光满怀，幸福花开——做一名幸福的教师 课程四：新教师的职业发展规划 课程五：教师课堂礼仪规范 课程六：新教师的压力管理

（三）完善培训课程执行机制

教师培训课程体系的执行机制是体系落实的重要保障。拥有健全权威高效的制度执行机制才能使课程体系长期稳定地运行，在教师培训工作中产生持久的增值效应。

培训课程征集机制。定期向教研员、科研人员、电教人员、首席名师以及骨干教师征集培训课程，填报“沈河区培训讲师课程申报表”，内容包括课程目的、课程目标、课程机构框架、授课要点五大部分。对冷门课程采取与专业教师协商定制原则，保证课程在内容上分布均匀，门类全覆盖。摘选优秀课程上报参与市级优秀培训课程评选，形成培训课程的等级序列，打造精品课程体系。

教师培训师培养机制。定期选拔优秀教科研人员、名师、骨干教师作为教师培训师预备队伍，利用教师培训师专项课程对预备培训师进行培训并在培训活动中实践操作，最终经过答辩考核成为沈河区教师培训师，打造培训师准入制度。

沈河区“培训者的六天”教师培训师专项课程表

课程	课题题目
课程一	《破冰——培训者的第一堂课》
课程二	《手段——培训方法纵谈》
课程三	《方法——ORID焦点讨论法》
课程四	《技巧——培训舞台上的密码》
课程五	《工具——那些好用的培训软件》
课程六	《过程——培训课程怎样开发》

培训课程实施机制。在培训课程选课机制上采取“二维码自主选课模式”。利用网络工具生成课程信息二维码，包括课题、课程概要、授课人等内容。在区域内下发通知，教师根据自身需求自主选课，自主报名，人满自动停止，教师培训师授课，后学员填写课程评价表。并对培训师课程进行综合分析形成课程分析报告。

截至目前，沈河区继续教育讲师团共有成员80余人，拥有各级各类教师培训课程130余节。每年的1月、7月设为教师培训月，已开展培训达3000余人次。其中《教师培训舞台的密码》《如何成为有深度的教师——图钉研读法》等7门课程入选沈阳市课程资源库，继续教育讲师团成员王红梅、高滨、杨广伟等人受邀赴浑南区、于洪区、法库县等区县讲学交流。

三、以名师工作室建设为突破

工作室一词来源于工作坊（workshop），最早出现在教育与心理学的研究领域之中，是一个让参与者在参与的过程中能够相互对话沟通、共同思考、进行调查与分析、提出方案或规划的组织。基本原则是资讯的分享、小组研讨、表达意见。“名师工作室的教师专业发展是基于名教师引领之下、教师个体发展基础之上的教师团队发展。”沈河区名师工作室建设目的在于实现义务教育背景下学校的均衡发展，建设一支具有优良教育素质、年龄结构合理、数量相对稳定的名师队伍，提高工作室学员教师的教学能力，进而促进学校教育教学能力的整体提升。

（一）名师工作室的基本理念

名师工作室是在教育主管部门领导下，在教师培训部门的组织指导下，集教育教学、教育科研、培训教师等职能于一体的教师合作共同体。本着“梯级引领、平台搭建、实践导向、人文取向”的基本理念培养名师以及骨干教师的综合能力。

1. 梯级引领

名师工作室由名师、成员、学员三级梯队组成，名师由省市区名优教师组成，负责统筹全局，安排活动。对教师开展赋能培训，分享创新理念，解决教育问题；成员由学校骨干教师组成，协助名师开展理论研修活动，教学研讨活动、成果推广活动等；学员由青年教师、新教师组成，在学习过程中参与活动，完成学习任务。

2. 平台搭建

名师工作室构筑了教师的自我展示平台。培养骨干教师、新教师，实现了区域教师培训的功能。配合学校开展校本研修活动，实现了特色校本教研功能。对教研、科研一体化主题进行深入研讨，实现了科研校本化，学习共同体模式的研究功能。

3. 实践导向

名师工作室注重教师学习发展的实践性研究，2017年的研究主题是《名师教学主张的提炼》，关注如何科学地表述，提炼教学经验并升华为自觉的教学行为。2018年的研究主题为《课例研究的实践操作》，借助课堂观察等工具剖析课堂教学。2019年研究主题为《核心素养导向的课堂教学》，系统学习学科核心素养、教师核心素养、学生核心素养的内容，并以此为导向进行课堂教学。研究主题贴近教学实际，实践操作性强，具备研究价值。

4. 人文取向

区域教师培训部门负责“名师工作室”的组织、协调和管理工作，承担培训任务。教研室、科研部为“名师工作室”提供业务指导、科研咨询。名师工作室主持人所在学校提供工作环境，合力发挥名师工作室的区域引领作用，按照以人为主原则对名师工作室进行分层管理，激发名师以及学员的积极性和创造性，构建名师核心竞争力优势。

（二）名师工作室的实践路径

沈河区名师工作室在工作的探索过程中总结出了“六步法模块嵌入式”工作路径。在实施的过程中可以添加、删减、替换某个模块。培训主题大小可控、培训时间可灵活掌握，有利于名师工作室根据主题进行特色研修。开展过程如下：

1. 主题讲座

主题讲座目的是提升教师的教育理论内化能力，教学经验升华能力，以及区域培训能力。秉承“主题连贯，内容贴切，实践优先”的理念，学期初由名师工作室主持人召开研讨会，确定工作室的年度活动主题，活动周期内围绕主题开展活动。讲座内容上可以是与主题有关的教育思想、教育理论或教育新观点。这种形式锻炼了教师的培训与分享能力，为沈河区教师培训课程体系积累了课程资源以及师资资源。同时为第二步的课例实践做铺垫，帮助参加培训的工作室成员站在理论制高点分析发现教学实践中的问题。

2. 课例实践

课例实践的目的是让教师在研究课程的过程中，掌握改进同一类型课例的方法。基本理念是基于教师教学工作特点，完善知识结构、发展教学技能、促进学习和专业发展，实现学生学习力的提升。教师根据讲座的理念与观点进行课堂教学探索，为其他教师提供理论实践化的范例。课例实践的展现形式为课堂观察法，步骤如下：

课前会议。按照课例研究法，将课堂分解成4个维度：学生学习，教师教学，课程性质，课堂文化。根据分解的20个视角和68个观察点确定观察点，制定课堂观察表。

课中观察。观察教师根据观察表记录该课的关键行为、要素、创新点、目标达成等有效行为。

课后会议。所有教师互动议课，讨论授课教师的各种教学行为（如活动、情景创设、讲解、对话、指导、学生分组、教材和资源等）的有效程度。

课例实践这种活动方式提高了教研组活动研究的实效性，同时为教师们搭建了互助式学习的平台，使他们在研究中获得感悟，在感悟中得到成长。

3. 互动议课

互动议课目的在于用“议”的形式，创设民主开放的研讨氛围，给参训教师提供一个独立思考，充分发表自己见解的时空与平台。基本理念是“准备充分、讨论深入、引领灵活”，形成一种相互交流、共同思考的氛围，参与教师利用课堂观察表的记录内容展开议课。典型问题如下：

课堂观察表典型问题

1. 学生的学习目标达成了吗？教师是如何达成的？
2. 教师有哪些好的学习行为？
3. 学生的投入程度好吗？学生的理解水平提升了吗？
4. 教师的课堂教学程序有哪些？提出了哪些好问题？问题的类型都是什么？
5. 教师传授的知识多大程度上促进了学生学习？

互动议课提高了课堂教学效率，提升了教师专业素养，课堂效率大为提升。

4. 点评提升

点评提升目的是让授课教师获得反馈信息，帮助教师改进教学，促进学生发展，保证课程目标的实现。基本理念为“激发内驱动力、诊断调节行为”。名师最后根据讲座理念、听课与议课时的感受，现场对课堂教学行为与议课情况进行归纳、评价、提升，提出方向性的意见和看法，能使受训教师更有效地吸取课堂教学所提供的可借鉴的经验方法。点评提升环节判断了教师的教学质量和水平，评价了教学行为，对教师有着督促和激发的作用，有效推进课堂教学，在这个活动中，教师、学生的知识技能都获得了极大的提升。

5. 研修反思

撰写培训课例研究反思的目的是促进教师反思，促使知识显性化，推动思考深入，并展示研究成果。基本理念为“以课堂研究为阵地，以实践反思为特征，以指导教育为策略、以专业成长为目标”。

教师在课后归纳理论上的收获、观课后可以借鉴的方法、点评和辩课中受到的启发，并反思自己日常教学中需要改进的地方。写作上一般分为五个部分，课例研究的意义、课例选择的背景、课例分析、课例研究的实践交流、课例研究的体会与反思。把教学实录转写成课例，要关注主题、选材、文章结构、语言表述等环节。

从学生的角度看，课例研究反思考察了学生的课堂表现，记录说明他们在课堂上的参与程度和具体表现特别是参与状态、思维角度、学习体验等方面，通过数据的对比推断了未来的课堂走向。从教师的角度看，课例研究反思检讨教师的教学成效，呈现了教师的经验和教训，指导教师感知其他的教学情境的能力，提高教学效果。

6. 实践提升

行为改进是最后一个步骤，目的为下一次培训行为提供有组织、有步骤的改进措施。基本理念为“规范有效，合乎标准”。在一次完整培训之后，收集整个培训过程中各类资料进行总结。教师在整个培训行为中参与并重建了教学行为规范，名师要根据重构的教学行为规范，针对自己在培训过程中的主要问题和薄弱环节，不断改进自己的培训行为，逐步提高自身培训行为的规范等级，通过培训的各个环节去亲自感受教师教学行为的改变对教学的效果及学生的发展所产生的影响，并及时整理成文本信息进行交流和探讨。

（三）名师工作室的典型案例

模式一：主题引领型工作室

“主题引领”型工作模式是指在一年的工作周期内，工作室所开展的所有活动都围绕一个主题进行。从而保证工作室活动的针对性和连贯性，一年解决一个实际问题，贴近教学实践，引发教学思考。活动中拓展“两条主线”，将教学线和科研线有机地在工作中得到整合。每学期力争搞好“三个活动”——公开研讨课、讲座报告和读书交流。工作室成员及学员在研修中应该做到“四个结合”：自主学习与集中学习相结合；科学研究与教学实际相结合；自我反思与共同提升相结合；材料积累与书面写作相结合。此外，中学和小学名师工作室之间可以开展的跨学段联合活动，了解不同学段学科的教学特色，生成更多的问题，引发深入思考，促进中小学段教学衔接。

案例链接：

中学英语张芳名师工作室是探索此活动形式的首批工作室，第一次工作会议协商之后决定开始工作室“主题引领”的工作方式。工作室活动围绕“一个主题”——即“阅读能力的提升对书面表达能力的促进”展开研究。无论是公开课、讲座、讨论，乃至所预留的作业都从这个话题引导成员、学员，达到关注课堂教学细节，探寻课堂教学思想的目的，更好地优化和改善课堂教学的品质。

模式二：课题驱动型工作室

课题驱动型工作室是指工作室根据研究主题审报科研课题，并以此为核心进行磨课型研究的工作室活动类型。对学员的提升贯穿在教学准备、教学实施和教学评价全过程，参与的学员获得教学之术，研究教学之理，悟教学之道，学会用研究者的态度对待教学工作。

从磨课方式来看有两种，众人磨一课，是在集体备课的基础上进行同课异构或者是一人代表反复磨练；一人磨一课是自己对同一课文反复磨练，锻炼自己不同方面的上课能力。目的是“磨学生需求、磨教学技能、磨教学创新”。

活动过程采取“三轮备课”的方式。先确定磨课主题和定计划，开展第一轮基于个人经验的备课；第二轮是群组研讨、基于同伴互助的备课，开展磨课活动；第三轮是分工观课、评课，采取效果分析，每个老师课后汇报自己观察点的情况，分析效果，在互相交流过程中把握课程的全局，名师点评，并在此基础上做第三轮的备课。

综观整个周期的工作室的活动，符合高效课堂的特点，教师基于现实起点和水平做自己能做的研究，为成为“双师型”教师打下了坚实的基础。

案例链接：

中学数学陈艳秋名师工作室以“中学数学教学中缩小两极分化的实践研究”为主题申报了沈阳市的科研课题，然后以课题研究为基础，创造性地应用“磨课”的工作范式。

确定问题、归因问题：工作室召开成员见面会，正式将《中学数学教学中缩小两极分化的实践研究》申报为沈阳市科研课题。

制定方案：首次活动，主持名师将本学期的工作计划在工作群组中与成员通报，确定将《一次函数的应用》作为本学期研究主题，布置相关任务，将第一轮基于个人经验的备课在工作中完成。

实践方案：名师组织本单位备课组给工作室的老师展示备课过程，互相学习，展开群组讨论，完成第二轮基于同伴互助的备课。会后展开专项研讨，研究对策，确定授课人员，并展开第三次备课。

观察效果：成员授课之前，名师给成员们下发分工观课的任务，布置不同的观察角度。比如有的老师记录上课教师问题的数量、有的老师记录每个问题回答学生的数量、有的老师观察第一排学生在上课时的反应等等，这种“分工观课”能够在课后的第三轮反思评课中让评价更有针对性、更全面。

模式三：模块合作型工作室

“模块合作型”工作模式是指在工作室活动中将时间模块化分配的学习模式，每个成员负责一个模块的不同形式学习，锻炼成员多方面能力。一般采用“一三一”模式，即一个小组、三个活动、一个总结。以学员组成学习小组，每次活动以小组为单位；小组的三个成员分别负责一个小讲座（15分钟），一堂课（40分钟）、一个研讨（15分钟），最后由名师工作室主持人作总结发言。下一次活动由另外的小组组织活动。

案例链接：

以小学语文韩盈盈名师工作室为例，名师对成员分组之后，小讲座环节确定了《走近大师》主题，介绍文学家的文学理念或教育家的教育思想。授课环节遵循“一课一得”原则，调整工作室的活动内容，提倡“快乐教研”，每一次活动前，结合本次活动的内容设计合适的活动纪实单。课后研讨总结采用头脑风暴方式，提出对真实的课堂教学的感悟，每位教师在活动中有明确的目标和展示交流的机会，实现名师工作室的成员、学员能力切实提高。工作室最终形成一个能力均衡的微研究团队。

沈河区名师工作室建设促进了区域教师领军团队的整体素质提升，涌现出了一批有影响力、有辐射能力的名师工作室主持人，生成了一批国家、省市级科研成果，探索形成了一批教师培训模式和培训形式。

从2009年至今，沈河区共成立八批233所名师工作室，其中2位名师被评为辽宁省名师工作室主持人，17位名师成为沈阳市首席教师或沈阳市名师，1位名师成长为辽宁省教研员，5位名师成长为沈河区教研员。5位名师升任校长或副校长，3人被评为特级教师，工作室主持人以及成员多人获得国家级、省市级优秀课。高中语文名师工作室主持人邹春艳加入全国名师工作室联盟，中学语文名师工作室主持人高滨老师聚焦学术研究，出版《唯有奋斗不负青春》一书，小学语文名师工作室主持人韩盈盈被沈阳大学师范学院特聘为师范生导师，受邀多次赴其他区县送教讲座。

名师工作室主持人以及成员共有200余项教育科研课题结题，其中主持或参与国家级课题1项、省级课题20余项，发表各级各类论文200余篇。十年来名师工作室共计举办活动1500余场，惠及学员教师1000余人。2012年《以名师工作室建设促进英语教师专业化发展》一文在《辽宁教育》发表；2014年沈阳市规划办课题《发挥名师工作室效应　提升区域教师素质研究》结题；2019年辽宁省教育学会课题《名师工作室活动机制研究》结题。《沈河区名师工作室建设方案》《沈河区名师工作室管理细则》《名师工作室考核办法》等系列文件，目前名师工作室已经涵盖高中、初中、小学全学科，全学段。教研人员、科研人员也成为名师工作室主持人，沈河区名师工作室是全区骨干教师、青年教师、新教师学习提高、展示自我、终身成长的平台。

名师工作室结合区域特点在教师培训环节大胆创新，形成了很多有针对性和实效性的培训模式。除了主题引领模式、课题驱动模式、模块合作模式基本类模式之外，还有中学语文易宏工作室的“微课微讲”模式、小学美术王岩名师工作室“师生社团共建”模式，小学英语潘宁名师工作室“学科跨越融合研修”模式等。

第二节 强化学校本位助力

学校是教师发展的最直接土壤和最紧密组织，是区校联动促进教师发展的重要一环。“教师专业素养的提升，仅靠自我力量自然生长还不够，还需要外力驱动，激发内驱，需要学校提供合适的环境、适切的土壤，探索出与学校发展、教师成长相适应的有效校本研修路径，构建学习共同体，立师德强师能，力促教师专业发展。”沈河区各校依托集体智慧、依据学校各自特点和资源优势，开创“全面开花型”“制度驱动型”“特色校本研修型”等校本研修模式。

一、全面开花型

全面开花型校本研修模式需要学校领导者转变角色，提供长效机制，细化管理制度，统筹研修渠道，注重研修文化氛围营造。学校教师结构合理，能够从教研、科研、培训能力、心理成长等多角度对教师开展研修培养，兼顾多元教师群体，做到整体覆盖，有效开展。

1. 角色优化转变

在教师专业成长的过程中，学校领导者要率先垂范，成为校本研修策划者、指导者、示范者、评估者等角色，以此唤醒和感召教师的成长内驱力，成为教师专业成长的领导者。

角色一：校本研修方案策划者

策划者就是形成学校校本研修方案策划作用的人。职责是以最优化的方案达到预期目的。作为策划者校长，首先要了解研修主体的基本状况，如教师的教育理念水平、教师的教学理论素养、教师的教学艺术素养和职业道德素养等；其次要掌握学生的状况，比如学生的结构特点、知识认知、道德风气等；最后要对学校的资源有着清醒的认识。最终对学校资源进行优化整合，制定详尽、可操作性强的方案。

角色二：校本研修运行指导者

指导者的定位是指挥、组织以及支持。其职责是促动人际交互、管理和提供支持服务，挖掘队伍的协作能力。校长要掌握校本研修的几类基本范式，比如指导理论学习模式，一般包括自学、分享、回溯、更新四个过程。教学实践学习模式，一般包括初始课、研究课、公开课三个环节。能够分析学情，了解学生的实际状况；分析教师，了解每位教师的特长，在校本研修活动中对教师的教学行为进行指导。

角色三：校本研修实践示范者

示范者的定位是做出榜样或典范。其职责是在校本研修中发现问题，研究问题，并亲身参与解决问题。校长首先找出学校的关键问题，其次要进行工作部署，全局统筹安排，创建各类小组，比如研究组、实践组、保障组，最后在研究过程中，校长要深入一线实践，不断研究深化。自身示范性要在培训教师，指导课堂等方面体现，做到能上课反思、能撰写论文、能著书立说。

角色四：校本研修评估者

评估者的定位就是客观公正以及价值统一。其职责是用过程性评价以及结果性评价等方式对校本研修项目进行评估。校长要掌握评估方法和手段，如“行为评估”主要考察教师培训后其态度、行为方式、知识运用程度的变化和改进情况；“反应评估”评估教师对讲师、课程、培训组织等的满意程度；“成果评估”衡量培训后教师在一定时期内所创造的成绩变化评估。此外还重点评估校本研修的方向是否正确，下一轮研修模式如何开展等内容。

2. 条块分布管理

学校要明确研修管理制度，确定责任到人的思路，形成“条块分布，精细管理”的行政和业务双向管理组织框架，形成责权明确、统筹协调、规范有序的精细化、网格化常规管理体系。

条状制度是指学校关于校本研修的整体类、系统类的方案制度，例如：《校本研修组织管理制度》的内容是明确校本研修第一责任人，成立校本教研领导小组负责主持日常教研活动。确认亟待解决的共性问题，商量确立研修重点和目标，并带领全体教师按照计划有序地开展校本教研活动。《校本研修保障制度》内容涉及人员和时间的保证、校本教研奖励制度。《校本研修考核评价制度》的内容是如何将教工学习、实践、培训的态度和质量列入教工年度考核，完善评价系统，建立学校团队内部评价制度。

块状制度是指关于校本研修管理的细化类制度，例如：《教师目标管理评价方案》《教师考核评价方案》《优秀研究组评选细则》《新教师年度考核细则》等一系列规章制度，这些制度将有效调动全体教师参与校本研修的积极性，进而促进教师群体素质的提高。

3. 文化生态营造

文化是学校不断发展的核心和基础。校本研修文化是规范推动校本研修的精神和物质的总和。在校本研修过程中要营造学校特色的教师成长的文化生态。包括环境文化、行为文化、精神文化三个方面。

环境文化营造主要是指校本研修的内外环境，学校首先要对自身的办学理念、历史积淀、学校特色、校园标识等要素要精心提炼，在学校内部统筹设计形成特色清晰的理念形象，合理进行学校空间布局，使学校每一个角落都呈现出浓厚的文化气息。其次在开展教师校本研修的时候选用激励性话语营造创设宽容舒适的人际关系，教师能在活动中以开放的心态，平等沟通的愿望面对和解决工作中的各种研修问题，促进平等和谐的研修心理文化的创建。

行为文化营造主要是知行合一，以知促行，将践行思维融入教师日常的教育世界。学校可以采用优秀教育书籍阅读、专家参与等方式对教师的学习进行文化引领。此外，学校还要关注不同阶段教师的研修需求与变化，加强与教师沟通，倾听教师的研修意见，为教师研修提供物质资源和积极参与的平台，通过开展各类评选活动激发教师的学习潜能，提升校本研修的品质。

精神文化主要是指要实现教师成长自觉，唤醒教师对自身价值的成长追求。学校可以从成长目标引领、科研反思引领和个性成长培育三方面入手。倡导教师撰写三年或五年规划并自己设计未来研修之路，用目标来引领教师的自我研修，养成书写教育叙事、案例反思的习惯，培育科研精神，在教学反思中体悟自身成长的规律。塑造学校校本研修自觉与自省的精神文化。

总之，教师的专业发展是一个复杂的动态发展过程。沈河区各校一直在努力探索多种研修手段和模式，搭建平台，多维促进教师的成长，为学校跨越式发展助力。

案例链接：

沈阳市实验学校（小学部）校本研修成长的“四项工程”

暖阳工程：学校为提升教师的健康和幸福指数以及归属感，成立书法、足球、瑜伽、民乐、健排舞等教师社团。每年举办主题新年展望会。此外生日会、生肖会、星座会、学科会、年代秀将分布在不同校区中的教师们紧紧地凝聚，用多点渗透的人文关怀打造暖阳工程。

琢玉工程：学校直面教师成长倦怠，对接“璞玉—美玉—宝玉”三个教师专业发展阶梯，引领教师成长晋级。每一个层级的教师都有明确的评价和量化的指标，对于存在师德问题的教师予以一票否决，以刚性的制度，树立严于律己，正身力行的良好师德形象。

星耀工程：学校发挥名师引领示范作用，利用“名师工作室”“名优班主任工作室”“名校长工作室”等学习型组织，借助师徒结对、“实验名师讲堂”、“名师亮绝活”等品牌活动带动教师快速成长，打造耀眼的成长之星。

草根工程：教师自发组建“敏思数学工作室”“蒲公英科研工作室”“睿智信息技术工作室”等草根学术组织，使草根研究、本土经验的提炼成为实验教师专业成长的新常态。“青年教师成长联盟”更是凝聚了有热情的老师的力量，互助共进。学校对“草根”类学习组织大力支持，提供场地、资金、师资的支持，使之快速成长，成为校本研修的有益补充。

沈河区朝阳街第一小学校本研修成长的“三师互促”模式

学校以“三师培训工程”“智慧修炼工程”“目标凝聚工程”为依托。从“成长、成熟、成才”三个星级界定教师梯队。研训策略确定为“培青—促中—树强”，与之对应的教研团队为“青年商会、中心研会、名师联会”。

“培青”就是扶助青年教师。“青年商会”把年轻教师集合在一起，不分学科，不分年段，集中培训，通过同伴比对找到自身的差距和问题。

“促中”关注的是骨干教师，利用中心研会采取三研“实践问题”破冰。名师摸排教师教学困惑，教师摸排学生学习困惑，收集后由中心教研组筛选、整理、归纳出研究小主题。基本流程为“确定主题—前置探索—实践研讨—后延拓展”四个环节。

“树强”就是树立“成才之师”，也就是名师发挥强大的引领作用，以“名师联会”为组织形式开展骨干教师的研修，保持教师的教研生命力，具体步骤为骨干引领，开展成才之师系列讲座；理论落地，以“研讨课”

的方式直面学生；登台亮相，师徒演练，研磨课堂；自我实现，年组主题研讨、全校业务学习、区域论坛研课。

二、制度驱动型

制度驱动型校本研修模式要求学校善于顶层设计，用严谨合理的教师研修制度在教师群体中达成思想共识，并能够多角度关注校本研究的内容。学校主体责任意识强，能够融合学校文化基因，勇于创新发展完善学校各类校本研修制度，促进教师成长并形成惯性优势。

1. 完善顶层设计

学校要从顶层设计入手，在高层面上突破问题重难点。首先，按需求设计，这里的需求是指教育发展之需和教师发展之求。比如2019年“五育并举”的提出表明全面发展素质教育的需要，日常教学中要强化课堂主阵地作用，切实提高课堂教学质量。设计相关专题就是为了解决这种务实需求。

其次，按类别需求设计，这种类别是指教师的不同发展阶段，学校要根据教师的不同类别设计校本研修的主题、内容、形式、方法，明确方向，有所侧重，促进专业素养发展。

最后，按岗位设计需求，教师在学校有着不同的岗位特征，针对一线教师、班主任、中层领导干部、后勤人员等不同岗位设计校本研修活动，能够提高管理效益。努力构建“自主—创造—发展”的教师成长模式。

2. 达成思想共识

学校要秉承“人文管理，累积传统，文化共建”理念。放大教师群体的理想者群像特征，挖掘教师德育教育的内涵，以积极向上的团队意识为目标。在校本研修过程中指向教学改革或者课程改革，切实做好项目管理，以思想上的温暖来促进研究，以问题为导向。积累学校的校史、校训，优良作风和光荣传统、案例研究等故事，融合统一为学校故事。提炼学校育人理念、优质的教学质量，建设浓郁的校园文化引发广泛关注，三项合一引领学校教师达成共同学习成长的思想共识。

3. 多角度研修制度并举

学校以“创新、协调、开放、共享”四大理念为指导，建立各类研修制度。创新是引领发展的主动力，要以研修制度创新为引领，加快研修成果向教师学习力提升转化，构建校本研修新体系，增强学校教师整体素质和学科竞争力。协调是发展的手段，处理好全员培训和特色研修、当前发展和未来发展、重点内容和非重点内容的关系，作出最为有利的研修方式选择。开放意味着顺应教育领域的先进发展理念潮流，及时跟进学习，取长补短，运用现有的校本研修优秀典型的有益先进经验。共享理念就是坚持以人为本，全体教师要共享校本研修过程中的经验、做法、学习生态建设等各方面的成果，广泛聚集智慧，激发教师活力，形成人人参与、人人努力、人人有成的进取局面。为学校发展提供坚实的人才保障。

案例链接：

沈河区文艺二校校本研训云平台制度的搭建

文艺二校努力构建“自主—创造—发展”的教师成长模式按照“文化认同，人心归一”“研训结合，整体提升”“突出项目，打造名师”三个发展阶段开展有主题，有层次，有积淀的校本研训。

项目推进制度——从“梳理重构”到“高位发展”

学校逐步完善项目的内涵和执行路径，形成了培育师生发展的双十项目，即：读书富脑工程、“融”文化引领、课程研发、“四课管理”、职业规划撰写、大集团交流共享制、新进教师“快车道”提升计划、名师工作室、教师社团建设、家长驻校共治项目。

教育信息制度——从“贴地行走”到“云端漫步”

学校积极开展以交互式电子白板为载体的“互动课堂”教学研究，打造技术支持下的幸福课堂。学生iPad互动学习空间应用，使iPad成为教育殿堂上的“新宠”，新技术支撑下的网络互动式电子教材备课、翻转课堂、微课、网络教学教研平台等学习支架提高了教师教学效率。

教师梯队建设制度——从“学校为本”到“行动为本”

面对不同层次教师的基础条件和需求，学校对教师进行合理划分，采取分类指导、梯度培养的办法培养和优化师资队伍。学校对集团名师资源进行了整合，建立了名师工作总室，名师采取“任务驱动式”方法，全面提高学员的认识水平、教学能力、专业素质和科研能力。学校让骨干教师担任课程负责人、教研组长等职，根据骨干教师个人能力优势，分配任务，分类指导，使他们承担起引领、示范作用。学校还建立了青年教师成长SPA营，引导青年教师进行理智取向研修——聚集专业知识与技能；生态取向研修——聚集自主性，开放性，共生性；反思取向研修——聚集教师智慧，在反思中培育教师智慧。

三、特色校本研修型

特色校本研修型模式要求学校依托区域优势，利用现代信息技术，以现实教育教学中出现的问题为牵动，聚焦课堂，用课题推动在实践中探索出符合自身特点的特色校本研修模式，学校要善于找准定位，适性发展，创新管理方式，全面提升教师综合素质，以特色校本研修为载体，培养适合学校发展的优秀教师。

1. 课题驱动

课题驱动式校本研修是以课题为载体，以学校为主体力量，在相关教育专家、教师培训机构的指导下，由学校根据自身特点自行组织，以解决学校教育教学实际问题和提高教师教育教学能力、科研能力为主要目标的校本研修模式。一般分为四个步骤。

一是开展需求调研，制定策略。学校利用调查工具以及多种调查手段精准定位教师需求，归类整理之后确立研究方向，制定研究策略。

二是建立研修组织，健全制度。学校要确保研修过程规范化，有领导机构、管理组织、学习小组、研究小组、实践小组、保障小组等，搭建联系网络，保证责任到人。

三是树立研修典型，先行探索。课题研修过程中要在小范围内选择具有代表意义的班级进行试点探索，对研究过程中出现的典型事件、典型人物加以推广和总结。

四是全面整体推进，反思提升。学校要在成功案例的基础上适时全面推进课题成果，并关注实际操作，组织教师在过程中研修反思，找出问题，提高校本研修质量。

2. 特色挖掘

校本研修要从教师专业发展需求的多元化出发，立足学校实际挖掘特色。

挖掘特色个体。学校要在各类教育活动中发现教育理念独特，创新意识先进，具有工作热情以及教师专业发展引领能力的教师。总结个体教师独特的教育理念，加快育人进程，使其经验系统化、实用化。并搭建打造相应的平台供其发展，实现个体带动局部，局部盘活整体的校本研修目的。

挖掘特色团队。学校要满足先进性学习组织的专业发展需求，拓展优质教育资源的覆盖面。这类学习型组织具有如下特点，一是拥有坚韧的教育信念，二是拥有完整的自我认知，三是能够进行清醒的自我反思，学校要引导其专业的发展愿景，设定相同的目标，在团结、和谐、相互信任的氛围下开展专业学习，扩大教师的创造空间。

3. 聚焦课堂

校本研修要扎根于课堂教学实践之中，坚持在研究中学习，在学习中实践。

首先，从形式出发，打造课堂研究合作体。研究合作体以课堂教学为主要研究对象，以促进教师专业成长为目的，教师自愿申请加入。合作体可以打破教研组、备课组的界限，成员能力互补，具备发散性思维和强大的执行力，在交流、反思的过程中演绎思考，拓展教师教育视野。

其次，从内容出发，贴近教育前沿理念。课堂研究的内容要聚焦教育前沿思潮，关注课堂转型升级的变化，从“教堂”走向“学堂”，重新审视教与学之间的关系，相关内容包括“核心素养与问题学习”“课堂互动研究策略”“课堂话语分析”“基于核心素养的单元设计”“大数据背景下学习环境的设计”“教师授业者分析”等。

最后，从学生出发，探寻儿童思维领域。教育归根到底是一种影响学生思维活动，使之确立正确学习观，人生观，行为观。有效的教学方法要关注儿童思维，并将之还原为儿童能够理解的方式。所以聚焦课堂的校本研修要根据学生儿童的日记，作文等资料要素，以及行为反应等活动要素去推导他们的细微思维习惯变化。进而发现歧义行为，开展研究进行纠正。

总之，校本研修中培训活动要注重过程、解决问题、培养能力，实现“骨干带动，群体并进”。

案例链接：

沈河区热闹路第二小学“阶梯研训”模式

学校以“阶梯研训”为主要模式，采以课题《“结构导学”课堂教学模式的研究》为核心，实现了课堂教学系统化构建的创新与实践。

1. 研理念：确立“构建高效化课堂”宗旨，以学科教学为切入点构建“结构导学”课堂教学的教与学模式。

2. 研培训：学校利用每周一次的学科教研活动，对教师进行课改相关的专题培训，并及时把平时听课过程中的相关信息反馈给教师，使教学、教研、培训自然融为一体。

3. 研平台：学校成立了以学科骨干教师为龙头的“教学科研协作体”，针对每位教师的特点，有计划有目的地开展培训、座谈、研讨，保证了全体教师的发展。

4. 研发展：学校利用学生组长团对全校教师和各班组长进行有效反馈，在介绍经验、答疑解惑的过程中，使教师和学生对“结构导学”课堂教学模式有了更深的认识。

沈阳市岸英小学“五级教研”模式

第一级：入门级——点对点教研

校长带领教导处新教师进行点对点指导，当天通知，当堂反馈。

第二级：成长级——同伴互助教研

一名骨干教师对接一名青年教师。目的是发挥骨干教师的引领作用，进一步提升骨干教师的经验积累和指导能力，同时使青年教师迅速成长。

第三级：常规级——教研组例行教研

教研组班主任以年级组为单位，科任以学科为单位。每个教研组每学期两次教研活动，主题根据学校的教研主题和年组教学需要自拟主题。

第四级：自主级——学科团队教研

学校教研活动重点依托学科团队，以民间组织的形式自主开展教研活动，学校提供资金，鼓励教师自发组织教研联盟，开展自己喜欢的原生态教研活动。

第五级：专业级——诊断教研

学校认真组织教师参加教研员组织的诊断培训和其他上级教研部门的下校教研活动。教研活动，获得最专业的指导和提升。

第三节 教师队伍整体进阶

在区校联动的整体规划之下，沈河区新教师、骨干教师、名师三个团队实现了学习质量和自身发展的双重飞跃。新教师群体在研修制度的保障下快速推进，成为区域教育教学发展的生力军。骨干教师在成长型思维的驱动下稳步迈进，起到示范以及带动作用。名师领军团队在区校联动的培训模式引领下发挥头雁作用，成为区域教育教学改革的排头兵。

一、新教师突飞猛进

三年来沈河区共有472名新教师入职。经过三年的区校联动培训，9人成长为沈河区名师以及骨干教师，共产生17节国家级、部级优秀课，8节省优课，35节市优课，38节区优课。83人主持或参与各级各类科研课题。在培训中新教师展示出极其优秀的个人职业素养，在各项活动中斩获佳绩，如体育学科的市级优秀裁判员，音乐学科的管乐市级优秀指导教师，中华经典诵读写大赛市级一等奖、国际汉语优秀志愿者等。

新教师的成长要遵循成长规律，成长途径有如下几个。

1. 岗前培训

岗前培训是沈河区教师研训部门以及学校校本研修的首要培训措施。一般采取集中培训、分阶段培训和分学科培训的方式，内容包括教师职业生涯规划与专业发展、教育教学组织管理、学科的教学设计、教学组织管理等。区域培训一般集合师训部、科研部、教研部的相关专家对新教师开展系统培训。学校一般安排教务处召集优秀教师组成培训者团队进行教学能力培训。主要目的是在新教师工作初期养成责任心、使命感、教学能力。沈河区域新教师培训课程体系见表。

沈河区青年教师成长训练营课程表

第一节	《认识自我——性格分析工具与应用》
第二节	《发展之路——新教师职业规划》
第三节	《迈向深水区——新教师的科研之路》
第四节	《走向卓越——新教师的教研之路》
第五节	《未来已来——新教师的信息化之路》
第六节	《体验美好——新教师的减压之路》

2. 师徒结对制

师徒制是助力新教师成长的重要途径。新教师入职后，学校在教研组内指派一名教学经验丰富的教师为师傅，“师傅”与“徒弟”之间观摩听课，切磋总结，实现了互助式反思。学习过程中鼓励新教师大胆探索自己所需要的教学方式，尝试利用新的教学方法，实现师徒之间互相学习、互相交流、互相进步的格局。成功的师徒关系不仅帮助新教师获得教育教学技能，同时也浸润了高标准的师德教育。

3. 名师工作室集体培养制度

名师工作室的集体培养是实现新教师快速成长的高效手段。名师工作室承担着新教师成长培训的校本研修任务。针对新教师初始阶段的不足，开展有针对性的活动加速其成长。以公开课教研为例，新教师作为授课主体，名师工作室的团队在每个环节中反复研磨教学环节的不足，集体备课，发现问题，反思提炼，总结提升，四步环节效率高，新教师在个体反思过程中融合集体智慧，对教学技能和教师身份的存在感，认同感，自豪感的提升有很大的促进作用，学习效果明显。

案例链接：

记得那是小学语文杨秋萍名师工作室的一次区域展示活动，在准备过程中我甚至开始怀疑自己的能力，这时一条信息发送到我的手机，“好好休息，调整心态，加油！加油！坚持住！一切都会顺利的。——老刘”。我头脑顿时清楚了许多，我不是一个人在战斗，我拥有着一个大家庭，有家人陪着我一起前进。有工作室的师傅和伙伴帮助我备课、提供思路；年级的教导主任，帮助我试课、继续完善；学校的校长，帮助我评课、给予鼓励；区里的老师；省市的领导……一次一次的上课、磨课、评课，是学校给予我的机会，是团队老师们对我的信心，也是我坚持不懈、不断成长的印迹。奇怪的是，我竟然爱上了这样的车轮战。

——沈阳市实验学校（小学部）张梓明

点评：团队合作是新教师成长的重要方式，沈河区名师工作室采取集中授课中挖掘问题、发现难点和集中解决的策略方法，对新教师备课、授课很有启发。很多新教师认为自己入职时间短，缺乏经验，研讨的内容并不能很好地与自己的教学结合起来，但名师工作室的活动针对性强，指导性强、操作性强，名师工作室培养制度与校本研修的师徒制发挥合力促进新教师成长。

二、骨干教师跨上台阶

骨干教师是指在教师群体中具备一定职业素质、在教育活动中发挥了骨干作用的教师。中小学骨干教师培养要坚持“专家引领与自主研修相结合、个体学习与团队研修相结合、理论研习与实践探索相结合”的原则，具体采取多种路径助推骨干教师专业成长。

在沈河区区校联动培训体系下，沈河区现有省骨干教师24人，市级骨干教师451人，区级骨干教师919人。骨干教师占教师总人数27.8%，骨干教师团队是学校教学质量保证的中坚力量，获得国家级、省部级、市级优秀课的人数为803人，占骨干教师比例为57%。共有736人主持或参与国家级、教育部、省市区级科研课题，占骨干教师人数比例为52%。其思想道德、教育观念、专业能力、教育品质、个性心理等几个方面的素质都在一般教师水平之上，能在自己所在地区或学校的教育教学改革中，发挥积极的带头、示范和辐射作用。共886人获得省市区级优秀教师、优秀共产党员、优秀教育工作者、三八红旗手等政府荣誉，占骨干教师比例为63%，骨干教师是引导广大新教师和普通教师前进的重要环节。成长方式如下：

1. 撰写反思

反思是将教育教学中的疑难问题以及教育情景片段进行观察、分析的一种自我研修方式，要将教育理念、教育哲学以及对自己过去、现在的专业发展进行全程反思，进而对未来的专业发展进行规划。这样才能在今后的教学实践中自觉地运用反思所得的信息发现问题、进而指导和改进实践教学。呈现形式主要有以下几种：

教学反思：每上完一节课之后提炼自己教学的成功之处，记载失败教训，进行归类、整理、总结。

教育叙事：教育叙事是以讲故事的叙事形式记录自己在教育实践中发生的各种真实的教育事件和发人深省的教育故事，表述自己的亲身经历、描写内心体验，反思教育感悟。

案例分析：聚焦典型案例，围绕一定的教育目的，把教育教学实践过程中真实的案例加以典型化处理，形成可供观察者思考分析和决断的反思类报告。

反思是提升自己的专业理论水平和专业实践的有效途径。骨干教师把自己放到研究者、反思者的地位，重视“非正式”自我学习活动的作用，学校更要鼓励骨干教师平时多进行反思。

2. 参与研究性学习组织

研究性学习组织，一般指针对一个问题进行讨论，最后总结出解决策略的共同学习团队。集体教研组是学校最常见的研究性学习组织，此外名师工作室、教育科研团队、读书分享会也是常见的形式。研究性学习组织能够促进骨干教师提升的内因是它的交流性、共享性。研究模式一般是针对某一共性问题进行讨论，最后总结出最佳的解决策略，并与其他教师进行交流，使资源得以共享。此外平行班互相听课并及时记录，为骨干教师的自我反思提供资料。同事间的评价和自我评价更加有效地促进骨干教师专业成长。

3. 专业培训提升

专业培训是指区域以及学校针对教师开展的有系统、有目标、有计划的研修活动。学校可以进行跨领域合作。例如邀请专家进行讲座、让骨干教师参与到教师教育及研究机构组织的各类专业培训、交流等活动等。市、区级的教研员在其中发挥着中介和桥梁作用。来自教育研究部门的专业指导，以及跨领域合作使骨干教师加快成长的步伐。

案例链接：

始终不能忘记初踏讲台时的局促不安，不能忘记想拿出一份漂亮教案时的手足无措，这些迷茫曾一度让我困扰怀疑甚至开始否定自己，直到结识了高滨老师和她的名师工作室。

为了让我尽快地提升业务能力，工作室不定期地给予我教学方面以及班级管理方面的指导，高滨老师还通过听课的方式及时指出我教学活动中存在的不足，帮助我提高教学能力和业务水平。还记得开放周前，高滨老师主动找到我帮我一同分析《驿路梨花》的教学思路；作文公开课前，我和工作室的成员一同研究有效的实施方案；《童年》导读课前高老师在走廊墙壁上与我交流画思维导图的一幕，就这样手把手地教，逐句逐字地磨，让我感受到了教研的快乐。

除了业务上的研讨，每周三工作室的读书会，便成了我心中的诗与远方。我还记得共读时《聊斋志异》中那些集美貌善良于一身的狐妖；还记得《诗经》中唯有德厚，方能承载万物的祖训；还记得《秋瑾传》中“人生处世，当匡济艰危，以吐抱负。宁能米盐琐屑终其身乎?”的豪言壮语。课堂由此开始生动，学生的学习兴趣由此开始浓厚，教学成绩也节节高升。

工作室的引领让我明白：只要我们热爱生活，那些曾经的勤奋和努力就不会白费，也许有些付出当下给不了你想要的回报，但请相信，人生路上的每一次努力，都是对未来的美好预期。

——沈阳市第七中学　董珊珊

三、名优教师示范引领

沈河区现有各级各类名优教师、首席教师549人。其中省级7人，市级48人，区级494人，名师领军团队占教师总人数比例为10.9%，获得国家级、省部级、市级优秀课的人数为411人，占名师比例为74%。共有346人主持或参与国家级、教育部、省市区级科研课题，占名师人数比例为63%。共396人获得省市区级优秀教师、优秀共产党员、优秀教育工作者、课改先进个人、师德先进个人等政府荣誉，占名师比例为72%，共建立名师工作室233所，为沈河区骨干教师队伍建设、新教师成长培训，教师培训模式开拓探索提供极大的支持。名师成长具体方式如下：

1. 以凝练教学主张为主线，建立名师工作室

为了保证名师成长的高效性，沈河区为名师工作室项目设立结构保障团队，设立由沈河区教育局牵头的领导小组，分设组织管理团队、教学指导团队和科研引领团队。明确团队职责和具体工作，协调理清关系。名师工作室的活动意义就是在培训中帮助名师从感性走向理性，引导名师积淀和反思自己的教育特色和特征，总结、学习、反思、记录和提炼过程中升华为具体的教学主张。

2. 以科研课题研究为手段，提升教学研究能力

在活动周期内，每所工作室的主持人都要带领工作室成员完成一项市级以上研究课题，从课题选题、开题、研究到课题结题都要在工作室活动中论证，最后形成结题报告。课题研究过程丰富了教育理论和思想，指导教学实践行为，最主要的是名师在对教育教学重难点问题反复攻坚过程中提高研究意识，进一步凝练了教学主张，在教学成熟中再次指导教学。

3. 以多地研学培训为媒介，浸润多元教育文化

名师的成长和发展需要不同教育文化背景的感知与融合，沈河区组织名师工作室主持人和优秀成员赴北京、上海、成都、深圳等教育发达地区体验不同的教育理念和教学方式，开阔眼界，促进发散思维，学习后撰写

名师工作室发展反思报告，提出切实可行的促进工作室转化以及教师专业发展的办法。省内外多次培训以及研学交流的过程保证了培训资源的优势整合，又实现了名师理论和实践的提升。

4. 以打造复合型名师为目标，提升名师核心素养

名师的核心素养体现在角色的变化，复合型名师要拥有多种技能、多种能力方能适应新教育格局下的教师发展。名师要成为教学变革者，具备教学创新能力，在新课程改革背景下具备发起课堂变革的动力和能力。名师要成为培训引领者，在教育实践中学会提出问题、思考问题并对问题进行研究，开发形成教师培训课程并对教师开展培训。名师要成为科学研究者，要能够完成科研课题全部环节，并带动工作成员一起凝练教学思想，形成教学风格。名师要成为学科整合者，能从不同学科视角对主题相关知识进行建构，跨学科整合教育资源，打破学科间的界限。名师要成为价值引领者，要对自身职业的正确认识和理解的价值取向，用自己的积极价值观念、敬业精神、处事态度去影响工作室成员，改变社会对教师的价值认定。

沈河区名师以“个人经验积累、团队反思与提升、教学主张凝练”为基本提升路径，区域和学校助力名师走向专家型教师，名师的理论素养和研究能力得以提高，推动了教育改革的探索与深入。

案例链接：

沈河区高中英语石威名师工作室成长纪实

2016年3月，我担任了沈河区高中英语名师工作室主持人，这是一个由中青年教师组成的优秀的教师团队。教学热情高涨，基本功较扎实，但

在有效的运用科学的教学模式、教育科研及反思创新方面还有待提高完善。

我决定带动成员共同进步，充分发挥名师的专业引领、示范、辐射作用，把先进的教育理念、独特的教学风格、精妙的教学技巧、灵活的教学方法，渗透和辐射到工作室成员的教学中去。

名师工作室必须有自己鲜明的特色和明确的研究主题才会走得更远。我的名师工作室以“校本课程的开发和支架式写作”为研究主题，本着严谨、务实、创新、高效的精神，不断创新研修方式。

在校本课程的专题讲座中，我向成员阐明校本课程编辑的必要性、校本课程的特点和编写原则，鼓励成员教师应充分发挥主观能动性，创造地挖掘教材。例如，在欣赏钟鸣老师的西方婚礼校本课后，我围绕着“如何在高中英语教学中培养学生的文化意识”这一主题，从培养学生文化意识的必要性，现状和有效途径三个方面进行了专题讲座。我指导教师既要重视语言知识的传授，又要拓展学生文化视野，培养跨文化交际能力和意识。

工作室将理论付诸实践，深入探讨校本课程的具体实施方式，不断创新研修方式，开展了一系列的校本课例研究和写作课例研究。如广告欣赏，英文歌曲欣赏，戏剧欣赏，西方婚礼欣赏，电影欣赏，以阅读促写作，以语法促写作，以词汇促写作等。形式多样的校本课程满足了学生的不同需求，提高教师开发课程的意识。

三年以来，工作室成员在教育理论、教学创新、教育科研、课程开发等方面的综合素质都有显著提高，工作室从2017年到2019年连续三年被评为沈河区优秀名师工作室。多位老师获得省市级优秀课，实现工作室发展的预期目标。

沈河区创造性打造区校联动体系，助力教师卓越成长，整合各类资源，产生共振合力。打造“一体两翼”区域教师专业发展工作模式，用“体系创新”联通区、校的教师专业发展系统；搭建“名师工作室”平台，用“方式创新”改变教师培训形式、方法；完善“引航式教师专业发展三维培训课程体系”，用“内容创新”整合各级各类教师培训资源。区域引领式发展，学校体系性研修，互助共融，实现沈河名师团队、骨干教师团队、新教师团队跨越式成长，促进沈河教育的均衡发展。

第八章
跨越转型：全面提升的区域教育信息化

第一节　探寻区域教育信息化发展路径

教育信息化是衡量一个地区教育发展水平的重要标志，要实现教育现代化、创新教学模式、提高教育质量，就必须要大力推进教育信息化。长期以来，沈河区委、区政府以全面建设幸福沈河和高水平小康城区为目标，认真践行“致力民生、崇尚务实”的理念，高度重视教育事业尤其是教育信息化的发展建设。自2014年，沈河区把智慧教育作为一项智慧民生工程纳入全区经济社会总体发展战略，予以全力推进。制定了“信息技术与教育教学不断融合、供给成果与区域特色有机结合、智慧教育发展与智慧城区建设相互契合”的发展之路。形成了“设施智能、应用智慧、模式创新、特色鲜明”的沈河信息化格局。

一、加强行政推动力度，做好系统设计

一是加强顶层设计，提高认识。沈河区教育信息化工作，从“保障沈河区持续快速发展必须保障教育先行”的大局出发，制定了《沈河区全面实施优质教育“十三五”计划》和《沈河区教育信息化行动计划》，把“统筹规划、以点带面、创新引领、全面推进”作为区域加强教育信息化建设的指导思想，明确提出教育信息化在城区建设发展的重要作用。

二是区政府建立教育信息化工作联席会议制度，统筹调度教育、发改、财政、大数据中心等部门，有效解决困难问题；区教育局成立由一把局长任组长的教育信息化领导小组，设立教育信息化推进办公室和信息化科；区电教馆在全市率先成立“信息化研训中心”和“信息技术支持中心”；所有学校统一设立“教育技术中心”，一把校长主抓此项工作。这些机构的建立为沈河区教育信息化发展提供有力保障。

三是加强教育信息化工作的督导评估。沈河区教育督导室把信息化工作作为综合督导的核心内容，每年对全区教育信息化工作进行严格的督导和评估，深入学校通过现场查看、听取汇报、听课评课、师生询问等方式进行专项督导检查，及时检验具体政策的执行效果。

二、加强基础设施建设，推动均衡发展

信息化基础设施包括校园网、终端、数据中心和各种数字化环境（如公用终端、校园广播、班班通、公共计算机、录播教室、校园电视台、数字实验室等），为校园信息化应用服务提供硬件支撑。

加强“三通两平台”的建设和应用，在政策层面进行统筹规划，采取

政策导向、融合企业力量分年度、分批次进行终端设施的普及，以及以多种方式接入互联，完成数字校园建设。所有中小学校能与上级管理平台互联，并接入国家、省、市教育资源公共服务平台。

三、加强数字资源建设，建立审查评估机制

逐步形成从建设、应用到评价的数字教育资源体系一体化运作机制，建立严格的数字教育资源审查与评估机制，提升资源供给端的质量与创新性。学校在推进资源建设与应用的过程中，要考虑到与国家、省、市、区资源服务平台的对接。学校在数字资源建设中应注重从“集中建设”向“群建共享”的转变；从支持“以教为主”向“学教并重”转变；从“预设性资源”向“生成性资源”转变。学校要加入国家教育资源公共服务平台，各级参与各级公共教育资源建设，共享学习资源。

四、加强融合创新，深化应用

一是以活动促应用。通过开展新媒体新技术应用大赛、成果展示交流、电脑制作大赛等活动，将信息技术逐步融入到日常教学活动当中，有效推动交互式电子白板等新媒体、新技术在教育教学中的广泛应用。定期组织获得国家大赛获奖教师进行示范课巡讲，把最前沿的教学理念与技术进行融合创新，提升教师综合素养，推动全区中小学课堂教学常态发展。

二是加大培训力度。做好常规的全员培训，重视特色培训。教师研训部门，从基础、提升、高阶三个层次建立教师信息化培训课程体系，要采用多种培训模式，分层次、有梯度、可定制地开展了信息化应用融合、创新教育等培训和教研活动，提升区域教师信息素养。采用“点课”和“送

培到校”的形式开展教师信息技术应用能力提升工程；形成学校校长带头、骨干教师引领、全体教师积极应用的信息化氛围，干部、教师的信息素养和信息化应用能力提升，信息化在沈河区的课堂中真正做到了“人人用”“堂堂用”“有效用”。

三是开展课题研究。坚持科研为先导，通过组织区内学校开展信息化相关课题的研究和实践，走创新发展之路，探索教育教学的新模式，提升教师的教育科研能力和信息化素养，促进教育教学质量提高。与中国教育科学研究院、北京师范大学、首都师范大学、东北师范大学、沈阳师范大学等国内知名研究机构和高等学府建立合作，充分享用国家层面的优质资源和专家引领，确保沈河教育信息化发展创新性和可持续性。

四是高度重视创新教育和智慧教育。一切教育进步都是为学生的发展而服务，智慧教育的最终应用主体也只能是学生。在全新的学习场中，学生在智慧教育的支持下实现“云游学”。当前，全世界掀起了创客教育、机器人时代的热潮，应围绕核心素养，培养创新人才，大胆实践，将信息化有机融入校园文化建设等教育活动之中，为教师和孩子们提供实践创新的学习和展示平台，让他们享受到了信息化带来的教育变革。成立“9·28创客工场”，围绕“9·28创客节”开展系列的培训交流和竞赛活动，推动区域创客教育的蓬勃发展。

第二节　优化升级教育信息化基础设施

一、数字校园建设

沈河区现有公办学校47所，其中小学29所，初中12所，高中6所。专任教师4183人，其中小学2011人、初中1418人、高中754人。在籍学生总数51821人，其中小学33327人、初中12168人、高中6326人。全区班级总数1418个，其中小学906个、初中337个、高中175个。

为全面推进我区教育现代化建设，打造智慧教育，实现创建智慧沈河的奋斗目标，高标准地完成数字校园建设，为智慧教育提供最优化的环境。2014年起，启动数字校园建设。建设之初就明确提出要把数字校园建设作为推进区域教育信息化跨越式发展的重要载体，打造具有沈河特色的数字校园。沈河区把“信息化促进区域教育素质提升”作为区域教育特色。坚持促进信息技术与教育教学的全面深度融合，坚持应用驱动与机制创新，形成了“机制健全、设施完备、功能齐全、应用高效、特色鲜明”的区域教育信息化发展格局。目前全部学校（校区）建设完成二星级以上标准数字校园，其中三星级标准校区21个，占全区校区总数近36%。2014年至今，沈河区投入到数字校园建设资金超过9000万元，确保区域教育信息化的顺利推进。

二、整体提升网络与硬件设施

1. 网络环境升级

学校以光纤形式接入沈阳教育城域网，接入带宽不小于1000Mbps。校园网骨干带宽不小于10Gbps，支持IPv6协议。

校园网要支持互联网、校园广播网、校园电视网、校园安防网等多网融合。采用成熟的千兆/万兆以太网络技术和设备，网络应满足冗余性要求。校园网覆盖到学校的每个教学、活动和办公场所，保证全校师生在校期间随时使用互联网。无线校园网覆盖全校，包括教学区、行政办公区、公共活动区及生活区，可集中进行基于身份认证的接入控制。

学校建有校园网安全系统，应具备防火墙、防病毒功能，具备支持IPv6协议的入侵检测、上网行为管理等功能。达到《信息系统安全等级保护基本要求》。

学校建有数字校园安防系统。安防系统以校园网为传输平台，具备消防报警、紧急广播与疏散功能，并可相互联动，范围涵盖校园的周界及建筑物主要出入口和通道。

2. 全面升级硬件环境

学校主要公共服务区域（图书馆、活动室、行政楼等）每处配备1套公用终端，如大屏幕电视、触控一体计算机等。学校主要出入口配置户外LED显示屏。

学校配备1套数字校园广播系统，实现校园全覆盖，支持自动播放、循环播放、临时广播、支持任意分区控制。

建设高清数字校园电视台，配置演播室、导播间、灯光系统，可与录播教室混用。配备数字化摄录、采集、编辑、播出系统。

会议室、报告厅等要配备1套与面积相适应的多媒体设备。每间教室（含专用教室）配有多媒体设备，设备完好率100%。2014年新增设备要采用基于交互技术的一体化多媒体设备。每个班级配备2台供学生使用的公共计算机，其中1台配置在教室门口，其他可配置在教室中，或集中在教学楼的公共区域。

配备1间专用自动录播教室，至少3机位，集摄像、现场编辑、导播切换、网络直播、后期点播、互动评论、视频会议等功能于一体。建设1间专用或混用的一对一数字化学习教室。小学至少配备1间科学探究实验室。中学至少配备1间物理数字探究实验室和1间生化综合数字探究实验室。

学校建有计算机网络教室，其中小学4—6年级、初中7—9年级、高中1—2年级每25个班级配备1个计算机教室，可兼作数字化阅览室。生机比（学生数与学生用计算机比例）义务教育阶段学校达到7∶1，高中达到6∶1。师机比（教师数与教师用计算机比例）达到1∶1。学校的计算机闲置率不能超过5%。提倡对老旧计算机改造。

三、增强区域的信息化教育教学公共服务平台功能

在高标准建设中小学校数字校园的同时，也完成了沈河区教育信息化公共服务体系的建设，建成基于云架构的“教育云数据中心”“教育网络安全与监控中心”和“沈河教育云平台”。通过“两中心、一平台”的建设，已经基本形成了沈河区的信息化教育公共服务体系，实现区域教育教学管理全过程的信息化，为信息技术与教育教学的融合实践提供了全方位

的支撑。

1. 沈河教育云平台（www.shedu.com）是沈河教育公共服务体系的基础平台，也是沈河教育的门户网站。平台包括统一的认证与门户服务、教育云管理、教学云资源、教育站群、APP业务等应用服务。沈河教育云平台采用云服务模式建设，即云数据中心和云平台的规划、设计、部署和维护由区电教馆负责，学校只负责应用。沈河教育云数据中心和云平台可满足学校的数据运算、资源存贮和应用服务等需求，原则上学校不再建设校级的数据中心和管理平台等。

各学校相关部门及人员必须注册和应用沈河教育云平台，查看接收行政公告和业务公告，使用云管理平台提供的相关应用服务，通过云平台进行教育、教学、科研管理和行政事务管理，从而逐步积累我区的教育大数据，为我区的教育管理和科学决策提供数据支撑。

市教育局建立全市统一的数字校园公共服务平台，包括：网络学习空间人人通系统、教育资源自选服务系统、决策分析系统、电子学生证市级融合系统、教育信息化设备技术支持服务系统。学校应组织做好相关注册、接入及应用工作。

2. 校园网站

沈河教育云平台站群服务系统采用区域集中部署、统一管理方式，轻松实现区域云平台与各学校网站之间资源和信息的双向推送。学校只负责校园网站的内容更新，降低了校园网站的开发、管理和运维成本，使复杂、无序、不安全的“一群网站”转化为规范、有序、安全的网站群。区域所有学校的校园网站要全部应用云平台站群服务系统，已经独立建设的学校网站在规定时间内完成迁移，还没有建设门户网站的学校，要在规定时间内利用站群系统建设学校门户网站。二星级学校网站除基本栏目外，还要具备师生、家校互动栏目、校本教育特色栏目，设有专人负责学校网站信息的内容维护，栏目内容每周至少更新2次以上（含2次）。三星级学校网站除基本栏目、互动栏目和特色栏目外，还要具备服务于教育教学的深度栏目，设有具体部门负责学校网站信息内容维护。栏目内容每日更新。

3. 资源建设

数字资源的共建共享和优质资源的教学应用是数字校园建设的重要内容和关键环节。学校在推进资源建设与应用的过程中，要考虑与国家、省、市、区教育资源云服务平台的对接。学校要加入国家教育资源公共服务平台、市级教育资源自选服务系统（资源超市），积极参与各级公共教育资源建设，共享学习资源。

学校要引导教师充分利用市、区已有教育教学资源，研究与学科教学深度融合。引导教师要充分使用录播教室、微课制作工具等，结合教师网络学习空间、“一师一优课”、教研评优、微课评比等活动，不断建设和积累符合教育教学规律和课改精神的校本资源。二星级学校每年录制校内公开示范课20节。三星级学校每年负责向市级教育资源自选服务系统（资源超市）上传或推荐1个学科1个学期完整的学习资源。每年录制校内公开示范课30节，开发制作微课30节。

第三节 推动信息化教学应用

一、信息化教学应用的推进策略

沈河区始终坚持以应用为核心，实施“以培训促提升”“以竞赛促应用”“以点带面促普及”的推进策略，聚焦课堂教学，普及常态化应用，扎实推进信息技术与课堂教学深度融合。先后出台了《沈河区教师信息技术能力评价标准》《沈河区中小学信息化教学常规》《沈河区数字校园管理与应用指南》等一系列应用标准和要求。针对区域教育信息化应用实际，沈河区相继推出了“交互式课堂教学”“数字校园的管理与应用”“移动分组学习”“一对一个性化学习”“小学阶段智慧教室”“优课数字化教学平台”等一系列应用项目，教师可以根据需求参与项目研究。沈河区启动了《数字环境下的个性化学习》项目的试点建设，经过几年来的实践，已经形成了“名校引领、学段全面、学科丰富”的三大发展态势。目前，区内全部学校不同程度地参与到项目建设中来，扎实有效地推进信息技术与课堂教学的深度融合。随着沈河区数字校园建设的全面完成，学校信息化的教学实践正在井喷式发展，所有学校应用移动分组学习、21所学校开展一对一个性化学习，实现学段的全覆盖和学科全覆盖。沈河区全体任课教师都能够有效使用交互式设备进行常态化教学，部分教师开始微课程和翻转课堂的实践应用。这些个性化强、收效好的教师项目，是以课题管理模式来实施，强化目标引导、注重过程管理、确保结果实效，不仅推动教师智慧课堂革新，也推进了学校和区域层面的智慧教育的优质发展。

二、信息化教学应用的实践探索

（一）建设“云课堂”，开展“数字化一对一学习”

沈河区文艺路第二小学是沈阳市一所名校，从2013年开始进行“云端课堂”教学改革。依托“文艺二校云平台”建设，为学生创设一个开放自由的“学习场”，让翻转学习、个性化学习、泛在学习真正在校园中实现。

学校所提出的“学习场”即教学应用覆盖全体教师、学习应用覆盖全体学生、数字环境覆盖整个校园，建成“互联网+教学”云平台。这样的“学习场”能够促进信息技术和智能技术深度融入教育全过程，推动改进教学，全面提升师生应用信息技术解决教学、学习、生活中问题的能力。能够借由前沿技术的发展从宏观群体走向微观个体，过去无法收集与分析的数据都被新的技术手段赋予了可能性，从而让记录每一人的微观数据成为了可能，教学上，将比任何时候都更接近发现和了解真正的学生。通过教学数据的采集与分析，用以支持教与学，实现真正意义的“因材施教”将成为可能，必将带来教育环境、教育时空、教学方式的变革。

六年时间里，学校的课堂样态发生了深刻变化。学生的学习可以在不同场景下发生，师生都能在课堂改革中找到自己适合的位置。改革进程中，师生们一次又一次地重塑自我。我们结合自身情况，不断探索新模式，借由数字化，发展了学生的“4个C”——批判性思维（criticalthinking）、沟通（communication）、协作（collaboration）和创造力（creativity），让信息化建设溢出教育附加值。

1. 解决的主要问题

从“传统课堂”迭代为“云端课堂”所解决的主要问题体现在学习方式的五个转变上。

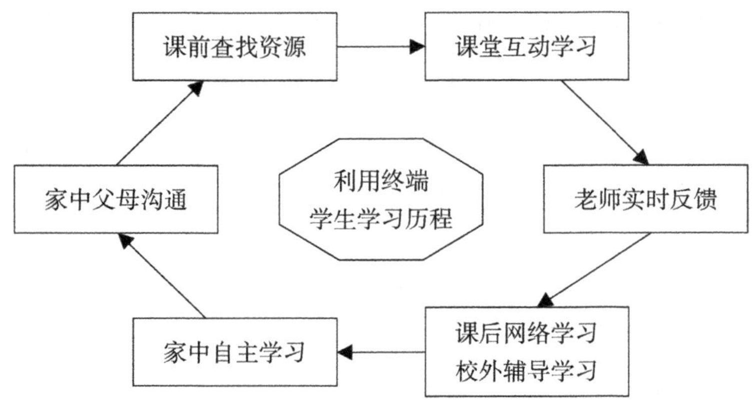

（1）从“定量选择”到“海量选择”。“云课堂”学习模式需要依托来自集团分享和校企研发的大量主题资源。学习活动中，师生均可方便、快捷地选择远远大于教材的、适合的学习内容，实现主动探究、自主学习的目标。

（2）从“当堂判断”到“针对监督”。练习和评价中，教师可利用平台的大数据分析迅速对全班或个体的学习情况进行统计，定时、定量、定项地监督学习过程，既能随时分享、交流，有针对性地一对一评价、指导和反馈，又保护了学生的自尊心。

（3）从“预设学习”到“生成调整”。教师可随时发起网络投票，完成调查统计，将学习重、难点做出有效调整，让教学做到有的放矢；还可利用平台记录下的学生问答、奖励等数据进行课后反思，对下一步的备课、教学进行更好地调整。

（4）从“面向全体”到“个人定制”。借助平台，学生的客观作业能够有效地实现即写即批即改，主观答题或小组作品可以通过文字、数字、图表、语音、视频等多种形式呈现出来，精彩与不足之处均可供大家借鉴或品评。对于学困生，教师则可“一对一”单独指导。

（5）从“封闭课堂”到“开放空间”。“云课堂”的延展性让不同学业水平的学生实现了前置学习、选择预习、分层作业等，学有余力的孩子可以通过在线组卷随时完成测评考试，大大提升了预习与复习的效果，学生有充分的时间与空间进行个性化学习。

2. 取得成效——全科覆盖，全面推广

（1）形成学习模式。结合相关教科研项目对成果进行梳理，形成基于“智慧教室”环境下的学科“云课堂”学习模式，外延至课前课后。

（2）达到全科覆盖。在已有语文、数学、英语三个学科实践的基础上，扩展至全学科应用，并进行跨学科、跨年段、跨校际学习。

（3）实现全面推广。集团内以项目联合、评优赛课、师训研讨等形式展开应用，并与绩效考核挂钩；同时利用现场会、展示会、联盟校、名校长工作室、名优教师培训等机会全面推广，辐射至省内多个市县。

（4）“云课堂”教学改革将朝着“人工智能”与“自适应系统”和教学深度融合的方向创新发展。

3. 成果的创新亮点

（1）研发平台，升级功能。“文艺二校教学云平台”基于云计算技术，使用Mysql数据库和python语言开发，采用浏览器/客户端+web/socket应用服务器+数据库服务器的多层构架。

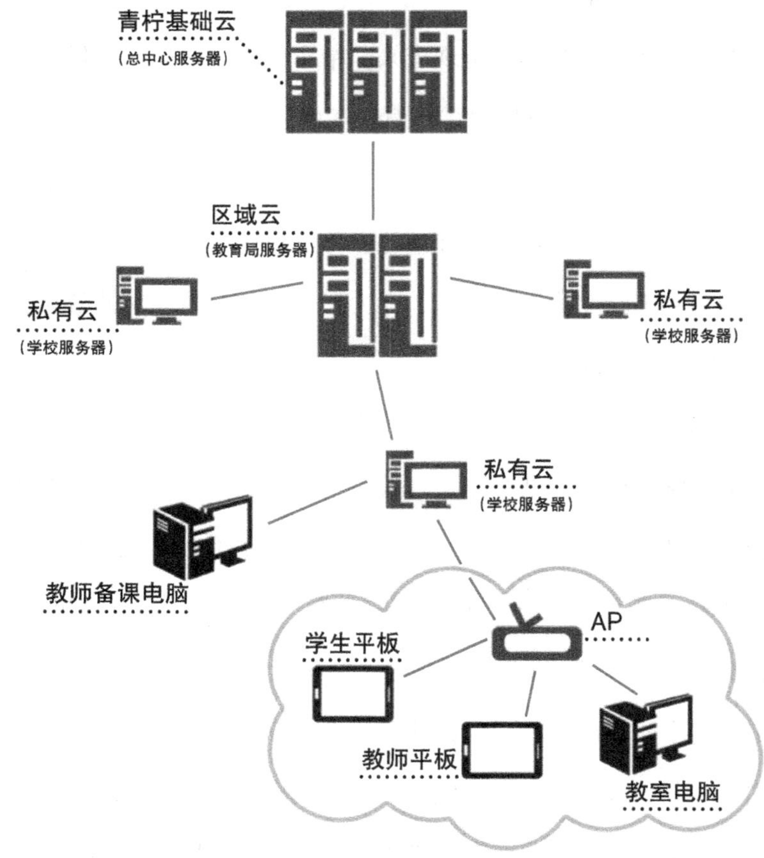

通过逐年改版升级，拥有八大板块、二十余项功能，与国家、省市电教馆资源库及集团迷你云相链接，配套资源达到上千个，可以实现windows与安卓系统通用。同时植入了目前网络排名前十的自主学习和互动学习软件，并且自主研发了实现课堂微观察的“座位评价”APP；提高注意力训练时效的“舒尔特表变形”APP；能够实现课件、黑板、白板、音视频等界面之间无缝切换的微课录制软件等。

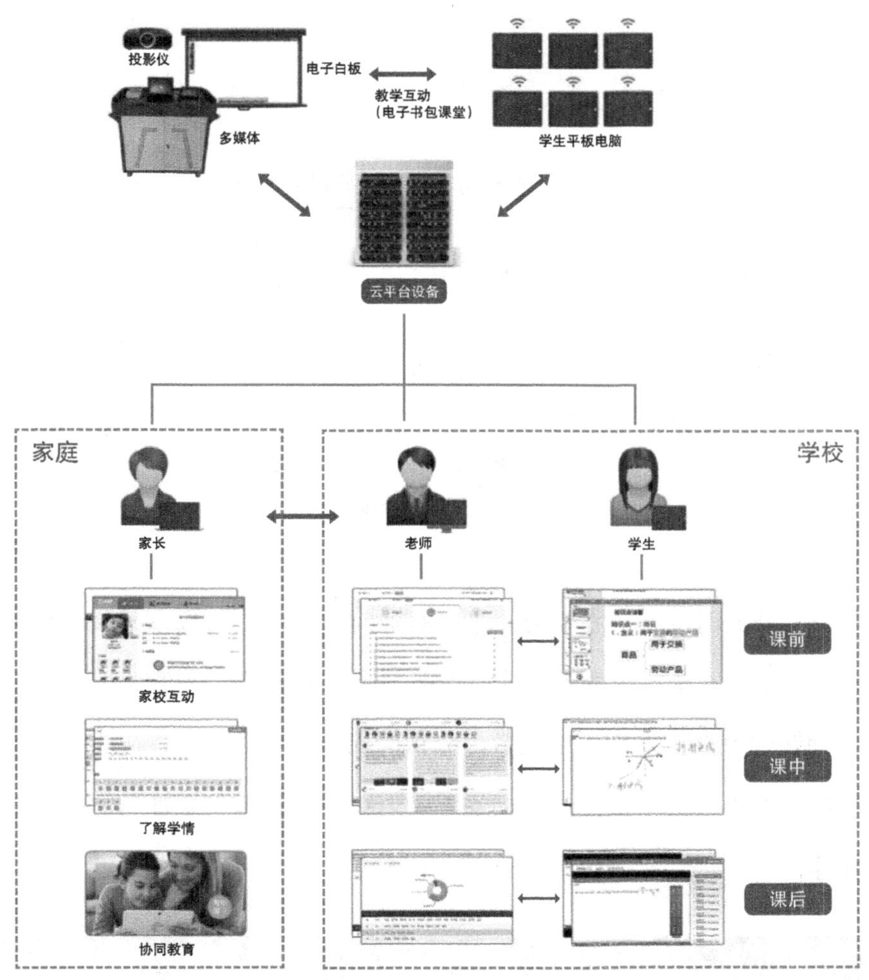

（2）打破传统，新建模式。“云端课堂”教学改革历经12个实验班，目前已融入到了语、数、外、综合实践等多个学科的课改之中，突破现有教学模式的时空限制和教学方法的限制，建立了以学习者为中心的“云端课堂教学新模式”（见下表）。从初始期的“全科参与”到利用云平台的“跨科实践”正在不断发生，PBL学习（项目式主题学习）被越来越多的师生认同。

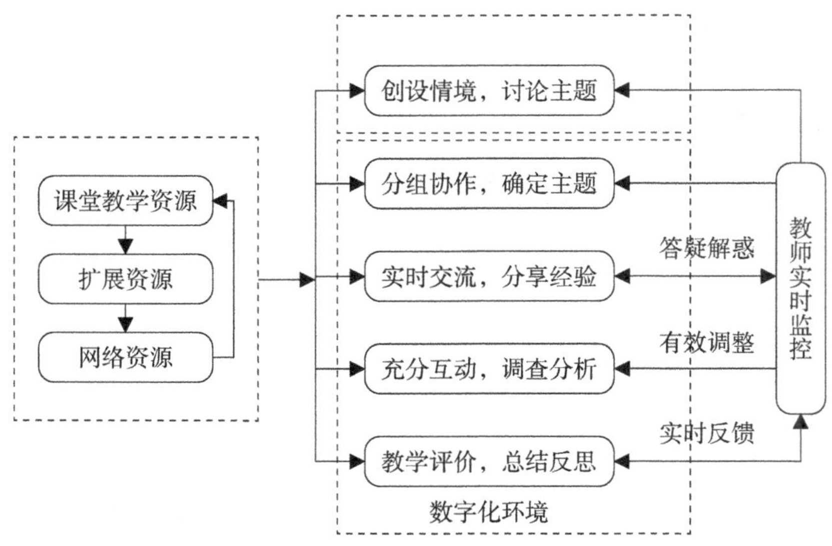

（3）开放时空，泛在学习。平台打通时空阻隔，将课堂延展为课前、课中、课后；在资源极大丰富的前提下，让自主学习、深度学习、泛在学习、翻转学习真正发生；以大数据分析为保障，实现师生、生生、人机、家校间的线上、线下双向或多向交互学习，让学习变得更加富有个性化、泛在性。

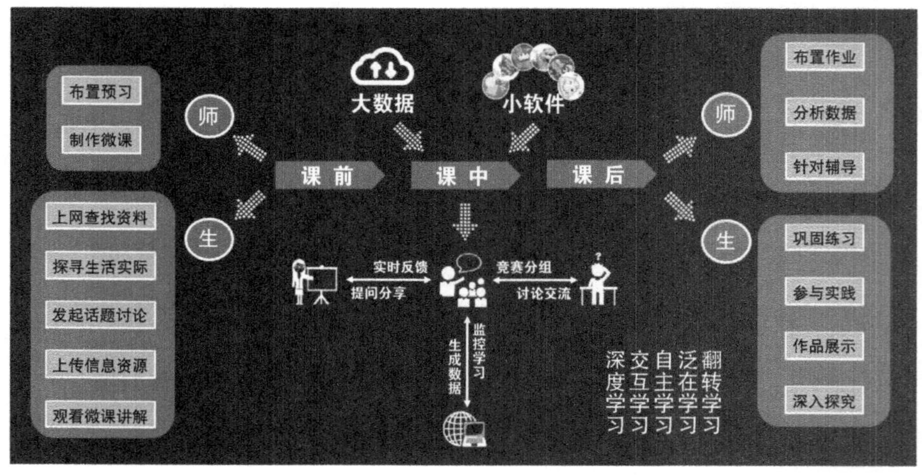

①覆盖面广：覆盖课前、课堂和课后教与学全过程，服务于学校、教师、学生和家长。

②通过大数据的采集与分析等技术手段，全方位减轻老师在备课、上课及批改作业等方面的负担，实现个性化和针对性教学。

③基于安卓系统，能够原笔迹手写，确保安全性和可管控，让学生在老师的引导和组织下，进行高效学习。

④教师可以通过数据统计及时了解所带班级整体及个体的学习情况，方便教学反思和教学调整。而学生可通过课堂内外的学习数据统计，适时了解自己的学习情况，有针对性地补强。

⑤提供标准考试、随堂测验、课后作业等多样化评测方式，全面检验学生的学习效果，实时了解学生的考试结果，靶向定位，精确制导，及时调整教学，提高教学精准度。

⑥丰富的系统资源库，多种格式的资源储备，让教师能够方便的查找，进行备课，也让学生能够更好地在课下自主学习。

⑦多角色分层管理：基于角色和权限管理为基础的管理平台，以多样化的报表让教师随时了解学生或学校整体的教学情况。

⑧实现家校协同教育：家长可以通过家长端（APP）查看学生学习动态，进行家校互动，实现协同教育。

（4）基于网络，多方协同。通过网络传输与数据驱动，师生能及时、便捷地获得准确、可靠的优质资源、教学数据和信息化服务，推动网络个人自主学习和互动学习的建设，有序把教学者和学习者紧密地联系起来，增加教与学的沟通，促进学生学习成绩和学习能力的提高以及教师教学水平和教学质量的提升，进而实现学生学习、素质、德育等方面的全方位提升，同时减少教师的事务性工作，让学校、家庭之间无缝沟通交流，有效实现高效家校互联，家校共育。

（二）“翻转课堂”模式在中学语文教学中的实践应用

“翻转课堂”模式让学生的学习更加灵活、主动，让学生的参与度更强。互联网时代，学生通过互联网学习丰富的在线课程，不必一定要到学校接受教师讲授。互联网尤其是移动互联网催生“翻转课堂式”教学模式。翻转课堂打破现有的谁是教师，就由谁来评价学生的学习状况的传统做法，建立一种新型的评价机制。学生在学习的过程中，可以观看自己的任课教师的视频来学习，也可以观看其他老师的视频来学习，只要能够顺利通过学习，都应该计算学分。有利于优质教育资源的共享，对促进教育均衡发展也有很重要的意义。

“翻转课堂”模式的出现，极大地触动了沈阳市第七中学八十二校区语文教师对原有教学模式的思考，对这个新的教学方法采取最大程度的借鉴和自我创新，在教学中进行实践与总结。

1.“翻转课堂”模式特点

教学模式新颖。翻转课堂是一种全新的教学与学习形式，通过对学生时间的重新调配，将更多的自主权利下放给学生，学生的学习不再依赖于课堂，也不再依赖于教师，而是自己寻找或者开发学习形式以及渠道，让学生在家中完成学习任务，在课堂做作业，使学生的学习充满了自主性，不仅激发学生探索精神，也将学习变得不再是负担。

以学生为核心。这种模式将关注的焦点转移到了学生身上，使得学习的重心随着学生的变化而转移。学生能够依据自身的具体情况，来确定学习的时间、地点以及内容，通过自主的系统研究学习之后，将问题过滤出来，通过对老师的悉心求教，来解除自身的困惑，从而获得能力水平的提高。这样一来，不仅能够使学生充分利用学习资源，还强化了他们的思考与质疑能力，因为从某种程度上来讲，对于学习来讲，问题比答案更加重要。

由于中学阶段的学生性格还没有完全稳定下来，自控能力比较薄弱，过于放任自流将会使学生变得松散，从而影响到学习，所以具备一定的计划性能够对学生起到督促以及引导的作用。目标明确，学生就有了努力的方向。在这种情况下，学生就能够形成系统的知识体系，通过教学视频的学习，对自己的知识进行梳理和查缺补漏，并制作出详细的笔记，从而牢固地掌握相关知识。

学习过程中遇到的困惑和难题与老师进行充分交流，教师在详细了解学生的学习情况之后，将学生所有的难点进行归纳和整理，根据不同的情况进行不同方式的处理，通过教学计划将这些内容讲解出来，将单独辅导与集体解答相结合，为学生的学习创造出一个自由的空间以及和谐的氛围。

2.“翻转课堂”模式在语文教学中的应用

鉴于翻转课堂的以上特点同时翻转课堂模式是利用现代网络技术和资源，重构教学流程，对语文教学有重要启示，并在语文教学中加以实践。

课前：设计好学习任务单，帮助学生明确课前自主学习的内容、目标、方法、教学视频、学习资源、学习测试等。教师制作教学视频，首先要考虑到时间问题。学生的注意力一般可以集中15分钟左右，教师可以在这段时间讲解重点。课前练习、观看视频后，学生要完成教师布置的针对性练习，以加强对学习内容的巩固并发现疑难之处，对于课前练习的数量和难易程度，教师要合理设计，实现学生从旧知识向新知识的顺利过渡。如在讲授写作中“反语”的运用及作用时，就采用了翻转课堂教学。发现学生能主动参与课堂教学中来，很喜欢这种教学模式，极大地激发了学生学习运用语言的能力，积累更多的词汇来丰富语言，增添语言在写作中的表达色彩。

课上：确定问题，教师根据教学内容和学生观看视频、课前练习中提出的疑问，汇总归纳出一些值得注意的有价值的问题作为课堂的教学引导，引导学生去积极探究问题的答案。创建环境进行独立探究和合作互动，课堂上主要是学生的独立探究和生生、师生的交流互动，创建适合学生进行独立探索和互助协作的学习环境来解决课前不能解决的问题。在翻转课堂的活动设计中，注重和培养学生的独立学习能力，由选择性指导逐渐转为学生的独立探究学习，把尊重学生的独立性贯穿于整个课堂设计，让学生在独立学习中构建自己的知识体系。同时要利用个体之间相互对话，探究等形式的合作学习来发展学生的个体思维能力、沟通能力、相互之间的包容能力以及形成学生的创新性思维。

3.“翻转作文”教学在中小学语文教学中的实践

传统课堂，无论是哪种套路、几个环节、怎样变化，都是先教后学。“翻转作文”，则是改变传统作文教学流程，按照翻转课堂模式，依靠导学案和微课等教学资源，学生预习独学在先，学生自我训练居中，教师辅导群学在后，合作完成作文能力升格的训练课程。此之谓“先学后教”。

学生在学习小组中不仅可以完成对知识的个性化学习，还可以通过合作探究、展示交流、意义建构，完成对知识的拓展创新，发展批判性思维和创造能力。批判性思维与创造能力的培养，极其重要，刻不容缓的。此谓之“自组织学习”。

操作步骤

佳作引路、样例分析、经典阅读、练笔修改、点评升格、盘点收获、拓展建议，既是教学板块，又是操作流程。前三个模块用于课前，属于编写者精心选编的文字，是微课制作的脚本，是学生预习的内容，也是翻转课堂的前提与教学的基础；接下来三个模块用于课上，属于课堂上互动生成的部分，是学生为主体、训练为主线的时段，也是翻转课堂的精华与成功的关键；最后的模块用于课尾或课后，既有预设，也有生成，是对课堂教学的必要补充，也是翻转作文由课堂向书籍、网络和生活的延伸。

评价办法

1. 评价学生：主要依靠学生自评、生生互评以及教师对学习小组的捆绑式评价来进行，目的是发展学生的主动性、批判性、创造性。

2. 评价教师：主要关注微课制作、临场点拨、智慧生成等方面的表现，对教师提出了更高的要求。

3. 评价教学：从即时情况看，学生作品当堂升格；从长期看，学生写作兴趣、意愿、能力持续提升；量化地看，学生作文分数有提高。

《易经》告诉我们，天地间唯一不变的就是变化。“翻转作文”模式，只是最初入门当用、熟悉之后弃用、供后人打破的工具而已。教师有个性、肯走心、愿努力，多能培养好学生。只有教法百花齐放，学子才能万种风流。

（三）依据监测数据，精准指导教育教学

沈河区的《区域教育均衡发展监测与评价系统》成功帮助沈河区摸清家底，把握发展轨迹，查摆问题，实现了对区域义务教育优质均衡发展的动态跟踪监测。沈河区正在逐步实现“数”说沈河的工作模式，用大数据展示沈河教育的风采、描述教育的规律，逐步构建出一个集“监测—诊断—评价—反馈—改进”的一站式服务系统。

在学生评价方面，沈河区自行研发了“初中学生学业成就评价系统”，可以对学生历次模拟考试进行横向与纵向的比较分析，帮助教师准确掌握学生学习情况，针对学生经常犯错的知识点录制教学视频对学生、家长进行个性化推送。部分高中学校利用“易高分”“极课”等阅卷系统，在备课、评价的基础上实施了精准教学。育鹏小学引进了学生体质监测与营养管理系统。通过人体成分分析仪，定期对学生进行“体检”，仪器自动生成每名学生的体重、水分量、肌肉量、体脂比等人体成分的相关数据。以上数据经过中心PC端进行处理分析后，可形成每名学生的“体质分析报告”和“营养分析报告”，全面监控学生的生长发育状况，并对学生的膳食、运动进行科学指导。北一经小学的“互联网+”核心素养家校互动评价，以网络养殖游戏手段为切入点，通过学校、教师、家长、学生四位一体的评价体系，将核心素养幻化为每个学生果园的果树成长，通过每一棵果树的成长过程，让学生正确认识自己。第七中学利用沈河云平台定制学校特色的成绩分析系统；第九中学利用移动终端快速高效进行课堂检测，诊断学科“盲点”，清理教学“死角”；满族中学开展基于大数据的即时评价，有效激发学生学习动力。从最开始的生物与地理学科到现在的全部学科、全部教师应用，取得了阶段性成果，学生学习氛围浓厚，学科成绩有效提升。

在教师和学生的体质健康方面。沈河区中小学校卫生保健所推出的“沈河区教师健康管理平台”（全员），通过微信公众号的方式实现教师健康体检的预约、体检报告的推送、专业医生服务等功能，并对教师和学生体质健康情况进行大数据分析。

沈河区的教育信息化应用逐步迈向对于未来教育的设计和探索阶段，但距离智慧教育的新要求仍有不小的差距，还需在促进教育服务供给方式、教育教学和管理模式变革，以智慧教育支撑人才培养等方面进行深入研究和探索。

第四节　开展教育创新实践

一、开展创客教育，促教育教学变革

沈河区将“创客教育”作为区域特色发展项目，“创客教育”已被列入区教育“十三五”规划及区政府“十三五”规划。“创客教育”是沈河区教育创新的支点，最终目标是“从培养创客到改变课堂”，用创客的理念和方式来更新教育教学模式，让每一位教师都成为教育创客，把每一个课堂都变成学生学习的“创客空间”，鼓励和培养学生“发现、解决、分享”，探索沈河智慧教育的新航线。

沈河区实施“创客教育”的总体思路为：“一条主线、两个课程和三个牵手”。一条主线即区域顶层引领，统一认识，避免学校各自为战、走弯路、走偏路；两个课程即转型现有信息技术学科课程和自主研发创客课程；三个牵手即在实施过程中要充分借助外力，包括牵手高校及社会组织的智力支撑，牵手优秀企业的前沿信息引领，更要牵手同伴，合作共进。

正是基于这种教育理念，沈河区积极构建泛在学习环境，开展面向学生的教育创新实践活动，特别是在学生的思考力和创造力的培养方面，使核心素养在沈河校园落地开花。2015年，沈河区成立了“9·28创客工场”，围绕“9·28创客节”开展系列的培训交流和竞赛活动，推动区域创客教育的蓬勃发展。2016年，“创客教育”被列入沈河区政府的“十三五”规划，成为智慧城市的重点建设项目。

目前，创客实践活动已经成为沈河区各中小学校校园文化的重要组成部分。全部学校建设了不同规模和不同形式的学生创客空间，创客的内容涵盖机器人、无人机、3D打印、电子编程、航模、木工、激光雕刻、人工智能等项目。一六五中学自编了Steam创客课程，包含人文素养、科学素养、健康审美素养三个板块七个类别共17门创客课程；文艺二校的“小叮当工坊”作为一个开放性的创客平台，学生随时申请随时使用，已经成为学生们最痴迷的课程；育鹏小学的“创客天地”针对学生在核心素养中应具备的能力开发六大类8门创客课程。十七中学的科技社团专项研发机器人功能，在2017年世界教育机器人大赛上海世界锦标赛中获高中组亚军和第五名的佳绩，学生们不仅收获了令人羡慕的荣誉，也让他们在高校自主招生中以较大优势胜出。可以说，“从培养创客到改变课堂”，沈河区的创客教育不仅限于搭建创客空间，组织创客活动，而是把它作为教育创新的支点，用创客的理念和方式来革新教育教学模式，让每一位教师都成为教育创客，把每一个课堂都变成学生的“创客空间”。

沈河区创客教育实践探究的定位是将“创客的教育”和“创客式教育”合力并行。即，通过开设创客课程，组建师生创客空间，培养教师和学生具备“创客思维”和“创客能力”，进而成为真正的创客同时，引导教师将“创客精神”融入教育教学，人人争做“教育创客”，积极开展教学创新和学科融合探究，将“发现、创新、分享”的理念融入所有学科的教学过程，寻找适合学生发展的新型学习模式，为我区“适合的教育”注入创新的动力。

二、建设“9·28创客工场”

组建“9·28创客工场”。9月28日是我国思想家、教育家——孔子的诞辰日，取名“9·28创客工场”就是为了更好地诠释我区将创客精神与教育教学融合的初衷。“9·28创客工场”设立在沈河区教育研究中心教育研究办公室。是教师创客们集中活动的场所，更是沈河区创客教育的象征。

“9·28创客节”在每年的9月下旬举行。在全区的中小学校的学生及教师层面，相继开展纸飞机、3D打印、创意编程、机器人、开源硬件等主题性的创客大赛。

三、设计开设创客教育课程

1. 开设创客课程，夯实创客教育基础

在创客教育课程中适当融入产业创新前沿知识，在实践中了解工业设计、生产工艺、产业生态、技术成果转化、互联网知识、产权协议、知识产权交易等产业基础知识，使学生初步具备一些产业常识和基本的产业参与能力。这既是培养未来创客群体的要求，也是从基础教育层面助推政府“大众创业、万众创新”政策的深层需求。

中国教育学会秘书处秘书长杨银付说：“基础教育首先要培养每一个

人的创造性，然后才能在此基础上培养能够攀登世界科学高峰的拔尖创新人才。”可见夯实基础至关重要。为了使沈河创客教育可持续地向深、广发展，试点开展了“创客普教”课程，即在小学4年级和初中7年级普开创客课程。这部分课程较为基础，内容全部由区内教师自主研发，将综合实践、信息技术、物理、美术等多学科知识整合，以学生动手实践为主，培养学生综合运用学科知识，解决生活实际问题的意识和能力。

沈河区力求通过创客课程的开设，探索学科课程横向融合，转变目前教育面临的课程结构不够整合的创新式变革。创客课程设计基础为：“常动手”“爱分享”“善综合”“会协作”。

“常动手”——创客的活动大多是边做边学的，也就是在创新的过程中遇到什么问题就解决什么问题，知识的学习与问题的解决是同步进行的。我们的课程设置就是基于这一点，以任务模块式教学替代课时式授课的方式，每个任务模块以“完成作品”开始，真正让任务驱动倒逼学生边做边学，主动探究。同时，在学习过程中，根据任务的不同，学生可以以个人或小组为单位，完成一个可以看见的作品，而不是仅仅停留在书本知识的传递中。

“爱分享”——我们把“创客”分享的理念融入到创客课程学习中，要求学生不仅要“做出”，还要“说出”“写出”，即每个学生完成任务作品后，都要将自己的作品分享给其他伙伴，课堂上要做口头介绍，包括创意来源、制作原理等。分享的过程也是重要的学习过程，通过这一过程学生不仅可以学到其他伙伴的创意，更能通过梳理自己的作品，巩固所用到的知识。

“善综合”——创客的学习过程不会局限于某一门学科的知识，而会根据问题的需要进行跨学科的综合性学习。我们在给学生设计任务模块的时候就充分地考虑到了这一点，学生在完成作品的过程中，通常需要跨学科搜索知识，就像学生学习指导中写的那样："'创客'很好玩，主要的活动目的就是'造'，如果造不出肯定是哪方面的知识需要抓紧学习了，或者是没找到适合的合作伙伴。"

"会协作"——在创客课程中，就像果林老师编写的教程中说的："要找到合适的合作伙伴！"我们充分考虑到了培养学生善于寻求合作伙伴的能力，因此，在创客教育课程里，班级没有固定分组，学生每次根据具体任务寻找合作伙伴，即便是比较简单的个人性任务我们也鼓励学生找伙伴相互切磋，共同完善。

2. 组建学生创客空间，发现塔尖上的明珠

开设"创客课程"的目的是大面积培养具备创客基础能力的人，让更多的学生走进"创客"。有普及就要有提高，要给学生提供在自己喜欢和擅长的领域自由伸展的空间。于是，在普开课程的基础上，沈河区又组织成立了不同主题的学生创客空间，让学生能够更自由地解放天性，深入探索他们的兴趣领地，鼓励学生成为"创客"。学生创客空间全天开放，定期集中活动，在这里，学生可以接触到更多新技术、新思想，不断激发他们创造的冲动。同时，通过团队内的合作交流，思维碰撞，以及各空间之间的协同合作，更培养了学生合作、分享的精神，在发展学生创新、动手能力的同时让他们体会到分享的快乐，并拓展多个领域。以沈阳市165中学的学生创客空间为例，这里有"IT梦工厂""阮族坊""物理探秘谷"等20余个学生创客空间，参与成员完全是由学生自由组合，创意作品也由学生自己设定，比如在"英语微剧"空间，学生们自创、自编、自演英语微

型短剧；“物理探秘谷”的学生们把物理课上学到的知识转变为一个又一个解决身边小难题的创意；“3D创意馆”里，学生把3D打印机、3D笔称为马良的神笔，帮他们把一个个美丽的画面变得立体、真实。每个学生创客空间看似独立的团队，其实他们之间又有着密切的合作。比如“微剧空间”演出的道具，需要“3D创意馆”“手工作坊”“物理探秘谷”共同完成，这都需要孩子们根据需求主动寻找支持伙伴。这是创客空间与学校以往开展的兴趣小组活动最根本的区别。设在学校的每个学生创客空间共同组成了“沈河区青少年创客联盟”，联盟定期组织不同主题的集会，交流经验、分享成果。联盟的口号是：“手脑并用的实践、与人分享的快乐！”

目前，在一六五中学、文艺二校、育鹏小学建立“青少年创客基地”，将创客教育的基础课程与信息技术、综合实践、物理等学科教学内容深度融合，正在为全区创客教育打样、探路。

四、培育区域“教育创客”团队

1. 多方学习，掌握技能

沈河区教育研究中心实时关注国家创客教育的发展方面，对小学、初中、高中创客授课和指导教师开展多层面，全方位的培训。

在理论学习中，针对创客教育的发展、政策、现状，分别从宏观和微观上对创客教育和STEAM教育做了介绍，理清了众多概念之间的关系，提供了实践的经验和完善的课程体系。在《基于STEAM课程的创客教育开展与运营》学习中，从4C能力出发，引出核心素养、5EX模型、创新能力培养，到开课模式、课程设计“十要点”、学校文化特色、区域整体发展为在座的校长提供了成熟的发展思路。

在3D打印方向开展了3D打印与编程融合培训。活动主题是《智能家居》，要求教师运用3D设计和编程的方式表达创意和想象，通过3D建模设计、3D打印机打印出小屋，结合Makeblock电子元件，利用图形化编程控制发光功能。在进阶功能中还可以实时显示小屋内的温度、湿度，控制排风扇通风等。本次培训旨在让教师在创作的过程中体会3D建模设计和编程算法的基本思想，培养创新精神和实践能力。

在编程方面开展Scratch创意情景剧编程培训。活动主题是《课堂精彩片断》，比赛要求剧情需要融合音乐、美术等学科知识进行配音和画面设计。培训教师讲解了情景剧在配音，整体画面色彩搭配以及布局方面的具体要求，分析了用Scratch编程的方式来实现情景剧的制作流程。

在动手实践中，体验了《智能光控系统》和《海绵城市》两个主题课程。从情境引入、探究分析、主题设计、模型搭建、编程调试、小组分享的教学流程让教师们掌握跨学科学习的创客教育流程。

2. 动手实操，练就本领

激发教师的创新意识和创新行为是教育创客落地的关键，为此，我们以培养教师创客为“抓手”，引导广大教师将创客意识融入到日常教学研训当中，推动区域整体教育不断创新发展。2015年在原区电教馆组建了沈河教师“9・28创客工场”，不仅为我区教师搭建出一个创客集中活动的平台，更成为沈河区创客教育发展的一个标志。在此外，我们还搭建了“9・28创客网站”，在不断对外宣传沈河创客教育的同时，打破时空的限制，让更多的教师在这里可以随时碰撞灵感、交流成果，助力我区教育教学创新发展。

已组建的沈河区教师创客团队包含科技和教学研究两大主题。科技类空间包括3D、机器人、智能控制、无人机、电子线路等。教学研究空间包括互动课堂、个性学习、学科情景搭建、教学软件应用等主题空间。教师创客空间的成员组成为区内教师结合个人专长自愿报名参加，每个空间没有人数和职称等条件的限制，只要是愿意参与创新研究的教师随时可以加入，所有空间都紧紧围绕着教育教学创新这个主题开展活动。比如科技类的教师3D空间，取名为“零动空间”就充分体现了从无到有创造过程的含义；“个性化学习”空间的教师创客们大胆尝试，借助学习资源和终端设备成功研磨并展示了一节由语文、思品、科学三学科整合的“大学科”授课，为区内教师成功地示范了学科横向整合的课例。

在教师创客空间里，教师通过参与创客活动，体会创客精神，从转变自身教育教学理念和方式开始，逐步带动师有效地转变教育教学行为。

第九章
多元共治：构建更加规范灵活的管理体制机制

第一节　沈河教育管理变革转型

一、沈河教育管理变革转型背景

教育行政管理的终极价值就是追求教育秩序、教育效率、教育公平与教育效能等。在“地方负责、分级管理”的教育管理体制下，区（县）级政府对辖区教育负有主要责任，区域教育行政部门代表政府对教育事业实施领导，紧紧围绕国家意志和社会需求来制定教育目标和规划，使基层教育系统与整个教育系统的目标一致，同时使教育系统的目标与社会发展的总目标一致，确保教育行政的领导功能、服务功能和监督功能等落到实处。在不同的历史阶段，由于教育发展目标和任务不同，教育行政管理面临的问题、挑战也不同，教育行政管理的侧重点和方式也不同。

“十三五”期间，沈河区教育发展的主要任务是推进“有质量的教育公平”。“有学上”的问题已经解决，“上好学”问题依然面临严峻挑战。辖区内东西部之间、学校之间、群体之间的教育差距依然存在。区域教育行政部门要围绕教育发展的阶段性任务，在区域内提供教育服务和宏观管理，建立适合的公共教育管理体制和机制，纵向，要落实国家、省市教育政策、规划、措施；横向，要为区域经济社会发展服务。一是满足当时当地百姓的教育诉求和利益；二是与区域经济社会发展相协调；三是落实上级教育机构政策、规划、措施，保持步调相一致。为此，区域教育行政管理重点关注五个方面的问题：

一是关注教育公平问题。《国家中长期教育改革和发展规划纲要》提出，促进公平是国家基本教育政策，提高质量是教育改革发展的核心任务。开展教育改革，建立更多更好的途径促进教育优质均衡发展，解决教育公平问题，成为区域教育主要价值取向和发展目标。这就意味着，区域教育行政部门在管理中，要处理好三个方面的关系：第一，平等地对待相同的。要促进接受教育所必备的基础条件的均衡（各级学校在办学经费投入、硬件设施、师资调配、办学水平和教育质量等方面大体上处于一个比较均衡的状态，为人人享有公平、公正地接受义务教育的权利提供充足的保证）和受教育机会的平等。这一阶段可以称为基础条件均衡，其发展主体是政府，发展特点是以外在投入为主，走标准化建设之路。第二，有差别地对待不同的。教育均衡发展应体现尊重基础、尊重个性、因校治教、因材施教的要求，根据区域教育文化特点，结合学校和学生的实际，重视学校的特色发展，满足学生的多元化、个性化发展需求。这一阶段可以称为内涵特色发展阶段，其发展主体是学校，发展特点是以文化建设为主，走内涵建设、自主创生、特色发展之路。第三，对弱势进行补偿。整个社会和教育事业发展要强化公正意识，体现人性和人文关怀，教育均衡发展要向薄弱学校、弱势群体倾斜。这一阶段可以称为弱势补偿阶段，其发展主体是政府和社会，发展特点是以创新体制机制为主，走体制机制创新之路。沈河区推进区域教育优质均衡发展，是一个系统工程，一是要促进全面发展，即教育要面向全体学生，着眼学生一生，促进学生全面发展；二是要协调优质，即规模、结构、质量、效益协调发展，质量全面提升；三是要多元特色，即优势互补、资源共享，不同区域、类型、层次教育均衡特色发展；四是要和谐生态，即不同区域、类型、层次的教育各就其位，构建终身教育体系，维护教育生态，促进教育、社会、自然和谐、可持续发展。

二是关注提高教育质量。提高质量是当前教育改革和发展的核心任务，也是区域教育行政管理工作的主旋律。实施素质教育，提升教育质量，是基础教育领域中的一场深刻变革，它涉及教育思想的转变、教育观念的更新、教育体制的变革、教师素质的提高等各个方面，只有区域教育行政部门切实加强领导和规划，才能实现区域性推进。树立新的区域教育质量观和发展观，应该成为地方教育行政部门乃至当地党委政府关注的核心和焦点。行政关注质量、关注课程和教学不是要直接插手学校的教学改革事务，而是要以推动学校制定中长期发展规划、实行绿色质量评价、进行教育综合督导评估等方式，引导学校实施素质教育，提高教育质量；同时尽可能提供各种条件和舞台，促进教师尤其是校长把主要精力放在潜心育人、创新教育教学方式、提高专业素养和教学质量上。

三是关注教育管理体制改革。任何一种改革，改到深处是制度、是机制、是体制。要从根本上改变区域教育发展状况，必须从教育体制入手，有系统地进行改革。从我国教育体制改革状况来看，近年来，我国的教育体制改革在逐步推进，基本围绕三个方面的内容展开：一是办学体制改革，基本形成了一个以政府办学为主，社会各方积极参与办学的新格局；二是投资体制改革，基本形成了一个以政府投资为主，社会各方投资办学的多渠道投资新体制；三是管理体制改革，主要是解决了中央和地方的关系问题。但是在政府与学校的关系方面，没有实质性的突破，还是包得过多，统得过死。近20年来年的改革，基本没有能触及到政府与学校、政府与市场的关系问题，在这方面的教育行政管理，仍旧沿袭计划经济体制的管理模式。在这一管理模式下，教育体制改革就很难深化，教育也很难进一步搞活和快速发展。目前，摆在教育行政部门面前的一项重要任务，就是要加快教育行政管理体制的改革。教育行政管理体制改革的方向是简政放权，扩大学校的办学自主权，逐步构建起政府宏观管理、市场适当调节、社会广泛参与、学校自主办学的新体制。所以教育行政管理体制改革的任务是，按照宏观管住、微观分开的原则，实现职能转变；以调控和服务为重要手段，实现管理方式的转变。一是从转变部门职能入手，办人民满意教育。从主要关注教育内部需求，向全面关注社会需求转变。从主要对教育直接管理机构负责，向对每位公民的教育诉求和利益负责转变。针对传统教育管理体制、职能、机制，以及责权利关系问题，构建大教育服务体系。二是自觉依法治教，厘清行政与学校的关系。政府该承担的责任要百分百地担起，比如教育经费投入、学校设施配备，教学人员配置等，应由行政做好保障，从而解放学校。该还给学校、校长、教师的教育教学自主权要不折不扣地放还，还校长、教师专业本色，激发学校自主发展、内涵发展的动力。教育必须从日常事务中解放出来，将教育置入当地经济社会协调发展的高度，通盘考虑，使之为建设人力资源强区、建设创新型城市和建设学习型社会服务。

四是关注培育区域教育特色。我国基础教育管理体制实行的是“地方负责、分级管理”，这种体制有利于县（区）级教育行政部门充分发挥自身的优势，创造性地贯彻执行国家的教育法律、政策、制度等，进行区域内的教育变革。这种以区域整体推进的方式进行的教育变革，是当前变革性教育实践的新路径选择，它将有利于充分发挥行政部门的统筹作用，通过对学校领导和教师的培养，学校办学方向引领，激发他们的教育变革动力，增强他们的教育变革能力，通过财政、人力、政策、舆论等的支持，为学校教育变革和发展创造条件。因此，结合区域历史、地理、文化、经济、社会发展的不同，在教育理念、发展观念、规划措施等方面也不同，从而使区域内的学校办学主体教育在培养目标、课程设置、教学内容、学校特色等方面呈现一定的地域特点，从而形成自己的区域教育特色。现代教育发展理论认为：教育发展的差异化是促进特色优质化，避免同质化的一种战略管理方向与发展策略。教育发展的差异化所体现的特点是独特的、个性的、非同质化的，是积淀产生的，有不可复制性。办出区域教育特色，是当前基础教育改革和发展的热点难点，是区域教育主体创新力和生命力的集中体现。在“十三五”期间，沈河区植根于区域历史文化的发展和教育的内涵型发展，从区域内核心资源、人文资源和先进的教育文化等方面着眼，一直致力于培育区域“适合”的教育特色，大力促进区域适合的教育特色有根、有魂、开花、结果。

五是关注整合社会教育资源。区域教育行政部门在组织实施区域教育决策和规划目标时，需要不断加大教育经费投入，拓宽经费投入渠道，需要充分发挥社会、政府、市场、学校、师生等方方面面的作用，整合家庭、学校、社会等有形教育资源，为区域教育发展创造良好的生态环境。沈河区教育行政部门需要搭建平台，发挥纽带作用，充分发掘社会资源为教育服务。一方面要加大开发力度。以社区为单位，组织学校调查社区内潜在的教育资源，积极开发整合，建立校内外各类教育资源开发、利用的统筹协调机制，避免教育资源重复建设及浪费，避免不同资源管理部门之间各自为政，甚至相互排斥的局面。另一方面要提高利用效率。充分发挥属地社区的各类公共资源，如博物馆、纪念馆、商场、公司、公园等在社会教育职能中的重要作用，将其办成公民终身教育的课堂和学生实践的基地，充分发掘各类博物馆、校外教育机构、社会服务机构以及工厂、企业、部队等众多单位的教育资源，尽可能地提高各类场馆的利用效率，建立社区资源助力教育发展的机制。

从上述区域教育行政管理的职能与任务来看，现阶段区域教育行政管理改革的核心是围绕着“公平”和“效能”开展的。区域教育发展方式也随之从政府主导的“外延扩展”向以学校主体的“内涵发展”转变。过程中需要解决教育行政管理中存在的一些突出问题。这些突出问题主要表现在，政府在管理中越位、缺位和错位问题；政府对学校管得过死，学校办学活力不足，利益相关者参与管理不够，教育决策的科学化、民主化、法制化、专业化不够等。这些管理体制机制的障碍不破解，学校办学的自主性和专业性就不能得到有效保障，教育的内涵发展也就难以实现。深化区域教育管理改革，推进区域教育治理体系和治理能力现代化，提升教育质量、促进教育优质均衡，成为区域教育行政管理体制的核心需求。

二、沈河区域教育管理体制改革的顶层设计

2013年，党的十八届三中全会对治理现代化做出了全面部署，要求全面深化改革，完善和发展中国特色社会主义制度，推进国家治理体系和治理能力现代化。对教育行政来讲，就是要深入推进管办评分离，扩大省级政府统筹权和学校办学自主权，完善学校内部治理结构；强化教育督导，委托社会组织开展教育评估。2014年，适应国情和省市教育管理体制改革的工作安排，按照市局工作部署和区域教育现代化的基本要求，沈河区启动并推进了区域教育管理体制改革，从2015年到2017年，用三年时间形成系统完备、科学规范、运行有效的学校管理制度体系，以构建政府、学校、社会新型关系为核心，以推进管办评分离为基本要求，以转变政府职能为突破口，以激发学校自主发展活力为重点，以评价体系建设为保障，形成教育行政部门依法宏观管理、学校按章程自主办学、社会参与监督与评估的现代学校运行新机制，着力推进区域教育治理体系和治理能力现代化，为加快推进区域教育现代化建设提供保障。

（一）转变区域教育管理理念

在推进教育现代化的背景下，区域教育行政管理改革正在走向科学化、民主化、法治化、专业化。沈河区认真贯彻落实党的十八大和十八届三中、四中、五中全会精神，进一步落实《国家中长期教育改革和发展规划纲要（2010—2020年）》《依法治教实施纲要（2016—2020年）》提出的工作任务，基于区域教育发展阶段性任务需要，积极推进区域教育管理理念向依法行政、科学行政、和谐行政转变。

依法行政：区域教育系统投入法治中国建设，大力推进教育部门依法

行政和学校依法治校的意识与能力建设，以法治思维和法治方式深入推进教育领域综合改革。一是依法治教。进一步完善依法、科学和民主决策机制；建立健全教育决策的专家咨询论证、公众参与、合法性评估等制度；转变政府职能，依法理顺教育行政部门与学校的不同职责，大力推进政事分开；严格按照法律法规的授权、依据法定程序组织实施教育行政管理工作；加强教育行政执法。二是依法治校，建设现代学校制度，实现学校治理现代化。三是依法监督。自觉接受行政监督、司法监督和社会监督，提高依法行政能力。

科学行政：区域教育行政遵循教育规律，树立正确的人才观、质量观，全面落实立德树人的根本要求，做到科学决策、科学管理，加强行政决策的智力支持，促进教育专业化发展，共同推动区域教育在正确方向上发展。

和谐行政：促进区域行政系统中各要素之间的协调与平衡，包括行政主体之间的和谐、行政主体与行政相对人之间的和谐、行政过程与行政结果的和谐。打造“服务性政府”的，同时推动区域内各级各类教育协调发展。

（二）区域实施教育“管办评”试点改革实践

“管办”分离是现代学校制度建设的前提。构建新型的政府与学校的关系，教育行政部门首先要回答好“管什么、怎么管”。在当下以质量提升为战略主题的时代，区域教育现代化的重心已经转移到全面提升教育质量上来。沈河教育发展面临着如何从数量扩张逐步向内涵提升转变，从硬件现代化转向增进人的现代化。区域教育治理如何适应、配合质量提升的需要，促进学校更有活力地办学？沈河区的目标是做更小的政府、更好的教育、更高的质量，并在实施职能转型、优化发展路径、创新管理手段等方面开展实践探索。

1. 实施清单管理，界定角色定位

区域教育治理的关键是明确政府功能定位，理顺政府与学校的权责关系，不该管的不管不干预，该管的切实管住管好。沈河区采取两步走。第一步是理清权责边界。在依法梳理教育局权责清单和学校负面清单过程中，沈河区对传统管理模式下的政府角色定位进行重新界定和调整，进一步明确了政府在教育发展过程中引导、协调和服务功能，明确了《教育法》规定的学校9个方面的办学自主权，并通过负面清单为学校和校长的自主办学划清了底线。第二步是简政放权。教育局依法减少和规范对学校的行政管理和教育教学干预事项，给学校留足自主办学空间，"能不开的会不开，能一起开的会一起开，无上级要求不随意安排下校检查"。逐步扩大学校办学自主权，学校财权和事权依法下放；落实校长在干部提拔方面推荐权和使用否决权；给予学校在基建项目招标和施工管理工作中的主体地位，具有主导话语权等。善政必简，只有该简的简，该放的放，才能激发学校和社会活力，将教育局和学校从名目繁多、繁琐细碎的检查、评比、活动中解放出来，集中精力抓大事、议长远、谋全局，做好该做的事。

2. 做好四个引领，实施精准服务

沈河区着力通过四个方面的管理手段创新推动行政职能转型，主动开拓为学校、教师和学生服务的新形式、新途径，为区域教育发展提供精准化服务。

一是规划引领。完善区域教育规划体系，建立政府经济社会总体发展规划、教育局教育事业五年发展规划、各级各类教育专项发展规划、学校发展规划的四级衔接的规划体系，建立编制、审批、监督“三分离”的规划管理体制，充分发挥规划的引领、调控作用，使学校的自主发展与区域、省市及国家大政方针保持一致，确保政策保障。

二是投入引领。调整公共财政投资结构和投入重心，由“大水漫灌”，改为有针对性地“定向滴灌”，通过财政的精准投放，实现教育行政管理的定向施策和精准发力。同时，通过合作办学、委托管理等体制、机制创新，畅通其他资本进入区域教育领域的渠道，减少基础教育投入对公共财政的高度依赖。

三是学术引领。多年来，政府长于硬件建设和行政管理。在质量提升时代，教育行政部门要积极搭建多方主体合力共治平台，优化教育科研机制，增强区域教育创新发展能力。2015年7月，沈河区与中国教科院签约共建教育综合改革实验区，建立了“院区共建、整体推进、科研引领、创新发展”机制，组建了教科院、教育局和学校三位一体的科研主体，采取项目和学校发展双轨负责制度，引进专家顾问团队，在区域教育现代化发展顶层设计和路径、方法等方面进行合力攻坚，精准设计了“十三五”规划、适合的教育、义务教育优质均衡发展、集团化办学、品牌学校建设、课程与教学改革、教师队伍建设七个深入合作的重点建设项目，用专家智慧引导建立正确质量观，遵循教育规律，科学发展教育；用专家视角审视、重塑教育政策，改革课堂教学、建设教师队伍，转变教育管理理念、思维与行为方式；用专家智慧弥补短板，破解发展难题，对区域和学校教育质量资源各要素进行品质提升；引导学校转变治理和发展方式，有效将教育发展重心导向内涵发展和人的现代化。学术引领在区域内多点开花，正在生成良好的科研生态。

四是平台引领。平台建设是现代学校制度下教育行政部门的一个重要服务载体。沈河区舍得投入资金和精力为学校搭建各级、各类服务平台。除了自建的区域智慧管理云平台外，沈河区积极搭建了教科院专家资源平台、教科院项目平台、科研课题平台、大型会议平台等多个平台。如从教科院就引进了校长名校挂职锻炼平台、骨干教师名校挂职锻炼平台、全国高质量课堂平台、全国学生实践活动成果展示平台、学本课堂项目平台、学校课程体系构建项目平台、差异教学项目平台、名师成长项目平台、益智器具与思维力培养课题项目等多个平台。学习力课题、十商教育研究等科研平台有力助推了基层学校课程和教学改革。此外，我们还积极承接国家、省、市大型会议和高端论坛等活动。

四个引领的精准服务，合力打通了沈河教育质量提升的血脉，使教育行政部门逐步转型成为区域教育政策和制度的发源地、深化教育综合改革的动力引擎。

3. 开展第三方评价，提供科学监管

在推进“管办评”分离进程中，“评”是“最后一公里”，也是其中最薄弱的环节。沈河区在着力构建主体多元、指标立体、权重科学的教育评价体系基础上，创新建立教育评价机构，培育体制内的“第三方”。发挥评价机构的业务指导、监督管理等方面的作用，接受教育部门及学校的委托从事学生学业水平测试、综合素质评价以及其他专项评估，并逐步实现从相对独立到完全独立。目前，沈河区相关评价项目有：辽宁省增值评价基线测试、ACTS学业素质能力评价、中国教科院义务教育均衡常规监测项目等。创新引入体制外“第三方”。委托第三方开展教育评价纳入政府购买服务范围，通过购买服务方式，打通“管办评”分离的“最后一公里”，为教育发展提供科学监管和有效保障。

三、沈河区现代学校制度建设的学校行动

现代学校制度能否健康落地的核心在基层学校。在探索管办分离的同时，沈河区采取政府主导和学校自主试点相结合的方式，积极推进学校健全自主发展、自我约束的运行机制，智慧破解阻碍学校发展的内在体制性障碍，激发办学活力，提升学校治理水平和治理能力，把办学自主权接住、用好。

（一）以法治思维全面推进章程和制度建设

2015年1月，沈河区教育局主导，组织和指导区内10个教育集团和所有学校规范完成了集团章程和学校章程的制定、修订和核准，汇编成册。组织、指导区内中小学依据发展需要，依法开展学校制度的废改立工作。当时，各中小学共废弃制度94条，修改制度2952条，新建制度692条。全区实现了“一集团一章程”“一校一章程”“一校一制度”。通过规范的建章立制，法律意识和法治思维开始植入学校办学行为，为学校现代治理体系构建和治理能力提升打下了法治基础。

（二）以改革精神试点推进制度与管理创新

2015年，在沈阳市推进教育“管办评”分离试点改革中，沈河区申报了两个试点项目，一个是构建学校自主发展、自我约束的运行机制；一个是探索第三方评估，发挥教育评价结果的激励与约束作用。沈河区以试点项目作为深入推进现代学校制度建设的突破口，多措并举助推学校开展实践探索。一是遴选项目试点学校。试点项目专项推进由发展研究室负责，

采取学校自主申报，教育局试点改革领导小组遴选的方式，在区内各个学段遴选项目学校11所。其中市级试点校2所，区级试点校9所，涵盖小学、中学、高中和九年一贯制学校。二是深入试点学校调研，指导学校结合实际，选准试点项目，共同研制试点方案。三是建立区校协同创新工作机制，组织各学校组建校长负责的项目团队，成立项目学校联盟，定期开展项目培训和试点工作交流。11所学校试点点位覆盖全面，以改革创新精神，智慧破解阻碍发展的内在体制性障碍，取得了阶段性制度成果：

文艺二校作为市级试点学校，基于集团学校发展的需要，抓住了“法治、分权、共治”三个基点，重构了具有现代学校制度特征的内部治理体系，形成了679管理模型，即6个中心、7个校部、9大委员会，构建了以校务委员会为统领，以服务学生成长为指向，以多元共治为模式，以扁平化为组织形式的纵横互动的立体管理生态系统，再造了家校社共育的新格局。形成了“扁平布阵、快速响应，协同共治、和中制衡、同频共振、效能提升”的现代学校治理特色。其校部仲裁委员会的建立、教师赴东部校区交流制度、家长驻校制度等，创造性地解决了集团发展的新问题、新瓶颈。

育鹏小学在形成了“一章三制”现代制度体系和“三部七会”现代治理结构的同时，引入第三方评价，在学校内部的管办评分离方面做了有益尝试。学校引入“沈阳市适宜教育”作为学校发展建设评估监测、指导和评价机构，学校设计了综合性、多元化、自评与他评相结合的评价指标体系，如“新生身心成熟水平和基础能力以及学习适应能力”“学生核心素养与综合能力评价体系”等开展跟踪评价和指导。同时对于学校的整体办学水平、学校课程建设的水平、教师队伍发展水平等都开展了全面的评价和指导，呈现出“先评估再规划最后实现引领”的特色。

沈阳市第七中学、沈阳市实验学校、沈河区朝阳一校、沈阳市143中学等学校重点在家长委员会建设项目开展了深入实践研究。他们在健全家长委员会制度体系的同时，积极通过制度创新，如家长进课堂“构建和谐共赢家校共同体”、家长微信平台等，促进家校之间深入沟通、深入合作、深入体验，促进家长由教育的旁观者变为同盟者，由教育的参观者变为参与者，由教育的评论者变为支持者，构建了学校、家庭、社会新生态。

沈阳市第二十七中学、沈河区文化路小学等以校务委员会机制建设为突破口，让多方代表介入学校办学决策和绩效问责，构建现代学校民主共治体系。二经二校、北一经小学以教代会建设为依托，结合学术委员会制度、教师申诉制度等落实和扩大教师自主权，构建教师自主发展、自我约束的运行机制，加快推进了校内民主化管理进程，彰显了现代学校治理的人文关怀。沈阳市第七中学八十二校区聚焦学生这一主体，完善学代会建设，通过学生校长助理、听证会制度等系列制度建设，落实学生参与学校民主共治的提案权、评议权、申诉权。

这些试点学校有的全面推进，有的单项突破，形成了完整的自主办学、多元共治的现代学校治理体系的样本，有效引导着区域现代学校制度建设的全面推进。

第二节　多元共治，适合教育的运行机制

一、五力并推的管理动力机制

在沈河教育管理的区域实践中，具体而言存在六种推动力：第一，科研带动。主要指在专家引领的动力下，科学决策。区域充分吸收中国教科院专家的意见，吸收专家“知识供给”，迅速传递给学校决策者和实践者。在高层次科研项目研究质量的推动下科学行政。第二，行政推动。主要通过行政力量来推动项目实施。沈河区通过定期召开全区范围不同形式的项目推进会议，开展调研、研讨等活动，形成上下联动、合力实施的工作制度。第三，宣传发动。为贯彻落实管办评的科学管理理念，沈河教育行政机关召开不同层面的座谈会、论证会、大型报告会和培训会等，为区域整体管理机制的建立定调、定位和定标。第四，评估拉动。沈河区建立了区域的教育质量评估指标体系和评价指数，通过教育质量监测数字化管理平台来拉动教育工作，有目的改进教学，有差别地绩效管理。第五，联动互动。沈河区教育局积极加强其他先进区域之间的平行沟通和交流，学习先进地区经验，产生非竞争性的比较学习动力。

二、四维构造的管理保障机制

（一）全面加强党对教育的领导

沈河区委和教育局党组切实履行好管党治党责任，建立健全坚持和加

强党的领导的组织体系、制度体系、工作机制，形成落实党的领导纵到底、横到边、全覆盖的工作格局。切实加强党对教育工作的全面领导，把教育改革发展纳入议事日程，充分发挥总揽全局、协调各方的领导核心作用，协调动员各方面力量共同推进区域教育改革发展。建立健全党委统一领导、党政齐抓共管、部门各负其责的教育领导体制，及时研究解决教育现代化重大问题，不断深化改革，创造性推进区域教育现代化。中小学校党组织履行好把方向、管大局、做决策、抓班子、带队伍、保落实的领导职责，保证党的路线方针政策不折不扣得到贯彻执行。坚持持之以恒正风肃纪，深入推进教育系统从严治党、党风廉政建设和反腐败斗争。加强纪律教育，强化纪律执行，加强重要领域和关键环节廉政风险防控机制建设，营造风清气正良好政治生态。

沈河区教育局党组坚持正确的办学方向、贯彻党的教育方针，沿着落实“全面从严治党”这条脉络，用“适合”引领发展，用实干铸造辉煌，通过规范组织建设、严肃组织生活、创新组织活动，不断强化党组织的政治功能与服务功能，全力建设落实保障有力、引领发展方向的基层党组织，打造凝聚向上力量、服务教育发展的党员先锋队伍。通过抓“三基”促“三优”（抓基层组织、基础工作、党组织书记基本能力，促进党建特色优、工作成效优、服务品质优），打造“先锋党建3+3”品牌，以切实行动筑红色堡垒、育红烛先锋，推动沈河教育党建工作不断迈上新台阶。每一个基层党组织就是一个政治核心，他们强化自身建设、带好党员干部队伍、引领教育教学发展、培育党建与学校文化，努力成为推动沈河教育发展的动力之源、活力之泉；他们立足“把握学校发展方向”这一根本点，抓住“参与重大决策并监督实施，支持和保证校长依法行使职权”这个关键点，牢记“坚持立德树人，做好思想和意识形态工作、培育践行社会主义核心价值观”这一着力点，在严肃组织制度、创新组织生活中，深耕基层组织建设，引领创新发展，全系统的党建工作异彩纷呈，绽放出耀眼光芒。

同时，教育局党组坚持党管人才原则，深入贯彻习近平总书记关于人才工作的重要思想，坚持新时期好干部标准，严把选人用人关，大力选拔勇于担当、善于作为、实绩突出的校级干部，鲜明树立重实干重实绩的用人导向，积极对校级干部开展教育管理，努力建设忠诚干净担当的校级干部队伍。深化名校长工作坊工作、开展“两型校长”培训、充分利用区内优质教育资源开展“影子”培训、依托中科院项目选派校级干部外出挂职锻炼、鼓励支持校级干部参加国家、省市各级各类培训，激励广大校级干部见贤思齐、奋发有为，关心关爱干部成长，通过“择优、培优、推优”构建金字塔形校级干部人才队伍，推动全系统校级干部队伍整体水平提升，为沈河教育可持续发展和长期竞争优势提供人才保障。

（二）建立强有力的经费保障

沈河区委、区政府坚持教育优先发展，把教育投入作为支撑区域长远发展的基础性、战略性投资。经济社会发展规划优先安排教育发展，财政资金优先保障教育投入，公共资源配置优先满足教育和人力资源开发需要。健全保证财政教育投入持续稳定增长的长效机制，确保财政一般公共预算教育支出逐年只增不减，确保按在校生人数平均的一般公共预算教育支出逐年只增不减。依法落实政府教育支出责任，加大财政教育投入，2015—2019年，全区财政性教育经费支出累计约达到50亿元，为沈河区第一大支出科目。

完善多渠道教育经费筹措机制，健全以政府投入为主、多渠道筹集教育经费的体制，建立健全各级各类教育的生均经费拨款制度和生均拨款标准动态调整机制，健全非义务教育学校学费标准动态调整机制。完善落实税收、土地、金融、人才等优惠政策，鼓励出资、捐资办学，支持和规范社会力量兴办教育。依法落实民办学校举办者筹措办学经费的法律责任，健全退出机制。加大教育经费统筹力度，整合优化经费使用方向。加强内部控制机制建设，完善教育内部审计制度。全面实施绩效管理，加强对教育经费使用的绩效评价，根据评价结果及时调整经费投入结构，实现教育经费使用效益最大化。

（三）持续强化校园安全监管

沈河区把维护校园安全作为首要的政治任务，强化“一岗双责”“党政同责”，构建校园安全常态化防范体系。持续加强校安工程建设，完善校园安全管理体系和安全网络管理机制。建立健全安全保卫制度和工作机制，完善人防、物防和技防措施，校园安保标准化建设学校达标率达到100%。加强师生安全教育，加强校园和周边环境综合治理，实现安全责任全覆盖，推进校园安全隐患排查和整改工作。建立安全检查五级联动制度，即：区级领导带队检查、相关委办局联合检查、局级领导分组检查、安全教育科综治办牵头检查、学校自查的安全检查模式，通过建立“五级联动”安全检查机制，打造无隐患安全校园，保障学生健康成长。加强信访工作，完善矛盾纠纷排查机制，保障教育系统的和谐稳定，为沈河区教育事业的快速发展营造了平安和谐的氛围和环境。

（四）构建多元化监督评价机制

一是深化教育督导体制机制改革，基本建成覆盖全面、运行高效、结果权威、问责有力的区级教育督导体制机制。创新政府教育督导的角色定位。以责任督学挂牌督导为突破口，对学校进行综合督导、专项督导、责任督学挂牌督导、质量监测等。沈河区获得第一批全国中小学校责任督学挂牌督导创新县（市、区）称号。二是着力构建主体多元、指标立体、权重科学的教育评价体系。完善以学校为评价主体开展的第一方评价体系。指导学校逐步健全多元主体参与的、科学规范的学校自我发展评价体系；完善以教育行政部门为评价主体第二方评价体系。以各科室、各部门负责工作中可量化的工作内容为评价指标，权重合理，设立加分和否决项目，对区内学校（幼儿园）进行综合评价。创新建立教育督考系统，依托沈河教育云平台，对市、区政府绩效考评指标，区委、区政府、重点工作任务，教育局各科室、直属单位、各学校承担的年度重点工作的完成进展情况、办理质量和办结时限进行评价。建立社会评价机制，完善群众满意度调查渠道，建立全覆盖的群众满意度评价机制，针对不同学生、家长、群众等对象采取不同方式进行社会评价。三是培育体制内的“第三方”，发挥评价机构的业务指导、监督管理等方面的作用，接受教育部门及学校的委托从事学生学业水平测试、综合素质评价以及其他专项评估，如辽宁省增值评价基线测试、ACTS学业素质能力评价、中国教科院义务教育均衡常规监测项目等。四是创新引入体制外“第三方”。委托第三方开展教育评价纳入政府购买服务范围，通过购买服务方式，打通“管办评”分离的“最后一公里”，为教育发展提供科学监管和有效保障。

三、三管齐下的管理协商联动机制

（一）创新构建五级联动化模式 共谋家校社共育新格局

现代教育是开放性、全方位教育，它从以单一的学校教育影响为主逐渐演变为形成学校、家庭与社会交互性影响的教育框架。沈河区2017年创新成立全国首家区级家庭教育学校，将区家庭教育学校设为区级总校，在全区中小学、幼儿园成立分校，配备专兼职教师60名，并由区财政列支家庭教育专项经费，为区域家庭教育发展提供保障。创新构建了“五级家庭教育联动化模式”，试点建立家校社共育委员会，打造“区级——整体统筹，社区——融合普及，学校——重点安排，年级——计划推进，班级——具体实施”的全方位、立体式区域家庭教育管理指导服务体系。采取“一二三四五”的可持续发展措施，推进区域家庭教育工作的创新融合发展。即坚持一个体制：就是在区教育局行政主管下、由沈河区家庭教育学校具体来主抓、由学校来主办、由区有关部门和教育局有关科室积极配合；抓好两个基础：就是抓好队伍基础建设和经济基础建设，即经费投入；保证三个纳入：一是保证将省级家长学校实验工作纳入我区教育发展的总体规划，二是纳入领导议事日程，三是纳入目标责任制考核内容；采取四项策略：一是政府推动、二是区域联动、三是典型带动、四是科研牵动；实现五大目标：即实现家长培训系统化、家教指导多样化、家校社合作制度化、学习型家庭建设规范化、家校评估科学化。

沈河区家庭教育学校成立以来，已成为打造教育强区的重要力量，教育成果丰硕，一校一品的家庭教育特色凸显，家长学校质量全面提升。全区现有1所全国优秀、15所省优秀、9所市标兵、23所市优秀、11所市家长学校示范校、32所区家长学校的先进典型。全区家长学校办学率100%，家庭教育普及率95%以上，家长活动参与率90%以上，形成了家庭教育工作稳步务实、科学发展的良好态势，沈河区家庭教育学校被中国关心下一代工作委员会评为“2018年中国家长教育金推手奖”。在区域家庭教育工作的推进中，区内各学校也逐渐形成了本校的工作思路，形成本校特色。如一经二校以教育科研为先导，促进家长学校工作优化发展；文化路二校围绕学校德孝文化，深入社区低保家庭进行走访；朝阳一以学校内部刊物《家教通讯》为重要载体，显现其独特的魅力……在学校的科学实践下，朝阳一校、市岸英小学、市实验学校小学部、大南二校、二经二校、文化路小学、大南一校、泉园二校等多所学校被授予国家级“家庭教育指导实验基地”。沈河区成为全国家庭教育实验区、全国家长学校实验基地，被评为“全省家长学校实验工作先进实验区”。坚持开展19年的沈河区中小学生“学校放假，社区开学”家校社共育实践活动，被教育部全民终身学习工作小组、中国成人教育协会评为2019年全国终身学习品牌项目。同时获评省教育厅、省社区教育指导中心“特别受百姓喜爱的终身学习品牌项目”。

（二）促进共乐共享，构建灵活完善的终身学习体系

2014年，沈河区被教育部确定为全国社区教育示范区，独立设置的沈河区社区学院正式挂牌成立，在全市率先实现了场地、编制、人员的“三独立”。2015年沈河区社区学院成立15个社区学院街道分院、111个社区学校，每个街道派驻一名分院院长与一名教师，构建了以社区学院为龙头、街道分院为骨干、社区学校为基础的三级社区教育管理模式，形成了覆盖全区、上下联动、全民参与的社区教育新格局。尤其是街道分院的建立，成为沈河区试水社区教育的供给侧改革出发点，开创了在街道建立社区教育机构的先河。

为充分惠及民生，沈河区社区学院在广泛征集居民意愿的前提下，提供“菜单式课程服务”，精心打造“乐享沈河”民生项目，设置了涵盖文明生活、文化生活、亲子生活、技能生活、家政生活五大惠民课程体系，文化涵养、职业发展等14个类别，共计78门课程每年有十万余人次居民受益。同时以“一总院两分院”为试点探索全龄受教育的学习平台，率先在全市落实“八小时以外”课堂项目，实施错时教育，全龄受益，实现了从摇篮到拐杖的终身教育体系。

几年来，社区学院本着“共学共进，共乐共享”的办学理念，紧紧围绕建设学习型城市的需要，以提升社区居民的幸福感为目标，以“参与式治理”理念为核心，一方面课程设置和社团建设面向全体居民，特别关注最基层老百姓的教育需求，逐步走出以学院需求培训为辐射，分院文化特色为引领，社区学校专业培训为基地的特色发展之路；另一方面大力整合社区现有的各种文化阵地和教育资源，引导居民积极参与社区治理，助力社区发展，发挥着协调、指导、服务社区教育的作用，已然形成了覆盖全区、上下联动、全民参与的社区教育新格局。短短几年沈河区社区学院被辽宁省教育厅授予“辽宁省社区教育创新发展实践基地”“辽宁省教育学会家庭教育科研实践基地”；被中国成人教育协会评为“2017年优秀成人继续教育院校”；2018年又通过了“创建全国数字化学习先行区”的验收，成为全国数字化学习先行区。

（三）加强服务监管，培育民办教育市场良好生态环境

沈河区在大力办好公办学校的同时，支持和规范民办教育，合理配置民办教育资源，积极鼓励社会力量参与民办教育，大力扶植发展民办教育，引导民办教育机构经济效益与社会效益并举，着眼市场需求，促进民办教育类型结构的合理化布局，形成多门类、多层次、多形式的民办教育体系。建立健全跨部门的监管体系，加强对民办教育的依法管理和监管评估。全区现有259个民办教育机构。为促进民办教育机构健康发展，沈河区一是建立严格的年度检查评估制度，从教育教学管理、教师队伍建设、办学条件、消防安全、财务管理、社会效益等多维度，进行全方位的检查评估，对年检中存在问题的机构，责令限期整改，推进依法依规办学。二是对无照违规办学行为进行严厉查处。对投诉举报，推行首问负责制，做到件件有落实，事事有回音，依法保障了办学者和受教育者合法权益，有效培育民办教育市场良好的生态环境。三是加大集中整治力度，开展校外培训机构专项治理工作，对辖区内所有办学机构进行摸底排查，对有证有照、有证无照、无证有照、无证无照机构分别建立工作台账；按照“取缔一批、整改一批、规范一批”的思路，严格审核分析，区别不同情况，逐一进行整改落实。通过综合治理，沈河区民办教育市场得到相应净化，促进了沈河民办教育的健康、有序发展。

参考文献

[1] 罗岩，陈紫天，林冬梅，等. 教育学［M］. 大连：辽宁师范大学出版社，2005：134-137，291.

[2] 孙国春. 教师区域培训特性、依据及课程研发［J］. 中国教育学刊，2012（9）.

[3] 李新翠. 区县教师培训课程体系现状及反思［J］. 中国教育学刊，2019（2）.

[4] 刘金华. 区域教师培训课程体系建设应把握的几个问题［J］. 教师发展论坛，2013（10）.

[5] 王新国. 共同体视域下名师工作室的重塑与发展［J］. 当代教育科学，2016（12）.

[6] 吴爱铧. 校本研修：教师专业发展的引擎［J］. 学校管理，2019（4）.

[7] 肖长龙. 校本研修文化的构建策略［J］. 教育科学论坛，2019（14）.

[8] 苏经纬. 中小学骨干教师培养策略研究［J］. 吉林省教育学院学报，2019（8）.

后 记

春华秋实，岁物丰成。过去的五年，沈河教育人按照区委、区政府的统一部署，在中国教科院引领下，立足“办好适合的教育”，以全面深化教育领域综合改革为动力，全面把握教育领域各种关系，科学谋划整体改革，优质地完成区域“适合的教育”理论与实践的整体构建和六大重点项目建设，有效破解义务教育基本均衡向优质均衡发展转变、教育强区向教育现代化迈进和学校办学理念的传承、校园文化的提升、教育内涵发展等诸多难题，沈河区教育生态整体改善，教育质量与水平得到整体提升，教育现代化迈出重要步伐，人民群众教育获得感、幸福感提升，教育综合改革实验区建设符合预期，在省、市和全国的教育知名度和影响力显著提高。可以说，沈河教育人和中国教科院的专家学者在经历了“互相了解（基础调研）—彼此磨合（试点推进）—有效合作（深度融合）”的研磨与实践后，碰撞出智慧的火花，结下深厚的教育情谊，共同打造出了高品质的中国教科院沈河教育改革综合实验区。

天道酬勤，业道酬精。我们回味过往，欣喜地看到沈河教育人在这五年的教育改革奋斗中不仅探索出一条符合沈河区教育事业发展的区域办学模式，而且收获了更多自信和勇气，更加坚定、更加昂扬地走在全面实现教育现代化，建成“东北领先、全国一流教育强区”奋斗目标的广阔道路上。在大力推进沈河实验区整体建设和重点建设项目工作的同时，我区还积极参加中国教科院其他项目平台活动，练兵练将，拔高抽穗，同样收获颇多：组织25名校长、83名骨干教师参加中国教科院全国骨干校长和骨干教师名校挂职研修工作，第七中学、同泽高中等5所学校入选中国教科院全国骨干校长和骨干教师挂职研修基地校；组织学校参加全国教育综合改革实验区中学生社会实践成果展示活动，获得2个一等奖，2个二等奖；组织教师参加各届中国教科院高质量课堂展示评优课比赛，有李鹏等3位教师获得特等奖、于用玺老师等5人获得一等奖及2名老师获得单项奖；组织朝阳一校等8家小学和文化路幼儿园等8家幼儿园成功申请中国教育科学“十三五”教育部规划课题《益智课堂与思考力培养的实践研究》……

继往开来，砥砺前行。教育综合改革实验区建设成为教育现代化发展的强大动力，科研引领、协同创新，使沈河教育与国家教育改革发展同频共振，有力地推动沈河教育加快进入以“公平、质量和活力”的内涵发展时代。中国教科院作为我国最高教育综合研究机构，五年来为沈河区提供了高端的教育资源和优质的教育服务。衷心希望中国教科院能够一如既往地关心、关注沈河区，引领带动沈河区教育先行发展！同时，希望沈河区广大教育工作者在今后深化教育综合改革上先行先试、当先锋，在推动“教育优先发展、学校特色发展、学生全面发展”方面探索实践、打头阵，在实现教育现代化过程中创新突破、做表率，为全区教育发展多做贡献！

沈河区教育局党组书记、局长　金书革

2020年5月